给管理做减法

让管理回归简单的12堂必修课

郑一群◎著

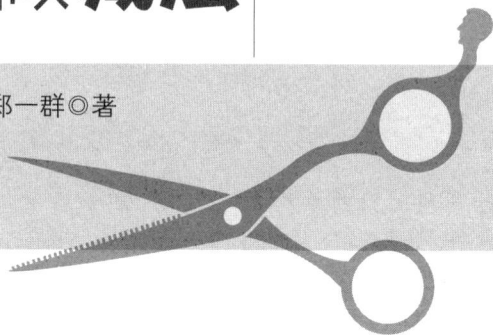

新华出版社

图书在版编目（CIP）数据

给管理做减法——让管理回归简单的 12 堂必修课/郑一群著

北京：新华出版社，2015.5（2025.2重印）

ISBN 978－7－5166－1694－9

Ⅰ.①给… Ⅱ.①郑… Ⅲ.①企业管理 Ⅳ.①F270

中国版本图书馆 CIP 数据核字（2015）第 106613 号

给管理做减法——让管理回归简单的 12 堂必修课

作　　者：郑一群

出 版 人：张百新		责任编辑：赵怀志　郑建玲	
封面设计：图鸦文化		责任印制：廖成华	

出版发行：新华出版社

地　　址：北京石景山区京原路 8 号　　邮　　编：100040

网　　址：http://www.xinhuapub.com　http://press.xinhuanet.com

经　　销：新华书店

购书热线：010－63077122　　**中国新闻书店购书热线：010－63072012**

照　　排：新华出版社照排中心

印　　刷：大厂回族自治县众邦印务有限公司

成品尺寸：170mm×240mm

印　　张：18.25　　　　　　　字　　数：200 千字

版　　次：2015 年 5 月第一版　　印　　次：2025 年 2 月第二次印刷

书　　号：ISBN 978－7－5166－1694－9

定　　价：32.00 元

图书如有印装问题，请与出版社联系调换：010－63077101

目　录

前　言

在很多人的眼中，管理高深得无一言表，管理复杂得难以想象。果真如此吗？答案是否定的。事实上，管理并非人们想象的那般高深与复杂，而是我们自己将其高深化与复杂化了。

世界万物皆有规律，管理的规律在于去伪存真，由此及彼，由表及里，将复杂的工作简单化，然后高效地加以解决。所以在管理中，我们不能盲目地应用复杂的管理方法，而要根据企业不同的管理需求层次和管理现实中的主要矛盾，选择最适合、最简单的管理方法，实现轻松管理。这实际上是一种为复杂的管理做减法的概念，即简单管理。

简单管理并不简单。简单管理只是在形式上追求简单，尽量减少工作上不必要的环节，进一步提高工作效能。而在简单形式的背后，则必须有厚重的基础支撑。简单管理不是粗放管理，而是精细管理的进一步升华，是一种简约高效的管理方式。简单管理，并不是头脑简单，考虑片面；也不是绕过问题，回避矛盾；更不是无所作为、放任自流。

在企业经营和组织管理过程中，要想便捷高效，最好的方式就是为管理做减法，使管理简单化。海尔的掌门人张瑞敏说："我感觉在企业里最难的工作就是把复杂问题简化。"做简单守信的管理者，制定简单易行的战略，打造简单实用的产品，服务简单诚信的客户，激励简单踏实的下属，把复杂问题简单化，让管理回归简单，是一剂良药，也是一门高深学问。

给管理做减法是一种思维方法，它指的是一个思路，就是要用简单的思路，用简单的技巧方法来处理复杂的事情，也就是说将复杂的问题简单化，管理者必须开动脑筋，努力寻找更简单的方法。只有这样你才能快刀斩乱麻，不至于淹没于"剪不断，理还乱"的复杂表象之中。如果你掌握了这种管理的方法，并灵活运用，就会在管理过程中卓越高效，使自己始终处于管理的主动地位，实现下属、自身、企业的多赢，从而开创一个上下和谐、积极进取的管理新局面。

简单管理是给管理做减法的执行文化，是在目标和实现这个目标的两点之间，找到一条既短又好的直线的理性管理方式，这是一门艺术。本书紧扣管理中的关键问题，遵循给管理做加法的原则，从管理者的角度出发，通过创新的理论、经典的案例，结合现代管理的复杂性和多样性，深刻阐释了简单管理的操作方法。相信能给广大管理者带来有益的启发及帮助，让你全面提升管理技能。

第一课

管得越少成效越好，管理从简单开始

由于受社会活动与市场环境复杂化的影响，现代企业的经营领域越来越多元、产品体系越来越庞大，业务流程越来越紊乱，规章制度越来越繁琐，组织结构越来越犬牙交错，人际关系越来越错综复杂。管理者开始惊呼：复杂已经成为企业发展的巨大障碍！于是，越来越多的管理者开始为管理做减法，推崇简单管理。所谓简单，并不是管理上的浅薄无知，而是经历复杂之后的升华。形式上追求简单，方法上追求简单，内涵上则是深刻和丰富的，是一种化繁为简的智慧。

管理就是把复杂的事情简单化

管理既是一门科学，又是一种艺术。管理可以很复杂，也可以简单到极致。在竞争日益激烈的今日，对简单管理的呼声不绝于耳，管理开始前所未有地影响着我们的生活。既然管理如此重要，那么我们应该如何学习它、应用它呢？

著名管理大师、通用电气公司前总裁杰克·韦尔奇说："人们总是将生意看得太过复杂，事实上，这并不是像研究火箭那样难的科学，而是世界上最简单的工作。"而韦尔奇领导通用公司的成功秘诀之一就如他所言："将我们在通用所做的一切事情、所制造的一切东西'去复杂化'。"著名管理学家迈克尔·波特说："生活已经够麻烦了，但还是有许多人不怕麻烦，给自己设置各种各样的'圈套'。他们和这些复杂的问题不断地进行斗争，并且依据一些最新的管理理论、用一些含混的方法来解决这些问题，其实根本没有必要这样做，最简单的方法就是最好的方法。"为此，企业的决策者乃至整个企业团队都应成为简单管理的倡导者、创意者与执行者。

哲学课堂上，教授让他的学生们回答1＋1等于几？结果教室里鸦雀无声，学生们个个揣摩教授的用意和心思，他们都在思考"1＋1"的种种不同的情况和结果。有的学生回答说，答案应该是0，比如，在黑暗里拉一下电灯开关后再拉一下，两次拉电灯开关的结果等于回到从前，效果为零。有的回答说，答案应该大于2，因为当一个人和另一个人组成一个团队的时候，他们的整体效力大于两个单人效力的和。也有的回答是小于

2，还有的回答说是 3、10、无穷等不同的答案，他们的回答都有合情合理的解释。当学生们一一公布他们的结果后，最后教授说："我很钦佩你们的思维和聪明，但我也很失望，全班同学竟然没有一个人敢把最原始、最公理化的答案说出来，大家都把最简单的问题复杂化了。"

其实，世上本没有复杂的问题，是因为人的存在，而人为地将简单问题复杂化了。最美的艺术品总是最简洁的，最有分量的文章也是最薄的。这就需要我们凡事找规律，由表及里，在真正掌握问题本质的基础上，力求简单地解决问题。倘若把事情搞复杂，很多事情都会难以解决。

在企业中，管理的核心要领是：尽量将复杂问题简单化，让下属易明白、易理解。然而，许多企业在发展的过程中，都得了一种"复杂病"，即业务流程越来越紊乱，规章制度越来越烦琐，组织结构越来越臃肿，人际关系越来越复杂。与之相伴的是，"理念天上飘，行为地上爬"，管理效率越来越低下，经营成本越来越高。复杂已经成为企业发展的巨大障碍。

有这样一个经营无方，多年亏损的企业。为了改变这种情况，集团派了新的经理，新老总上任后，发现职工作风散漫，上班下班该干什么，不该干什么，没个标准。办公室主任告诉老总，企业不但制定了规章制度，而且非常详细。说着主任抱出一堆管理条例。老总一看，厚厚五大本，足有几斤重。

老总翻了翻说，这么复杂的东西，谁看，怎么记得住？于是，他亲自主持制定了两项管理制度，一项叫作"四无"，一项叫作"五不走"。"四无"即车间必须做到：无垃圾、无杂物、无闲坐闲聊人员、无乱放成品半成品。"五不走"即工人下班必须做到：设备不擦净不走、材料不放整齐不走、工具不清点好不走、记录不填好不走、现场不清扫不走。两项制度，一共 9 条，简单清楚人人明白。以后工厂管理大有起色，人人都夸老总"英明"。

　　这个故事，说明了一个道理——管理就是把复杂的问题简单化，混乱的事情条理化。管理不是力求复杂，而是简单有效。只要能解决问题，那就是好的方案，那就是优秀的管理。

　　智者化繁为简，愚者化简为繁。有效率的管理者能将复杂的东西变得易懂且直截了当；精明的管理者善于把复杂的过程简单化，把简单化的东西量化。

　　著名管理大师彼得·德鲁克曾赞誉杰克·韦尔奇是 20 世纪最优秀的公司领导，是日新月异的美国经济的代名词。那么，到底是什么使得管理大师德鲁克对这位 CEO 如此"厚爱"呢？

　　对此，用杰克·韦尔奇的话说："我的工作很简单，就是为那些最好的机会找到最合适的人选，并把公司的资源配置到最合适的地方。简而言之，就是传达理念，分配资源，赋予下属充分的、能够自由发挥的空间。"

　　在杰克·韦尔奇看来，管理和经营是很简单的事情，这也是他创新经营管理思想的灵魂。他的一段精彩发言，就是最好的证明：

　　"人们总是把经营和管理看得很复杂，其实，它比造火箭简单多了。一般来说，大多数跨国公司，一般会有 50 个竞争对手，而且彼此熟悉。在经营和管理方面，你能做的其实并不太多，绝对不需要去判断多种不同的选择，并从中做出最好的决策。我相信经营和管理是件很简单的事情。举例来说，假如在同一间屋子有 6 个人，对他们提出相同的问题。那么，在大多数情况下，这 6 个人都会得出基本相同或相似的结论。现实中，类似的情况很少，是因为人们不可能得到相同的信息，尤其在传媒高度发达的今天。经营和管理本身并不复杂，只是在人们难以找到需求的信息时，才变得复杂起来，困难起来。那些试图把它复杂化的人，最终反而会把自己弄得遍体鳞伤，要学会简单，简单，再简单。"

　　管理之道，其本质就在于如何化繁为简，也就是我们所说的"度"。要将复杂问题简单化，简单问题复杂化，看似自相矛盾，实际上是协调统一。宏观问题简单化，微观问题体系化，这是一种企业成熟之美，也是企业所追求的境界。

"服务就是把简单的事情复杂化，管理就是把复杂的事情简单化。"这是御温泉总裁朱跃东先生对自己一生经营管理经验的高度概括。著名的旅游经济管理专家魏小安在《东方服务》的序言中也写下这样的观点："多余的花样是文明，文明的进化是精致，精致的发展是豪华，豪华的极致是简单。"管理简单化是一种力量，把复杂的事情简单化，把复杂任务简单化，把复杂的人际关系简单化，是一种素养，也是一种本事。

大道至简。"道不远人，远人非道。"最好的管理其实是有重点的简单管理，在企业经营和组织管理上，要想使之高效，最有效的方式就是诸事简洁。简单就是核心，简单就是统一，简单就是和谐，简单就是力量，简单就是高效。企业的管理不必太复杂化，使事情保持简单是中小企业与成长型企业发展的要旨。让管理回归简单，把复杂的问题简单化。

以简驭繁，管理可以很简单

管理之道，众说纷纭，但唯有简单、高效、迅速、结果达成才是管理的本源。因为市场竞争激烈，变化太快，管理复杂肯定不能跟上客户的要求和变化。况且复杂化的管理搞得眼花缭乱，自以为条条是道，实则于事无补，不能迅速反应，解决问题。而管理者善于把复杂的问题简单化，并予以解决才是管理的精华。

有这样一个小故事：

有一位农夫，辛苦劳动了大半辈子，终于实现了自己的梦想，拥有了一座属于自己的牧场。

牧场开张后不久，亲朋好友纷纷前来参观祝贺。闲聊间，有访客问及这位农夫是否已为牧场取好了名字，农夫得意地答道："说到名字可就有意思了，我们全家每个人的意见都不同。我的大女儿建议用她的名字'玛丽莲'，我的小儿子坚持用他的名字'詹姆士'，我太太则认为在这里生活十分幸福，想取名叫'幸福'牧场，而这是我一生的梦想成果，我想取名叫'梦想'。最后我们一致达成协议，将牧场取名为'玛丽莲詹姆士幸福梦想牧场'"。

访客又问："名字确实很有新意，但怎么在你牧场上没看到饲养的牲畜呢？"主人答道："哦，以前是有的，只是那些牛呀、马呀受不了在它们身上烙那么长字的烙印，全给烙死了。"

这个故事告诉我们，复杂的名字是会害死牛、马等牲畜。推而广之，复杂的事情也有可能是会害死人的，复杂的管理更可能会害得我们筋疲力尽。

思路决定出路，无论是在工作中，还是在生活中，必须具备善于将复杂问题简单化的能力，也就是一针见血地捕捉问题实质的能力。工作和生活已经够复杂了，但还有许多人不怕麻烦，给自己设置一些"圈套"。他们和这些复杂问题不断斗争，并且依据最新的管理理论用一些含混的方法来解决这些问题，其实根本没有必要这么做。把自己局限于所谓的专业领域的科学管理规划中，难免被繁多的理论搞得眼花缭乱而无所适从。

我们知道，国家的治理是非常重要的大事。如何去治理呢？大部分人都会往复杂的方面想，而且会毫无头绪。然而，中国古代圣人老子会告诉你："治大国若烹小鲜。"意思是，治理大国很简单、很容易，就跟煮一条小鱼一样。煮鱼时，千万不要轻易地翻动，否则，鱼就会烂掉，治理国家也一样，管理企业也是如此。

在如今企业内，外部条件越来越复杂的情况下，企业管理只有化繁为简，才能提高执行力和企业的整体运行速度与效率。作为一个管理者要学会大事化小、小事化了，把复杂的事情尽量简单处理，千万不要把简单的事复杂化。

当年IBM身陷困境，组织庞大臃肿，业务涉及160多个国家，多达数十万的员工却不能为IBM带来利润，年亏损超过百亿。后来从事食品行业转行到IBM的郭士纳进行了一系列的调整，其中一点就是通过裁减员工、简化组织层级等手段使IBM的组织结构变得简单有效，行动迅速。由于对高科技行业一窍不通，郭士纳很少过问具体工作，因此，他不去管具体问题，只制定好大的方向和一些原则。就是这样一些简单的决策，通过切实的落实，使亏损131亿美元的IBM扭亏为盈，盈利达485亿美元，股价更上涨了超过十倍。

可见，管理简单化是必要的，诸事保持简单是企业发展的要旨之一。简单化可以节约资源，提高效率。复杂的管理在组织上叠床架屋，在程序上往复循环，在时间上大量浪费，在成本上居高不下。不能简单化就谈不上科学管理，就不会出效益。

把复杂的问题变成简单的问题加以解决，是管理者的明智之举。当管理者真正找到简单的方法时，就再也不会为企业的发展壮大而感到迷茫，不会因为机构组织越来越庞大，人员结构越来越臃肿而发愁，不会因为每天要处理复杂的事物而身心疲惫，不会因为管理方式越来越复杂，效率却越来越低下而困惑了。

德国的阿尔迪超市的经营策略非常简单，策略的核心也是简单。他们的商品只有几百种，比起沃尔玛几十万种商品来，简直是少得可怜。而且一类商品通常只有一到两个品牌和型号可以选择，但是，阿尔迪会精选那个质量最好，性价比最高的产品，免去了顾客挑选的时间。货品的摆放更是简单，没有华丽美观的陈列，都是装在原包装盒内，只是把包装盒打开了而已，很多商品是就地堆放，顾客自己去拿，超市服务人员甚至不提供装袋服务。价目表则悬挂在货物的上方。

　　由于商品单一，和供货商的议价能力更强；简单的货物使物流与库存效率也大大提高，成本极低；而简单的经营方式也大大节约了人力成本，每家阿尔迪超市的员工不超过10人。这样一间超市简单到有些不可思议，而他们的销售额更是不可思议——销售额每年超过四百亿欧元。更让人吃惊的是，阿尔迪每年经销的单件商品总价值超过四千万欧元，是沃尔玛单品平均销售额的30倍。当商学院的研究人员来取经探秘的时候，阿尔迪超市的总裁阿尔布莱特说："我们只专注地去放一只羊，无数事实证明，那些想放一群羊的人，到了最后，往往连一只羊也剩不下。"这就是一家成功企业经营战略的简单与简单的经营战略。

　　简单就是力量，简单是复杂的终极形态。当我们能从简单走向复杂，再从复杂中走向简单的时候，也是企业从平凡走向优秀，从优秀走向卓越的过程。

　　简单管理对组织和管理者来说是一门事半功倍的大学问，是管理的最高境界。但值得注意的事，简单会带来巨大的成功，同时也伴随巨大风险，简单不是一味地"减少"，也并不意味着"放弃"，它需要每个管理者认真思考，认真准备，认真作业，认真实践，认真执行。如此，简单管理才会出效率，才能实现简约、集约和高效。

运用简单的方法解决问题

　　法国著名哲学家、数学家、物理学家笛卡尔说过："我只会做两件事，一件是简单的事；一件是把复杂的事情变简单。"我们要学会抛弃以往复杂的思维、老套的方法，不要在一件简单的事情上浪费时间，力求将复杂的事情简单化，只有这样才能起到事半功倍的效果。

把复杂的事情简单化，实际上就是将复杂的事情简单做。用最简单的办法解决最复杂的问题，这是一种大智慧，是明智之举。

据某外国报载，美国太空署遇到了一个难题：应想出怎样的办法才能设计出一种能够让宇航员在失重情况下使用的笔？这种笔不但能方便地拿在手里，而且不用经常上墨水，还要保证书写流畅。于是，他们向社会征求最佳设计方案。人们纷纷寄来了自己的设计创意，但没有一个方案令人满意。因为这些设计不是太复杂就是目前根本不可能制造出来。

正当太空署工作人员愁肠百结之时，收到了一位小女孩的信，上面写道："试试铅笔。"问题迎刃而解。

其实，有些问题本来很简单，只是许多人的思维方法仿佛是与复杂结缘的，他们不仅把问题看得复杂，更把解决问题的方式变得复杂，甚至钻到自己设定的"牛角尖"里无法出来。我们强调"简单化"，这实际上是一种讲实际、求实效的作风，是一种事半功倍的方法，它能以最小的代价求得最大最好的效果。

企业管理大师艾利·高德拉特博士常说："复杂的解决办法是行不通的，问题越复杂，解决办法越要简单。"把简单的事情复杂化，就是采用烦琐复杂的方法去处理简单的事情，有时会动用不必要的人力、物力和财力去解决原本可以轻易解决的问题。这就像是用宰牛刀杀鸡、用高射炮打蚊子一样，不仅愚蠢、毫无效率，甚至是劳民伤财的。所以，从简单的方法入手。越是复杂的问题，越要按简单化的原则来处理。

新西兰的某个动物园得到了一个国家捐赠来的两只袋鼠。为了好好照顾袋鼠，动物园领导专门咨询了动物专家，并根据专家的建议，为袋鼠兴建了一个既舒适又宽敞的围场。同时，动物园领导还别出心裁地筑了一个一米多高的篱笆，以免袋鼠跳出去逃走。可是，第二天一大早，动物管理员惊奇地发现两只袋鼠在围场外吃着青草。动物园领导认定是因为篱笆的高度过低，所以他们将篱笆加高了半米。但是，同样的事情在第三天又发生了，袋鼠又跑到了篱笆外面。动物园领导又下令将篱笆增到两米，心想这下总该没什么问题了吧。但尽管如此，管理员还是吃惊地发现，袋鼠仍旧不在围场内，而是在篱笆外悠闲地吃着青草。那边留下动物园领导百思不得其解。这边的青草地边上，被围场围住的长颈鹿忍不住问其中的一只袋鼠："你是怎么跳出那么高的篱笆的？你到底能够跳多高啊？""唉！我真是弄不明白，他们为什么一直在加高篱笆的高度！"袋鼠笑着回答说，"事实上，我从来都不曾跳过篱笆，而是走出围场的，因为他们从来就没把围场的门给关上过。"

有很多事情包括有些很简单的事之所以难做，是因为人们要么常常把自己的思维局限于既定的程式里，要么往往把问题想得太复杂。遇到问题时，总是想着用复杂的办法去解决，导致束手无策。这时，如果能打破常规，用简单对付简单，用简单对付复杂，问题往往就会迎刃而解了。

《史记》中讲："大乐必易，大礼必简。"意思是说，"大"的音乐一定是平易近人的；"大"的礼仪则一定是简朴的。世界的表象虽然复杂，但方法的本质却是简单。面对纷繁复杂的万事万物，迎接不断出现的新情况新问题，说难也难，说易也易，关键看你能否把握方法的本质；是否善于用简单的理念去处理、去破解。

某报纸曾举办一项高额奖金的有奖征答活动，题目是：在一个充气不足的热气球上，载着三位关系世界兴亡命运的科学家。

第一位是环保专家，他的研究可拯救无数人们，免于因环境污染而面临死亡的厄运时刻。

第二位是核子专家，他有能力可防止全球性的核子战争，使地球免于遭受灭亡的绝境。

第三位是粮食专家，他能在不毛之地，运用专业知识成功地种植食物，使几千万人脱离饥荒而亡的命运。

热气球即将坠毁，如果丢出一个人以减轻载重，可以使另外的两人得以存活，请问该丢下哪一位科学家？

问题刊出之后，因为奖金数额庞大，信件像雪片一样飞来。在这些信中，每个人都绞尽脑汁，甚至天马行空地阐述他们认为必须丢下哪位科学家的宏观见解。最后的结果出乎意料，巨额奖金的得主是一个小男孩。

他的答案是：将最胖的那位科学家丢出去。

扔下最胖的，就这么简单。其实事物本源是很简单的，但人们往往把他们复杂化了。这件事值得所有管理者反思，当我们运用自负的满腹经纶，应用各位管理大师高深的理论解决我们面对的问题时，有一种最原始的方法也许我们没有想到，因为我们头脑里充斥着太多的管理理论，太多别人的成功经验，太多的干扰，我们把问题想得太复杂了。

把简单的问题想得复杂，可能已经是无效甚至失败的开始。因为当你觉得它很难时，你就会想方设法从难处着手，从而忽略了最简单的解决之道。而事实上，越是复杂的越是简单的。

其实将复杂的问题简单化就是把陌生的、抽象的、困难的、未知的问题转化成熟悉的、具体的、容易理解的、已经解决过的问题。只要肯动脑筋，办法总会有的。

在20世纪80年代，有一个小学的教学楼大门是木制的，经常被淘气的小学生踢坏或撞坏。无奈学校将木门换成了铁门，但不久，学生们居然以铁门为秋千荡来荡去，玩得更加起劲，踢门的力量更重了，不久铁门也变形了。于是学校发出通知，对破坏门的同学给予处罚，并抓了典型。但时隔不久，故技重演，门依旧经常被弄坏。学校发动老师提建议，于是各位老师五花八门的建议又应运而生，都不外乎各种制度，各种惩处。这时一位老校工的建议引起了大家的注意："将门换成玻璃门行不行呀？"一语惊醒大家。何不试试？于是铁门换成了易碎的玻璃门，非常漂亮。奇迹发生了。玻璃门再也没被学生故意弄破过。

生活中这样的事例有很多，其实都很简单，复杂起来的原因往往是人们自己人为造成的，遇到困难在寻求解决的办法时，惯于常规的思维来思考，头脑被无形的思维定式所束缚，抑制了想象力和创造力，有时很容易钻进牛角尖里，把简单的问题复杂化。殊不知，很多时候，简单的思维反而更能有效地解决复杂的问题。

一家国际知名日化企业和中国南方一家小日化工厂分别引进了一套同样的肥皂包装生产线，但是投入使用后却发现这套设备自动把香皂放入香皂盒的环节存在设计缺陷，每100支皂盒中就有1—2个是空的。这样的产品投入市场肯定不行，而人工分拣的难度与成本又很高，于是，这家跨国大公司就组织技术研发队伍，耗时1个月，设计出了一套重力感应装置——当流水线上有空肥皂盒经过这套感应装置时，计算机检测到皂盒重量过轻以后，设备上的自动机械手就会把空皂盒取走。这家公司对于为这台设备打的"补丁"深感得意。而我国南方这家小日化工厂根本没有研发资金与实力去开发这样的补丁设备，老板只甩给采购设备的员工一句话："这个问题你解决不了就给我走人！"结果这位员工到旧货市场花30元买了个二手电风扇放在流水线旁，当有空皂盒经过开启的风扇时就会因为很轻而被吹落。问题同样解决了。

同样的问题，一个花了大量的时间和精力设计一套重力感应装置，而另一个却用一个简简单单的风扇就把问题解决了。后面的方法更简单易行，而且省力、省时、省钱，这样的方法就是好方法。

很多时候，我们总是把一个问题复杂化，本可以用简单的办法解决，我们却费了大周折，花了大力气。把复杂的问题简单化，这是一种智慧，而我们恰恰需要这种智慧。当我们遇到问题，不是一根筋，死脑筋，而是应该多角度去看问题，从不同的角度，我们往往能发现解决问题最简单的办法。

精兵简政，不断简化组织形式

在抗战时，毛主席曾经提出过一个著名的政策："精兵简政"，这个政策在当时并没有给革命队伍造成影响，反而是极大地提高了队伍的效率。在企业管理中，这个政策同样有效。

现代很多企业，普遍存在着人浮于事的现象，机构中充斥着喜欢吹毛求疵的专家，以及过多的管理层次。这种组织机构，是 20 世纪初在环境稳定、技术简单的条件下，为了控制大批量生产操作而设计的。这种结构已经和现状格格不入，成为妨碍行动的桎梏。它完全不能适应目前竞争的需要。

有一个鉴别人浮于事的可靠标准。如果管理者（特别是高层领导）不得不将他工作时间的十分之一花在处理"人际关系"上，花在处理内部的不和与摩擦上，花在处理内部的权限之争以及相互合作等问题上时，那么这支队伍肯定是人浮于事了。人多了反而会互相妨碍工作，反而会成为实现绩效的障碍。而在精干的机构里，人们都有充分的活动余地，不大会发生碰撞与冲突，也不需要到处去做解释才能把工作进行下去。

现代的制度文化，应该追求"小而精"的机构。而很多组织机构臃肿的现象，早已是举世皆知的事实。有些企业好像不是生产经营机构，好像是人事局的派出机构。精简机构，已经成为一个不容忽视的课题。

管理大师彼得·德鲁克告诉我们："最好的管理是那种交响乐团式的管理，一个指挥可以管理 250 个乐手。"他通过调查和研究得出的结论是，对企业而言，管理的层级越少越好，层级之间的关系越简单越高效。

　　20世纪初期，亨利·福特将亚当·史密斯的"劳动分工原理"和弗雷德里克·泰勒的"制度化管理理论"，用于福特公司的汽车生产上，形成了汽车流水作业线和金字塔式的组织结构。在当时来讲，这种精细分工和层层上报的结构模式，是有利于提高效率和加强部门管理的。因为，当时工人素质低、劳动力廉价，且技术水平有限，把企业的经营过程分解为最简单：最基本的工序，能够使员工只需重复一种简单工作，从而大大提高工作质量和效率。

　　但是进入20世纪80年代后，福特公司的这种经营管理模式日益显露出弊端。

　　首先，分工过细使一个经营过程往往要经过若干个部门、环节的处理，整个过程运作时间长、成本高。另外，精细的分工增加了员工工作的单调性，致使工作和服务质量下降。员工缺乏积极性、主动性，责任感差。福特的这种迟缓的运作状态，更导致了它在快速多变的市场环境中处于被动状态。就像美国一家大型保险公司，随着业务的迅速发展和管理工作的日益复杂化，客户索赔竟然要经过250道程序，结果客户怨声载道，客户数量不断下降。

　　其次，这种分段负责的管理模式，也导致了福特公司无人负责整个经营过程，缺乏全心全意为顾客服务的意识。各部门按专业职能划分，每个部门犹如"铁路警察"，各管一段。结果是各部门只关心本部门的工作，并以达到上级部门满意为准。"顾客就是上帝"那只是营销人员的信条，企业的其他员工，并不关心生产的产品或提供的服务是否能真正满足顾客的需求。而且，为了把企业内部各部门、各环节衔接起来，福特公司需要许多管理人员作为组织管理的信息存储器、协调器和监控器。于是，人事负担就成为难以承受的重负。此外，在执行任务时，各部门都从本部门的实际利益出发，这就不可避免地存在本位主义和相互推托现象。这些都是不增值的环节，也造成了经营过程运作成本高。

由于复杂化管理，致使福特公司的组织机构臃肿，官僚作风严重，工作效率大大降低，危机正在悄悄逼近。到了20世纪90年代初，福特汽车公司在北美的应付账款部就有500多名员工，他们负责审核并签发供应商供货账单的应付款。但日本马自达汽车公司负责应付账款工作的却只有5个职员。应付账款部本身只是负责核对"三证"，三证相符则付款，不负责查，查清再付原本很简单的一件事，却被弄得如此复杂，并且浪费了这么多人力资源。这个5∶500的比率，让福特公司经理再也无法泰然处之了。福特公司迫于形势进行流程重组，完全改变应付的工作和应付账款部本身。重组后应付账款部只有125人，仅为原来的25％，这意味着节简了75％的人力资源。

要想使你的组织更有效率、更有活力，就必须先给你的组织"瘦身"，试着破除内部的官僚主义，精简企业内部层次，缩编领导班子，打造一个全新的灵巧型企业，让企业轻装上阵。因为如果管理人员过多，很容易发生在责任上的推诿，给企业或组织会带来非常大的灾难。

所有杰出的管理者，有一种共同的特征：总是尽量使管理简便易行。而机构过于繁杂，就不利于企业轻装上阵，人为地增加了沉重的负担，将简单的问题给复杂化了。这是与现代企业经营管理理论背道而驰的。现代企业机构应当越简便越好。因为越简便就越容易操作，在管理上也容易控制，而机构繁杂，中间环节自然就多了。

简单不等于容易，管理更要注重细节

如果说管理的一般法则是科学，那么在管理中细节就是艺术。不少人可能有体会：谈及企业管理方面的事，印象最深的往往不是那些深奥的管理学理论、管理的一般法则，而是由一个个管理细节突显出来的鲜活的事例。

在工作中，任何一点细节的疏漏，都会事关大局，牵一发而动全身；而且都会通过放大效应而突显其重要影响。正所谓"千里之堤，溃于蚁穴"。管理者若疏忽了细节，就有可能导致不幸，甚至是灭顶之灾。所以"加强细节管理"在企业中是非常有价值的，这应该作为管理者的工作箴言。

有一次，国内某著名出版社的负责人，希望该出版社在出版界的某一特定领域占据支配地位，于是决定以相当可观的价格购买一家比较小的出版社。该负责人急于推行这一购买活动以确保出版社在市场中的重要地位，因此给手下施加压力，让他们在没有做好细致的准备工作之前就仓促上阵，他说道："我们以后能清除那些细节。"

然而，他手下的快速行动忽略了一个不能被忽略的细节。数以千计的顾客订购了这家出版社的产品，出版社订单在握，这很好；账单及时开出，这也很好。但是只有20％的客户支付了货款，不知是什么原因，有人忘记了检查货款回收率。这件事情不是被有意隐瞒的，而是被淹没在其他大量琐碎的财务细节中，这样，非但不能使整个战略产生预期效果，而且其造成的损失妨碍了出版社几年内的其他投资。

从这个案例我们可以看出：若管理者只是把注意力放在"大"上是远远不够的，在把握了大方向、大战略的前提下，密切关注和做好每一件小事，才有可能获得更大的成就。

天下大事，必作于细。组织的运行过程是通过各种途径由无数细节相互连接而形成的具有自我调节功能的复杂系统。在这个系统运行的过程中，一定会出"细节梗塞，小事挡道"的现象。因此，对每一件小事的处理是否得当，都会对整个局面带来意想不到的连锁反应。

    创始于山东省淄博市博山区的一个小山村的山东万杰集团，经过十多年的发展，目前该集团拥有跨系统、跨地区、跨行业、跨所有制的成员企业共21家，其中海外公司有3家。

    从零起步的万杰集团发展速度如此之快是与其非常注重细节管理、注重规章制度的严格落实分不开的。集团的管理制度无处不在，从公司到工厂、车间、班组及个人，从幼儿园、学校到老人公寓，从各科研究所到万杰医院，各个部门、每个岗位都有明确具体的规章制度，共计几千条。集团通过各种形式如手册、宣传、讲解、提问等形式增强员工的制度意识和贯彻落实的自觉性。

    万杰集团开始时生产经营并不佳，公司内部管理混乱，但是在濒临危局时公司领导人意识到了问题的严重性，开始实行严格管理。但是起始时，散漫惯了的员工一时难以接受，公司的严格做法反而招来一些非议。如，当初制定和执行禁烟区内禁止吸烟的规定时，就遭到了很多人的反对，即使罚款都解决不了问题。有的员工吸烟被罚款时，态度蛮横，既不交罚款，也不承认错误。但公司认为："搞现代企业，没有组织纪律就无法组织生产。没有严格的管理就没有生产力。从严管理，抓起来如滴水穿石，必须锲而不舍，持之以恒。"公司从严管理的决心始终不曾动摇。

    于是公司采取了更加严厉的处罚措施：在禁烟区吸烟者罚扫七天大街，先是由家人陪扫，后来将制度改为由违纪者的领导陪扫。久而之久，不在禁烟区吸烟成为了员工的自觉行动。

    万杰集团的员工大多数都是来自于农村的剩余劳动力，2000余人的员工总数中，大专以上文化程度只有14%，高中、中专文化程度约占49%，初中文化约占37%，企业员工素质相对偏低。但经过不断教育培训和严格管理，不仅在小事上做好了，整体素质也提高了，公司生产经营迅速发展。

    万杰的经验告诉我们，企业的严格管理要从一点一滴的细节做起，要持之以恒。

易趣CEO谭海音曾说：管理一半是科学，一半是艺术。她说，在学校里学的不是生搬硬套的管理模式，而是一种思考方法。可以说，成功的企业家可以不是管理方面的理论家，却必须是管理方面的艺术家。他们深谙"细节管理"的奥秘，处理问题于细微处见功夫，长于在管理学一般理论与本企业实际的结合上做出一篇篇堪称艺术品的文章来。

的确，企业管理最忌讳的是大而化之，精于细微才能真正提高管理水准，所以企业管理应该像王永庆所说的那样，不能只重视"面"和"线"，而忽视了"点"；应该重视"点"，"点"真正完善了，"线"和"面"就简单了。因而企业要严格管理，尤其是陷入困境之中的反败为胜必须从细节做起。

别陷入完美主义的管理困局

现实生活中，很多企业管理者都希望把事情做得十全十美，但是，在通过各种复杂的手段实现这种理想时，却很少会有人意识到，这种苛刻"完美主义思维"的心理会使企业整体都患上"焦虑症"，结果导致了很多急功近利的行为和刻板生硬的风气，反而给企业造成了很大的损失。

在日本的一家动物园，有位饲养员特别爱干净，对动物也特别有爱心，每天都把小动物住的小屋打扫得干干净净。结果呢，那些小动物一点也不领他的情，在干净舒适的环境里，动物们开动慢慢萎靡不振了，有的厌食消瘦，有的生病拒食，有的甚至死了。

原因是什么？

后来，通过观察才发现，那些动物都有自己的生活习性，有的喜欢闻混浊的臊气，有的看到自己的粪便便反而感到安全等等。

这个故事说明了这样一个道理，有效的管理必须针对组织内个体的需求，包容个体的差异性，并在此基础上灵活应对、多元管理。假如像故事中的饲养员那样，无视个体的差异，一味追求看似完美的统一，这样的组织最终一定会因抹杀了个体的个性而导致组织的解体或僵化。

实际上，管理是没有完美的，企业也没有完美的，追求决策上和执行上的完美容易陷入"完美主义"陷阱，用完美主义的标准选人用人更是错误。企业由于自身资产、资本、人力资源的限制，需要从实际出发做出现实的决策，而不是完美的决策。在执行层面，"完美主义"的管理者往往让人头疼，如兼并收购，面对瞬息万变的市场，需要面向未来果断做出决策，决策一出就要立即执行，而完美主义的管理者往往会贻误战机。

有些管理者们总是期望他的下属是完美的。有时，他们甚至明白这是不可能的，但心里还是希望下属可以尽可能的完美。其实在这种坚持完美的同时，已经违背了管理的初衷。下属为了达到管理者的完美要求，在工作中变的谨慎，害怕犯错，那么他们将以缓慢的工作效率来保证自己不要将事情搞砸了。结果导致产量一路下滑，下属失去信任。

李庆利最近准备创业，主要业务是通过电话营销进行招商。朋友给他提议：每个周末，让每个电话营销人员汇总本周内碰见的困难和问题，一并发送给他；然后由他进行统一整理、一一作答，给予标准答案，统一口径。

李庆利深以为然，并立即落实，周日汇总上来所有困难和问题。结果，10天后，李庆利还在为那些"困难和问题"忙碌着，因为他想将这些困难和问题的标准答案考虑周全、完美一些，这次答复后，后面就不用再修改了。

结果，标准答案给出了一稿、二稿、三稿……一直没有定稿！他总觉

得有些答案还不是很完善，存在缺陷，总想着完善。正是因为他一直拿不出定稿，致使电话营销人员的工作效率极其低下，李庆利反倒挑过指瑕，怪罪起电话营销人员来，搞得大家心里都很郁闷，气氛很紧张。

没过多久，就有几位电话营销人员辞职不干了。可以说，他这次创业是出师不利。

朋友知道后，连忙和李庆利联系，劝说他尽快将这些"标准答案"先行下发出去，"试行"也可以，因为时间不等人！况且，真要按照李庆利的这种思路去做营销，问题就大了，因为每个星期，电话营销人员都会有困难和问题提出来，都是需要给予解答的，前面的问题没有解决，后面的问题又接踵而来，李庆利即使有三头六臂，也是无能为力的。非但如此，朋友劝李庆利不应过多地怪罪工作人员，尽找别人的不是，而应多从自身找原因。

可李庆利不以为然，依然故我。没过多久，他开办的电话营销公司以失败而告终。

很显然，李庆利是一个典型的完美主义者，但这种在企业管理和经营方面过于追求完美的思维，最终导致创业失败。

有时候，完美是复杂的代名词。从心理学的角度讲，完美主义本身的目标总是设定在极限的理想状态下，他们给每件事都设定了极高的标准，凡事都有唯一固定的答案。由于他们完全把注意力放在做事方法的"绝对正确"上，所设定的极高标准远远超出了一般人所能接受的能力，从而造成对员工缺乏足够的信任，操作的灵活性丧失，使员工处在提心吊胆中，扼杀了员工的想象力和创造力。

常言道：过犹不及。管理工作没必要苛求完美，让管理的工作保留一个开放性的空间，让下属拥有广阔的发挥余地，以求得到更为新颖和丰富的结果，这才是真正的管理之道。我们提出简单管理，就是要摒弃完美主义，在方方面面都要留有余地，让所有事情都顺理成章，和谐有序。这样管理才具有适当的弹性，才能具有应变的能力，在速度上也可以取胜。

给管理做减法，最好的管理是少管理

我们经常听到一些管理者口有怨言："太忙了，太累了！"有些管理者积劳成疾，英年早逝。其中原因固然较多，但原因之一就是有些管理者工作头绪太多，繁杂忙乱，个人大包大揽，一句话：没有处理好"多管"与"少管"的关系。

美国通用电气企业杰克·韦尔奇的一个管理原则就是，"管理得少"就是"管理得好"，也就是说企业经营管理者只管自己该管的事。反观国内的一些企业经营管理者显然就缺乏了这份自信和这种观念。据一份权威的调查分析报告称："在中国企业每一层次上，80％的时间是用在管理上，仅有20％的时间是用在工作上。"

习惯于相信自己，放心不下他人，经常粗鲁地干预别人的工作过程，这样就会形成一个怪圈：管理者喜欢从头管到脚，越管越变得事必躬亲，独断专行，疑神疑鬼；同时，下属就越来越束手束脚，养成依赖、从众和封闭的习惯，不仅会把最为宝贵的主动性和创造性丢得一干二净，而且会严重挫伤下属的自尊心和归宿感。时间长了，企业就会得弱智病。

蒋总作为某地产公司的老板，恨不得把一天24小时辦成48小时用。他搞不清楚，为什么手下那些人一个个不成器。看着别人公司的副总、总监，一个个都能独当一面，他们公司的副总、总监都还非要他亲自到现场指挥。用他的话说是："我们公司只有我一个人是官，其他都是兵，这样我总有一天会累死！"

但另一方面的事实是，即使其他公司的副总、总监被他挖来，要么干不长就走了，要么留下来也变得不会决策了。

为什么会出现这种状况呢？

蒋总是个很细心乃至追求完美的人，安排别人做的事情总不放心，凡事喜欢亲临现场指挥。甚至有时候会突然出现在施工现场指挥工人，花池该怎么设计，树木该栽哪些地方，售楼部该怎么布置……本来已经设计好的方位，因他一来，立刻打乱，可能需要临时进行大腾挪。久而久之，摸准他性情的下属就只好事事请示，轻易不做决定，结果全公司上下就成了他一个人做决定的局面了。

管理，是只管头和脚，这才是管理的终极手段，而不是从头管到脚，有多少管理者为了显示自己的才能，管理一件事情，从头管到脚，劳心而劳力。真正的管理的大师，他们就像一场战役的指挥官、指挥领袖，他们会教他们的将领怎样去打仗，而在战役中将领具体怎样操作，给予将领绝对的自主权！

美国有两位才华横溢的卡通画家，他们的作品同时深受全球孩子的欢迎。一位是建立迪士尼乐园而闻名于世的华特·迪士尼先生，另一位则是创造史努比卡通人物而备受瞩目的舒尔茨先生。他们两人在卡通世界各领风骚数十年，并各自开创一片天空。

迪士尼虽然已去世多年，但是他所创造出来的迪士尼乐园，依旧是蒸蒸日上，无与伦比。相对地，舒尔茨的漫画事业虽然也颇具成就，但与迪士尼王国相比，无论是在企业的规模或对顾客的影响力上，还是略逊一筹。

有一个漫画评论家，曾对两人所从事过的工作与事业拿来做比较，获得了一个结论：迪士尼虽然死得早，可是事业却能持续壮大，原因就在于他很早就不再画卡通了，而舒尔茨之所以略逊一筹，是因为他坚持亲自画漫画，而且一直画到去世那一刻为止。

换句话说，因为他们的经营理念迥异，工作哲学不同，也因此创造出不一样的人生格局。

那么，迪士尼很早就没有画画，那到底在做什么？这倒可从他与一位孩子的对活中窥见奥秘。

曾经有一个孩子，在一次见到迪士尼的时候，以非常兴奋的口气问他："迪士尼乐园的卡通都是您画的吗？"迪士尼回答说："小朋友，我已经很久没有亲自画卡通了！"小孩子感到很疑惑地继续问："那么乐园内有很多游乐设施是你设计的吗？""不！这些游乐设施都是公司同人设计的。"迪士尼含笑回答。

孩子十分纳闷："迪士尼先生，你既不画卡通，也不设计游戏机，那你到底在做什么工作呢？"

迪士尼回答说："我现在的工作就是在扮演蜜蜂的角色，主要任务是到处寻花采蜜，授花粉的工作。"简而言之，迪士尼的工作，已经从早期画卡通到现在的找寻人才、发掘商机、创造品牌及开拓市场。

一个好的管理者，在工作过程中要实行科学领导，才能取得好的效果和效益，越是尽职尽责，越要克服忙乱，不能把尽职尽责和事必躬亲画等号。管理者要带领下属前进，而不能代替下属前进，应该把时间与精力放在提高自身素质上，放在搞好规划、组织和指挥这三件大事上，提高工作效率，合理授权，力争创造出最佳的领导效益来，这才是管理工作的根本所在。

第二课

减少沟通环节，让交流简单有效

　　有效沟通是实现简单管理、提高工作效率的重要途径。据统计，现代工作中的障碍50％以上都是由于沟通不到位而产生的。工作中的沟通就是为了能让工作变得更简单、更有效，因此沟通也应该用最简单的方式。正如松下幸之助所说："沟通一向是、现在是、将来也依然是企业中的重要问题，作为管理者，你必须清楚地表达你对未来的要求和对结果的看法。"

经常沟通有利于解决问题

管理的过程是一个通过发挥各种管理功能，充分调动人的积极性，提高机构效能，实现企业共同目标的过程。沟通从一定意义上讲，就是管理的本质，管理离不开沟通，沟通渗透于管理的各个方面。

沟通的重要性是不言而喻的，然而正是这种大家都知道的事，却又经常被管理者忽视。没有沟通，就没有成功的企业，最终导致大家也都不能很好地正常工作。企业内部良好的沟通文化可以使下属真实地感受到沟通的快乐和绩效。加强企业内部的沟通管理，既可以使管理层工作更加轻松、简化，也可以使下属们大幅度提高工作绩效同时还可以增强企业的凝聚力和竞争力，因此每个管理者都应该从战略意义上重视沟通。

美泰玩具（加拿大）公司为了提高销售利润，尝试实施引入新的销售渠道这一独特的创新，在这期间，各部门之间的沟通交流发挥了至关重要的作用。

由于玩具行业周期性强，库存积压的问题多年来一直让这家公司头疼。这些库存只能靠大幅打折来抛售，这就压低了整个销售的利润水平。

由于仓库距离加拿大的一个大城市比较近，一些员工建议为仓库增设一个处理品零售店。虽然有多名经理都称赞这是个好主意，却并没有付诸行动。很明显，这要归咎于销售部门和配送部门之间的矛盾，但是没有人愿意公开面对这些矛盾。

在销售、配送和其他一些部门进行了一次开诚布公、实事求是的沟通讨论之后，公司最终成功实施了玩具处理的创新。这些部门终于认识到他们都能从处理品零售店身上获益。

避免打折让销售部保持了更好的盈利水平，不再把旧库存倒来倒去让配送部节省了时间，财务部也因为库存减少而释放了资金。

美泰玩具（加拿大）公司通过交流沟通的方法，不但解决了各部门的困难，而且还进行了销售模式的创新，因而从美泰的海外子公司中盈利最差的一个，一跃成为盈利最好的一个。

这件事充分说明：通过沟通的方式，使得公司所有的人都能公开交流对一些关键问题的看法，对于创新以及整个公司都是至关重要的。

沟通是企业管理者需要掌握的一门管理技巧，通过沟通、交流可以统一思想达成共识，可以化解矛盾。有效地沟通能够缩短下属与管理者间的距离，使下属充分发挥能动性，使企业发展获得强大的原动力。因此，管理者一定要提高沟通能力，掌握沟通艺术，做一个善于沟通的管理者。

1. 管理者要意识到沟通的重要性

沟通是管理的高境界，许多企业管理问题多是由于沟通不畅引起的。良好的沟通可以使人际关系和谐，顺利完成工作任务，达成绩效目标。沟通不良则会导致生产力、品质与服务不佳，使得成本增加。

2. 管理者要主动沟通

企业的管理者是个相当重要的人物。管理者必须以开放的心态来做沟通，来制定沟通机制。公司文化即管理者文化，他直接决定是否能建立良性机制，构建一个开放的沟通机制。管理者以身作则在公司内部构建起"开放的、分享的"企业文化。

3. 以良好的心态与下属沟通

与下属沟通必须把自己放在与下属同等的位置上，"开诚布公"、"推心置腹"、"设身处地"，否则当大家位置不同就会产生心理障碍，致使沟通不成功。沟通应抱有"五心"，即尊重的心、合作的心、服务的心、赏识的心、分享的心。只有具有这"五心"，才能使沟通效果更佳，尊重下属，学会赏识下属，与下属在工作中不断地分享知识、分享经验、分享目标、分享一切值得分享的东西。

4. 公司内建立良性的沟通机制

沟通的实现有赖与良好的机制，包括正式渠道、非正式渠道。下属不会做你期望他去做的事，只会去做奖罚去做的事和考核他去做事，因此引入沟通机制很重要。应纳入制度化、轨道化，使信息更快、更顺畅，达到高效高能的目的。

5. 减少沟通的层级

人与人之间最常用的沟通方法是交谈。交谈的优点是快速传递和快速反馈。在这种方式下，信息可以在最短的时间内被传递，并得到对方回复。但是，当信息经过多人传送时，口头沟通的缺点就显示出来了。在此过程中卷入的人越多，信息失真的可能性就越大。每个人都以自己的方式理解信息，当信息到达终点时，其内容常常与开始的时候大相径庭。因此，管理者在与下属进行沟通的时候应当尽量减少沟通的层级。越是高层的管理者越要注意与下属直接沟通。

总之，沟通不但是一种艺术，也是一门学问。有效的沟通要讲究方式方法，不能操之过急，需要有勇气和耐心。"冰冻三尺，非一日之寒"，"水到渠成"，懂得了这些道理，沟通自然会处理得好。

微笑是最简单有效的沟通方式

在这个世界上，有一种全人类的共同语言，它就是"微笑"。笑容是有魔力的，它会感染给身边的人，使人与人之间的关系更加融洽。美国著名企业家卡耐基说："笑容能照亮所有看到它的人，像穿过乌云的太阳，带给人们温暖。"可以说，微笑是世界上最美的行为语言，虽然无声，但最能打动人。

张华到某公司任经理一职，不久就发现，公司开会时，只要他在场，参加会议的人就显得很紧张，都不愿发言，就算发言也是哆哆嗦嗦的。他心里很纳闷，经过仔细了解，终于弄清了缘由：他的神情太严肃，总是板着面孔，让人感到害怕。打这以后，他从"脸"上做起，经常对着镜子练习微笑。同下级在一起时，尽量放松心情，谈笑风生。过了不久，在他主持或者参加的会议上，大家都能踊跃发言。对此，张华深有感触地说：领导的脸是冷若冰霜还是挂着微笑，效果大不一样。

微笑表达的是认同、肯定、赞许，是理解、宽容、关爱——管理者对下属微笑，下属就会产生"重要感"，消除陌生感，可以增进感情，拉近距离，舒缓矛盾，传达感情，传递关怀，振奋人心，鼓舞士气。从这个意义上说，一个组织的管理者会不会微笑，直接影响内部的人际关系、精神氛围和办事效率。

于伟是某图书出版公司的老板，别看他年轻轻轻，但却几乎具备了成功男人应该具备的所有优点。他有明确的人生目标，他的嗓音深沉圆润，讲话切中要害；有不断克服困难的信心；他走路大步流星、工作雷厉风行、办事干脆利索，而且他总是显得雄心勃勃，富于朝气。他对于生活的认真与投入是有口皆碑的，而且，他对于下属也很真诚，讲求公平对待，与他深交的人都为拥有这样一个好朋友而自豪。但初次见到他的人却对他少有好感。这令熟知他的人大为吃惊。为什么呢？仔细观察后才发现，原来他的脸上几乎没有笑容。

平日里，于伟深沉严峻的脸上永远是炯炯的目光、紧闭的嘴唇和紧咬的牙关。即便在轻松的社交场合也是如此。他在舞池中优美的舞姿几乎令所有的女士动心，但却很少有人同他跳舞。公司的女员工见了他更是如同山羊见了虎豹，男员工对他的支持与认同也不是很多。而事实上他只是缺少了一样东西，一样足以致命的东西——一副动人的、微笑的面孔。

微笑是一种美好情感的表达，给人以温暖和亲切。整天板着一张面孔的人是没有人喜欢的，如果你想做一个受欢迎的管理者，就不要忘记微笑。

微笑是建立良好的人际关系，调节各种矛盾的润滑剂。微笑如同阳光，能给下属带来温暖，使他们对你产生宽厚、谦和、平易近人的良好印象，它能缩短你与下属彼此之间的距离，产生心理上的兼容性。

阿尔米公司是美国钢铁公司和国民制酒公司的一家子公司，是一家生产钛产品的联合企业。几年前它的经营成绩低于一般水平，生产效率和利润都很低。但最近5年来，阿尔米公司却获得了引人瞩目的成功，究其原因是因为采取了一项积极注重人的生产效率的计划。

"大块头"吉姆·丹尼尔出任总经理的时候实施了这项计划。吉姆·丹尼尔原先是一名职业橄榄球员，当过克利夫兰的"布朗队"队长。《华尔街日报》把这项计划形容为"一个由感人肺腑的口号、相互交流和满脸堆笑组成的大拼盘"。丹尼尔的工厂里到处贴着告示，上面写着："倘若你看到有谁脸无笑容，那就请对他报以微笑吧"，"要是员工们不喜欢，那将一事无成。"

阿尔米公司的标志就是一张笑脸，信笺上、厂门口、厂徽、工人的安全帽上，这张笑脸真是无处不在。"大块头"吉姆·丹尼尔花费大量时间用于骑车巡视工厂，他和工人们打招呼，开玩笑，倾听他们的意见，彼此称兄道弟。此外，他对工会方面也以大量的时间关心。当地的工会主席无不敬意地说："他让我们出席各种会议，让我们了解工作的发展，这在别的行业真是前所未闻的。"

这样做的结果是，在最近3年里，几乎未加任何投资，而生产率差不多提高了80%。

微笑的力量是巨大的。它虽然不能直接用于生产，然而它却是提高生产力的一种体现。从管理者角度看，企业实施微笑管理，可以表现管理者的宏大气度，出现矛盾时，微笑可以使双方恢复理智，化干戈为玉帛；微笑管理也是赞扬和鼓励下属的重要方式，当下属创造出良好业绩时，管理者的微笑代表了肯定和赞许，下属能从微笑中受到鼓舞，获得力量，并焕发出更高的工作热情。从下属角度看，当管理者适时运用微笑管理时，一张满面春风的笑脸能够间接消除下属的紧张和对抗情绪，并保持一种轻松的心情进行工作，办起事来也会干劲十足，效率极高。

总之，微笑是最简单的沟通方式。作为企业管理者，可别吝啬了你的微笑，因为它不但能给别人带来好心情，也能让你自己的心情开朗起来，还能为企业营造出一个宽松、和谐、健康的企业文化氛围。既然如此，何乐不为呢？

多听总比多说好处多

俗话说得好："会说的不如会听的。"也就是说，只有会听，才能真正会说；只有会听，才能更好地了解对方，促成有效的沟通和交流。

有效的沟通很大程度上取决于倾听，最成功的管理者通常也是最佳的倾听者。管理者能否做到有效而准确地倾听信息，将直接影响到与下属的深入沟通以及其决策水平和管理成效，并由此影响公司的经营业绩。

某跨国公司大客户部的林经理，正在为一家网络公司做方案，他费尽周折，但却没有进展。

周末，公司各销售部经理和总经理开例会，各项目部经理分别汇报了自己负责项目的进展情况，林经理最后一个发言，他先说明了该项目的重要性，然后，诚恳地对总经理和几位经理说："你们帮我分析分析，支支招。"接着，他滔滔不绝地讲起自己和属下多么勤奋，那家网络公司的技术人员如何刁难，又说自己运气不好，埋怨对方领导架子大、难伺候。林经理除了抱怨就是指责，到后来简直就是义愤填膺。这时，总经理走过去，推开窗户，当时正是隆冬，一股寒风吹了进来，桌子上的文件到处乱飞。林经理疑惑不解地看着总经理说："大冷天的，您开窗户干吗？"总经理说："这个屋子里已经装满了你的不满和委屈，我不把空气放一放，你还能听得进别人的话吗？"

林经理只顾表达自己意见，忽略了别人的感受，本来想给他提一些建议的同事，反而连说话的机会都没有了。

倾听本身就是一种鼓励方式。很多时候，下属并不是埋怨工作辛苦，而是抱怨自己的意见、建议得不到应有的尊重。下属心情愉快莫过于管理者能在工作中经常倾听他们的谈话、尊重他们的意见。倾听可以提高下属的自信心和自尊心，加深彼此的感情，还可以消除误解。

在企业中，人与人之间的很多误会都是因为没有机会申诉或彼此没有认真听而造成的。如果管理者在工作中经常听取下属的谈话，可以获得更多的信息，知道自己的不足，更好地了解下属，从而减少不必要的矛盾、误解和摩擦，增加人际交往的成功因素。

倾听能让人有一种被尊重和被欣赏的感觉，作为管理者，如果能够耐心的倾听下属的想法，那么下属会非常高兴，因为人们往往对自己的事情更感兴趣，能够有机会在管理者面前阐述自己感兴趣的或者是专长的事情，对下属来讲是一种荣耀。

本田宗一郎被誉为"20世纪最杰出的管理者"。回忆往事，他常念叨一则令其终生难忘的故事。

有一次，一位来自美国的技术骨干罗伯特来找本田，当时本田正在自己的办公室休息。罗伯特高兴地把花费了一年心血设计出来的新车型拿给本田看，总经理，您看，这个车型太棒了，上市后绝对会受到消费者的青睐……

罗伯特看了看本田，话还没说完就收起了设计图纸。此时正在闭目养神的本田觉得不对劲，急忙抬起头叫了声"罗伯特"，可是罗伯特头也没回就走出了总经理办公室。

第二天，本田为了弄清昨天的事情，亲自邀请罗伯特喝茶。

罗伯特见到本田后，第一句话就是："尊敬的总经理阁下，我已经买了返回美国的机票，谢谢这两年您对我的关照。"

"啊？这是为什么？"罗伯特看着本田的满脸真诚，便坦言相告："我离开您的原因是由于你没有自始至终听我讲话。就在我拿出我的设计前，我提到这个车型的设计很棒，而且还提到车型上市后的前景。我是以它为荣的，但是你当时却没有任何反应，而且还低着头闭着眼睛在休息，我一恼就改变主意了！"

后来，罗伯特拿着自己的设计到了福特汽车公司，受到了高层领导的关注，决定投产这个新型车。新车的上市给本田公司带来了不小的冲击，通过这件事本田宗一郎领悟到"听"的重要性，也让他认识到如果不能自始至终倾听员工讲话的内容，不能认同员工的心理感受，就难免会失去一位技术骨干，乃至一个企业。

倾听有助于真正的了解下属，而且通过这种了解，管理者可以解决冲突、矛盾，处理相应的抱怨。倾听不是"听见"，与"听见"不同，它反映了管理者对下属的态度。如果某个管理者认为自己听见了，就是在倾听，这是错误的，因为倾听不仅仅用的是耳朵，更要去用心。每个管理者都希望自己的讲话能够被下属认真地倾听，同样，每位下属也希望自己的声音能够被自己的上级倾听。

不会倾听的管理者是无法与下属进行有效地沟通。而擅长倾听的管理者，会把倾听作为打开话题的钥匙，能在倾听中捕捉到许多有用信息，联想到许多新的交谈话题，从而顺利把交谈延续和深入下去。另外，通过倾听还可以向他人学习知识和方法，了能更准确、更真实的信息。

倾听并不仅仅是被动地听取下属所说的话，还要积极主动地倾听下属所讲的事情，及时捕捉全面、准确的信息，掌握下属当前和未来的各种需要。只有掌握了真正的事实，才能解决问题，不断促进下属工作能力的提高，努力实现下属满意的目标。

倾听是管理者开展管理工作的基本功，也是管理者必须加以开发的基本技能。有效的倾听是可以通过学习而获得的技巧。

1. 表现出专心的聆听态度

管理者需要通过非语言行为，如眼睛接触、某个放松的姿势、某种友好的脸部表情和宜人的语调，建立一种积极的氛围。如果你表现的留意、专心和放松，对方会感到重用和更安全。

2. 站在对方的立场去倾听

下属在谈述自己的想法时，可能会有一些看法与公司的利益或管理者的观点相违背。这时不要急于与下属争论，而应该认真地分析他的这些看法是如何得来的，是不是其他下属也有类似的看法？为了更好地了解这些情况，管理者不妨设身处地地站在下属的角度，为下属着想，这样做可能会发现一些自己以前没有注意到的问题。

3. 避免与对方距离过远

如果与对方保持的距离过大，或者昂头俯视，就会让对方有被疏远或压迫感，对方也难以敞开心扉与你诉说。靠近对方、身体前倾，是鼓舞人的好方式，表明你正在对他的话洗耳恭听。

4. 听完对方讲话后再发表意见

在倾听结束之前，不要轻易发表自己的意见。由于你可能还没有完全理解下属的谈话，这种情况下妄下结论势必会影响下属的情绪，甚至会对你产生抱怨。

良好的沟通是管理的生命线

企业在经营管理和日常事务中，由于人与人之间、部门与部门之间缺乏沟通和交流，常常会遇到一些摩擦、矛盾、冲突、误解。这将影响到公司的气氛、士气和组织的效率，使企业难以形成凝聚力，人为内耗成本增大，甚至导致企业死亡。因此，企业管理的一个主要内容就是增进沟通。

著名组织管理学家巴纳德认为："沟通是把一个组织中的成员联系在一起，以实现共同目标的手段。"没有沟通，就没有协调，也就没有管理。但现实中，人与人之间常隔着一道道无形的"墙"，堵塞着沟通渠道，造成感情不融洽、关系不协调、信息不交流。因此，要管好人用好人，就要重视沟通与协调。

在企业内部，沟通是处理管理不当所引起矛盾的主要工具。我们每天都在工作中沟通，沟通中工作，沟通在不知不觉中进行，然而，沟通的效果并非所愿，沟通不良依然存在。沟通不良或许是每个企业都存在的老毛病。企业的机构越是复杂，其沟通越是困难。往往基层的许多建设性意见未及反馈至高层决策者，便已被层层扼杀，而高层决策的传达，常常也无法以原貌展现在所有人员之前。而沟通的持续恶化，就会造成"高层煮酒论英雄，底层士气灰飞烟灭"的严重情况。

有资料表明，企业管理者 70% 的时间用在沟通上。开会、谈判、谈话、作报告是最常见的沟通方式。另外企业中 70% 的问题是由于沟通障碍引起的，无论是工作效率低，还是执行力差，领导力不高等，归根结底都与沟通有关。由此可见，提高管理沟通水平，保持顺畅的沟通渠道就显得特别重要了。

英特尔的成功在很大程度上得益于公司对内部沟通体系建设的重视。在英特尔总部，专门设有一个"全球员工沟通部"，以促进英特尔沟通体系与团队的发展。英特尔推崇并采取开放式的双向沟通模式，既有自上而下的交流，也有自下而上的反馈。

公司的高层管理人员，经常通过英特尔内部网络，进行网上直播、网上聊天，向全球员工介绍公司最新的业务发展以及某个员工关心的情况，和员工进行互动沟通，回答员工提出的各种问题。

季度业务报告会，也是英特尔公司进行员工沟通的重要方式。这是一种面对面的沟通。在季度业务报告会上，不单是公司向员工通报最新的业务发展情况，还对员工所提出的问题进行现场回答。员工通过现场提问，面对面地与公司管理层进行交流。在英特尔季度业务报告会之前，为了了解员工所关注的问题与所忧虑的事情，各部门内部会通过员工问答的方法，预先了解员工的心声。

此外，在英特尔公司，每个季度会定期出版员工简报，让员工了解公司的最新动向，即使第一线员工也没有被遗忘。在工厂里，每个星期都会定期出版一期员工快报，把公司及工厂里最新最重要的信息，第一时间传递到员工手中。

英特尔还经常利用一对一的面谈来进行自下而上的沟通。公司经常召开员工会议，由员工来制订会议的议程，决定在会议上探讨的内容，包括员工对自己职业发展的想法，对经理人员的看法和反馈。经理人会定期和所有的下属进行及时沟通，听取员工的建议与想法，传达公司的政策与各项业务决策。另外，在英特尔，每年都会进行一年一度的全球员工关系调查，英特尔总部会派人到全球各个国家与地区的分公司，对该公司的员工关系与沟通情况进行调查。

英特尔同许多著名全球500强公司一样，采取门户开放式的沟通。很多时候，有意见的员工不愿意与自己的上司直接面谈。为了使这些员工的意见能够得以倾诉，英特尔就在人力资源部专门设置一名员工关系顾问。员工可以与这位顾问面谈，顾问会对所了解的信息进行独立调查，考察员工反映的情况是否属实，然后将调查结果通知公司有关部门，包括员工的经理。为避免经理对员工进行报复，英特尔还制定了一系列的规则，以保护员工的权利。

英特尔的目标是构建起一个完整的沟通环节，对获得的消息与建议采取后续的行动，给予员工满意的回复，解决相关问题，而不是仅仅为沟通而沟通。

由此可见，只有建立了系统全面的沟通机制，才能在企业内部形成一种透明的、畅通的双向沟通环境，只有在这种有效的机制下，下属们才能更好地提出自己的意见，更有效地全面采纳信息。而往往那些具有全方位沟通体制的企业，通常更能受到优秀人才的青睐。所以，管理者在管理的过程中一定要建立起一种全方位的沟通机制，要知道沟通是无极限的。

松下幸之助有句名言："企业管理过去是沟通，现在是沟通，未来还是沟通。"雄踞世界500强榜首的零售业巨头沃尔玛公司前总裁萨姆·沃尔顿也曾说："沟通是管理的浓缩。如果你必须将沃尔玛体制浓缩成一个思想，那可能就是沟通，因为它是我们成功的真正关键之一。在这样一家大公司实现良好沟通的必要性，是无论怎样强调也不过分的。"

人性的管理离不开有效的沟通，而有效的沟通又离不开必要的管理，因此在世界经济日益全球化的今天，管理沟通的重要性越来越被人们所认识。其实管理很简单：只要与下属保持良好的沟通，让下属参与进来，自下而上，而不是自上而下，在企业内部形成运行的机制，就可实现真正的管理。只要大家目标一致，群策群力，众志成城，企业所有的目标都会实现。那样，公司赚的钱会更多，下属也将会干得更有劲、更快乐，企业将会越做越强，越做越大，为社会创造的财富也就越多。

说话简短直接更容易让人听懂

很多时候，啰唆一堆不如精练一句，语言在精不在多，这是语言沟通的中心观点。刘禹锡的《陋室铭》中有这样一句话："山不在高，有仙则名；水不在深，有龙则灵。"人与人之间说话也如此，话不在多，简要即可；语言不用很华丽，只要一语中的即可。

古典小说《镜花缘》中，林之洋、唐敖、多九公三人到了白民国，在一家酒店吃饭，酒保把醋错当成酒给他们送来了。林之洋素日以酒为命，举起杯来，一饮而尽。那酒方才下咽，不觉紧皱双眉，口水直流，捧着下巴喊道："酒保，错了！把醋拿来了！"这时旁边一个驼背的老儒赶忙劝他道：

"先生听者：今以酒醋论之，酒价贱之，醋价贵之。因何贱之？为甚贵之？真所分之，在其味之。酒味淡之，故而贱之；醋味厚之，所以贵之。人皆买之，谁不知之。他今错之，必无心之。先生得之，乐何如之！第既饮之，不该言之……"

唐敖、多九公二人听了，只有发笑。林之洋道："你这几十个'之'字，尽是一派酸文，句句犯俺名字，把俺名字也弄酸了。随你讲去，俺也不懂。"

其实老儒无非是要告诉林之洋，醋的价格比酒要贵，酒保既然把醋给你，不要作声就是了，省得他跟你多要钱。用了几十个"之"字啰唆地叙述这么简单的意思，也难怪三个人又好气又好笑呢。

这个故事告诉我们：语言的精髓，在精而不在多。口才最差的人，往往可能就是那些喋喋不休的人，说了一大堆，也没有说出主旨，反而还认为自己很棒。事实上，要与下属进行有效的沟通，管理者就必须让自己的语言简练，要能在最短的时间内让下属明白你所说的意思。

都说"有话则长，无话则短"，但这个并不是真正的简单，真正的简单是"有话则短，无话则不说"。简单，从字面上理解就是简易单纯。它意味着直截了当，意味着不拖泥带水。

美国总统哈里·杜鲁门一生中最推崇简洁的语言，他曾说过："一个字能说明问题就别用两个字。"而这同样是许多管理者所认同的方法。

在第二次世界大战期间美国人担心日本夜间空袭，于是政府部门颁布了灯火管制命令："务必做好准备工作。凡因内部或外部照明而显示能见度的所有联邦政府大楼和所有联邦政府使用的非联邦政府大楼，在日军夜间空袭时都应变成漆黑一片。可通过遮盖灯火结构或终止照明的办法实现这种黑暗。"

当富兰克林·罗斯福获悉这项指令后，他换上了自己的命令："要求他们在房屋里工作时必须遮上窗户；不工作时，必须关掉电灯。"

哪一种说法听起来更有说服力呢？第一个命令废话连篇，给听者增加了理解的负担，只有在删掉那些官样文字后才能明白这条命令。罗斯福的话简短明了，并以谈话的方式表达。更妙的是，罗斯福让活生生的人参与具体的工作，通过这种方式使这条命令更加具有活力。

作为管理者，讲话一定要言简意赅，力求精练。实践表明，会长话短说的管理者，就很容易得到别人的认可和喜爱，提升个人的威信。

现实中常看到一些企业管理者喜欢讲话，逢会必讲，每讲必长。信口开河，漫无边际，似滔滔江河不绝。因为在他们看来，讲话是显示自己的能力，不讲就会失掉身份。至于讲话有没有用，那不是他们关心的事情。这些管理者可能并不知道，你在那里津津乐道，听者却苦不堪言以至厌恶。实际上，讲话的效果和长短往往成反比。讲长话则效果差，短则效果好，这是实践早已证明过的经验。

在剑桥大学的一次毕业典礼上，整个大礼堂里坐着上万名学生。他们在等待伟人丘吉尔的到来。在随从的陪同下，丘吉尔准时到达，并慢慢地走入会场，走向讲台。

站在讲台上，丘吉尔脱下他的大衣递给随从，接着摘下帽子，默默地注视着台下的观众。一分钟后，丘吉尔才缓缓地说出了一句话："Never Give Up!"（"永不放弃!"）

说完这句话，丘吉尔穿上了大衣，戴上帽子，离开了会场。整个会场鸦雀无声，顷刻间掌声雷动。

这是丘吉尔一生中最后一次演讲，也是最精彩的一次演讲。他仅仅用了几个字，就将自己要演讲的内容说了出来，语言贵精不贵多。丘吉尔就是用简洁的语言达到了这个目的。

管理者善于长话短说是一种能力和艺术。不过，长话短说并不是目的，目的是要讲有用的话。管理者要善于长话短说，更要善于讲有用的话。做到有话则短，善于讲一些能给人以启迪、对推动工作有实际意义的短话。如果讲话不切实际，满篇套话空话，即使讲话时间不长，却使听者味同嚼蜡，乏味枯燥，还是浪费了时间和精力。

当今社会，知识信息迅猛递增，工作和生活节奏极快，正所谓时间就是效率，时间就是财富。快捷高效的现实，呼唤简约精干的领导作风。管理者讲话简洁、准确、精练，不仅是下属希望看到的，更是加强个人能力的要求。

1. 说话的方式要简单明了

管理者在与下属讲话时要做到长话短说，无话不说。也就是指说话的具体方式、方法设计应当尽量简单明了，以便于所有沟通成员掌握和运用。只要利用简单沟通方式、方法能够沟通良好，并有效达到沟通目标的沟通过程，就不应当采用复杂、烦琐、迂回的沟通方式、方法进行沟通。一两句话就完全能有效地达到沟通效果的沟通，更应该采取口头通知的方式，而不应该闲聊一两小时来沟通。

2. 提高个人的文化修养

现实中，有些管理者讲话，三言两语就能触及要害，抓住实质；有的管理者却语无伦次，不着边际，让下属不得要领。解决这个问题，需要企业管理者勤于学习、不断探索、善于思考、勇于实践，努力使自己形成较高的思想文化修养和扎实的理论功底。

3. 开会讲话也要言简意赅

平时讲话要言简意赅，会议上讲话也应该如此。要做到这一点，管理者要减少会议的频率，"可开可不开的尽量不开"；在会议上，要做到言简意赅，一般要概括为三点，听众易于接受，但是，不能在点中套点，表面上只有三点，而实际上却啰唆冗长；套话少讲，切忌空对空，不切合实际的话少讲，不能付诸实现的话不讲；能够合并的会议尽量合并在一起开，不要上午开半个小时的会，下午又开半个小时的会，而明天又开半天的会，而参会的人员相同，只是内容不同；讲话忌重复，不要下属讲了，分管领导重复，主要领导又来重申，而议题只有一个，这只会让听众厌倦，不屑；语气坚定有力，声音适中，快慢适当，简洁明了，发挥语言的磁性魅力。

用沟通拉近与下属之间的距离

在企业管理活动中，沟通是一个不可或缺的内容。沟通的能力对企业管理者来说，是比技能更重要的能力，营造良好的人际关系，靠的就是有效的人际沟通。

在一个组织内部，信息的畅通传递，尤其是思想和观点的无障碍交流具有十分重要的意义。下属的思想往往是企业创新的源泉以及不断提高生产力水平的坚实后盾。让下属的建议和想法无障碍地交流并予以采纳，往往会使企业的竞争力在短时期内大幅度提高。

一个名叫约翰的老板，拥有一家广告公司。约翰经常定期地与员工进

行沟通，他可以从沟通中了解别人的态度、信念和想法，最重要的是他把通过沟通了解到的信息加以汇总、分析和加工，详尽地掌握了企业的基本运作情况，并进一步制定出企业未来发展的蓝图。同时，可以使员工非常愿意接受自己的决策，因为他总能用对方的观点去说服对方。他尽可能地让员工参与和他们相关的事，这使得员工备受鼓舞，心中充满了受到嘉许的喜悦，很愿意说出自己的真实想法。他可以从沟通中发现员工的动机和需求，他能准确地预知各种拟定的行动方案会带来什么影响和结果，所以，他能采取给企业带来最佳影响和产生最好效果的行动方案。因为约翰能和员工合作无间，员工也能群策群力，所以，企业很快就取得了巨大成就。在20世纪80年代，他的企业取得了年均35％的净利润增长率。

对于一个组织而言，有效的意见交流，可以增进管理者与下属之间，下属相互之间，团体与团体之间的了解和信任，可以使团体间人际关系得以改善，使团体感、责任心、荣誉感、士气和服务精神随之增强，这样，组织的凝聚力也会因此而得到强化。相反，缺乏有效的沟通，相互之间得不到理解和信任，就会使组织气氛处于压抑状态，就会使士气低落、人际关系紧张，由此影响组织工作的绩效和效能。

如果一个组织内部缺乏沟通氛围，其管理者是有很大责任的。沟通能力是管理者的基本素质，沟通是管理工作的基本内容。英国管理学家 L·威尔德说："管理者应该具有多种能力，但最基本的能力是有效沟通。"作为一个管理者，与别人沟通交流的能力是相当重要的。一个善于与别人交流的管理者，可以让下属充分信任你，让企业中充满团结协作的气氛。可以说，只有沟通渠道畅通，企业才能上下齐心，才能在生存和发展中，做到群策群力、团结共进。

有一天晚上，索尼董事长盛田昭夫按照惯例走进职工餐厅与职工一起就餐、聊天。他多年来一直保持着这个与员工沟通的习惯，以培养员工的合作意识和与他们的良好关系。

　　这天，盛田昭夫忽然发现一位年轻职工郁郁寡欢，满腹心事，闷头吃饭，谁也不理。于是，盛田昭夫就主动坐在这名员工对面，与他攀谈。几杯酒下肚之后，这个员工终于开口了："我毕业于东京大学，有一份待遇十分优厚的工作。进入索尼之前，对索尼公司崇拜得发狂。当时，我认为我进入索尼，是我一生的最佳选择。但是，现在才发现，我不是在为索尼工作，而是为课长干活。坦率地说，我这位科长是个无能之辈，更可悲的是，我所有的行动与建议都得科长批准。我自己的一些小发明与改进，科长不仅不支持，不解释，还挖苦我癞蛤蟆想吃天鹅肉，有野心。对我来说，这名课长就是索尼。我十分泄气，心灰意冷。这就是索尼？这就是我的索尼？我居然要放弃了那份优厚的工作来到这种地方！"

　　这番话令盛田昭夫十分震惊，他想，类似的问题在公司内部员工中恐怕不少，管理者应该关心他们的苦恼，了解他们的处境，不能堵塞他们的上进之路，于是产生了改革人事管理制度的想法。之后，索尼公司开始每周出版一次内部小报，刊登公司各部门的"求人广告"，员工可以自由而秘密地前去应聘，他们的上司无权阻止。另外，索尼原则上每隔两年就让员工调换一次工作，特别是对于那些精力旺盛，干劲十足的人才，不是让他们被动地等待工作，而是主动地给他们施展才能的机会。在索尼公司实行内部招聘制度以后，有能力的人才大多能找到自己较中意的岗位，而且人力资源部门可以发现那些"流出"人才的上司所存在的问题。

　　可见，没有交流与沟通，就难以达成共识，达不到共识，就难以步调一致。可以说，如果没有有效的沟通，任何组织都是无法存在的。沟通的意义是传递与理解。有沟通，才有理解。只有大家都真诚的沟通，双方密切配合，那么企业才可能发展得更好更快。

把握好批评的尺度与分寸

批评下属，是管理者在实施管理活动中必须运用的一种沟通方法，它对教育和帮助下属，使管理工作和下属本身摆脱错误言行羁绊，具有重要意义。然而，由于人们更容易喜欢表扬而反感批评，所以某些下属往往听到表扬高兴，听到批评扫兴，甚至得不到表扬不以为然，或受到批评则如坐针毡。这就要求管理者在对下属实行批评时，必须讲究一定的原则和方法。

詹姆斯是一位精明能干的经理，可是就有个怪毛病，不准员工出半点差错，不然的话就大发雷霆。

有一次，他看到一份报告上有一个错字，那是个拼写错误，有人把Believe 写成了 Beleive。于是，雷霆大怒的詹姆斯把写错字的工程师叫到了办公室。

"你这个家伙连这么点错误都要犯，你到底是怎么读的博士学位？E怎么可能在 I 的前面，记住，I 永远在 E 的前面。"整个走廊都听得见詹姆斯的声音。

可是，没过几天，詹姆斯经理又发现了同样的拼写错误，而且又是出自同一人之手。

这次，詹姆斯被彻底地激怒了，他叫来了那个"屡教不改"的工程师，怒不可遏地冲他咆哮道："噢！上帝怎么也会让你长个脑袋？难道你的脑袋是吃屎的吗？你忘了我上次怎么说你吗？"

那工程师很平静，恶狠狠地盯着詹姆斯说道："你不是说 I 永远在 E

之前吗？"詹姆斯大声回答："是。"

工程师二话提说，随手从桌上拿起一份文件，把上面的 Boeing 字样一笔勾去，写成了 Boieng。

这个不愉快的结局是由于这位詹姆斯经理缺乏批评技巧，如果他当时不那么气愤，而且采用一种心平气和的态度，可能就会很好的协调了上下级的关系。所以说，批评要想达到预期的效果，方法是关键。管理者只有找到正确的批评方法，才能达到理想的管理效果，相反只会使事情更糟。那么，什么样的方法易于对方接受呢？管理者需要把握以下几点：

1. 尊重是批评的前提

每个人都有自尊心，管理者批评下属同样应在平等的基础上进行，态度上的严厉不等于言语上的恶毒，切记只有无能的管理者才去揭人疮疤。因为这种做法除了让人勾起一些不愉快的回忆，于事无补；而且除了使被批评者寒心外，旁观的人也一定不会舒服。同时，恰当的批评语言，还透示出了一个管理者的心胸和修养。所以，批评下属时绝不可恶语相向，不分轻重。

首先，要尊重被批评者的人格，不要说诸如"愚蠢"、"笨蛋"等污辱人格的话，而应使用委婉的语气去批评人，让他感觉到你对他并没有因为过错而轻视。其次，尽量不使用比较法来批评，因为这种比较实质上就是要证实被批评者的无能和愚蠢，是借机攻击他的自身价值，损伤了他的自尊心。

对于一个讲究批评艺术的管理者来说，正确而有效的批评就是充分地尊重被批评者，以一种平等的身份，让他知道你所批评的是他做错的那件事，绝不是他这个人。

2. 批评找准事实依据

管理者在批评下属前，先要深入了解事实真相。真相往往隐藏在表象之后，只有通过细致入微地分析，多方位多层次地综合，加之以理性的判断才可能浮出水面。因此管理者不可先入为主、主观猜测，而须秉持公正无私之心，这是确保批评顺利进行的前提条件。

3. 批评要找准时机

所谓时机要找准，是说管理者批评下属要适时，既不能过早，也不能过晚。心理学研究的成果告诉我们，语言的"分量"是随机而分轻重的。这主要决定于所说的话语对听者切身关系的大小，听者对话语的精神准备程度，外界环境的情况，以及听者兴奋性刺激物和抑制性刺激物的多少等条件。批评也是如此。若实施过早，条件不成熟，往往达不到预期目的。例如，两位下属刚吵过架，情绪因受刺激正处于极度兴奋状态。这时若管理者对双方马上施以劈头盖脸的批评，不但对问题解决无益，还会"引火烧身"，招致自身麻烦，导致他们迁怒于自己，使自己不得超脱、陷入下属的矛盾纠纷。正确的办法应是先"挂"起来，进行"钝化矛盾"的"冷处理"。待到双方都心平气和时，再顺势着手解决。

4. 不要在众人面前斥责下属

有的管理者喜欢在众人面前斥责下属，是想以此来把责任转移到下属身上，好让上级、客户或其他下属知道，这不是他的错，而是某个下属办事不力。这种想法是非常幼稚的。

作为一个单位的管理者，无论如何，你总该对单位的人与事负有责任，这是谁也推诿不掉的。一味强调自己的不知情，反而暴露出你的管理不力，或由你所制定的管理体制不健全。更不好的是，还会给人留下自私与狭隘的印象。

5. 批评时要控制好个人情绪

对于管理者来说，控制住情绪是极其重要的。一般来说，在批评前先以一个稳定的情绪看待下属的错误，想到批评的目的是为了帮助对方改正错误，告诫自己不要只图一时痛快而大发雷霆。其次，要明白对方虽然是你的下属，你有批评的权力，但在人格上他与你是平等的。在批评中如果对方的态度不好可能会让自己极为生气，这时不妨结束谈话，或者通过别的事情来转移一下注意力，切忌因发怒而让批评毫无效果。

6. 批评不是责骂

责骂，这是最直接的批评方式，同样的，也是最愚蠢的。一些管理者以为自己能够位高于数十人以上，乃无上权威的事，拍案叫骂更是威风八面，眼看下属跟自己谈话时态度战战兢兢，心中更感得意。有句谚语是"当面怕你的人，背后一定恨你"，骂尽管骂，他们暗地里可能为了报复而干着对公司不利的事，心地善良的下属则另谋去路，公司的下属很少干得长久，人才也难以培养。

7. 批评要以理服人

批评能不能奏效，关键在于批评者能否以理服人。有些上司总是忘不了自己大小是个"官"，下属一旦有错，总是居高临下，盛气凌人，好摆上司的架子，好拿当官的腔调，动辄训人。其实，有些人犯了错，在你没有批评他之前，他早有自知之明了，也许还想好了弥补的措施。可面对官气十足者的训斥，反而会产生逆反心态，"就是不服气"，甚至对着干。人非草木，孰能无情？只要晓之以理、动之以情、言辞恳切，把批评融进关切之中，既指出问题，也帮助分析问题产生的原因以及任其下去可能会造成的影响，同时给予热情的勉励和殷切的期望，让下属从内心里感到你是在关心他、爱护他，是在真心实意地帮助他修正缺点、改正错误，这样才能真正达到惩前毖后、治病救人的目的。

8. 批评要适度

下属犯了错误，批评当然还是要有的，但是一定要适度，并且要讲究批评的技巧，一而再、再而三地对一件事做同样的批评，会使下属从内疚不安到不耐烦再到反感讨厌。为避免这种超限效应的出现，做管理者的应坚持对下属"犯一次错，只批评一次"。再次批评也不应简单地重复，而要换个角度、换种说法，这样下属才不会觉得同样的错误被"揪住不放"，厌烦心理会随之减低。

第三课

让下属跑起来，激励其实很简单

在现代企业管理中，激励已经逐渐成为管理者的首要职能，也是调动下属积极性的最佳方式。下属士气的高低，直接关系着企业的命运。能否有效鼓励下属，关键在于管理者。所以，企业的管理者必须要懂得如何激励下属，如何去发掘下属的潜能和热情，以适当的激励方式来调动下属的积极性，打造一个团结、和谐、高效的工作团队，实现企业的管理，维持企业的向心力和凝聚力，实现企业的最终目标。

善于激励，点燃团队成员的工作热情

在竞争日益激烈的当今社会，一个士气低落的团队是无法取得成功的。著名管理顾问尼尔森提出，未来企业经营的重要趋势之一，是管理者不再像过去那样扮演权威角色，而是要设法以更有效的方法，激发下属士气，间接引爆下属潜力，创造企业最高效益。

美国哈佛大学组织行为学专家詹姆斯教授对 2000 多名工人进行测试，结果发现：在无激励的情况下，每个工人的能力通常只发挥 20％—30％；如果受到充分的激励（如管理者寄予希望、下属之间竞争、按劳计酬），他们的能力可发挥 80％—90％。詹姆斯教授以一句精彩的话总结了这个实验结果："士气等于三倍的生产率。"此话已经成为工商界的名言。

一个企业或组织也像一个人一样，"气实则斗，气夺则走"。而且这种精神面貌在下属之间相互影响，形成一种相对稳定的精神惯性。尤其在创业之初，促使下属形成向上、进取、拼搏、乐观的面貌是非常重要的。优秀的管理者的最大财富就是善于激励人，善于为别人鼓气。这也是一个管理者的必备素质。

某服装厂接受了一批外商定货，货量大，时间紧，如按正常生产率是无论如何也不能在交货期日完成，而工厂如果不能按期交货，则不得不向外商赔偿一笔巨额违约金，并严重影响到信誉。但老板为此召开了全厂职工大会，发表了热情洋溢的讲话：

"工友们，今天，有一件十分重要的事要和大家商量一下，这件事，事关咱们玩具厂的生死。大家知道，最近两年来市场竞争激烈，咱们玩具厂的利润不断下降，已经严重影响了大家的利益。作为厂长，我没有能力让大家多得工资，很对不起大家。但是，现在机会来了，这里有近十万美元的外商定货任务，我知道在短短一个月的时间内完成它有困难，但是，工友们，我们抢到这个合同不容易呀，不干，我们就没饭吃。"老板停顿了一下，目视下属，突然间喊了一声："工友们，咱们干不干？"

"干！"会场上响起一片喊声，"加班加点，拼死拼活也要完成它。"

"好，工友们，有这句话我就放心了，现在散会，请大家回去，准备接受任务，我保证工作完成之后，每个人都将得到一个厚厚的红包。"

由于老板鼓动起了下属的热情，大家齐心协力，努力生产，加班加点，果真在交货日前三天完成了全部生产任务。

这位老板很会鼓动人心，把工人的热情调动起来，使工人们感到，这批任务完成与否，事关工人的切身利益，"不干就没饭吃"；最后，老板又把工作同每个人的物质利益直接挂钩，直接提出工作完成之后给予每个人一份奖金。真可谓精明老到，滴水不漏。

管理者的鼓励和认同可以激发下属的热情，挖掘出下属的潜能。在企业中，当管理者为下属摇旗呐喊时，下属会被这种认可和赞赏所感动，自然而然产生积极进取的精神，从而将自己的聪明才智充分地发挥出来，为企业多作贡献。那么，企业管理者该如何提升下属的士气呢？以下几点是可循之道：

1. 和下属打成一片

一种融洽的上下级关系要比压服式的"高压统治"更能令人由内心深处产生动力。所以，管理者要时常和下属打交道，让下属觉得你非常有亲和力，什么事都愿意讲给你听。了解下属，让下属理解你的难处，更有利于齐心协力，创造出更高的工作效率。拥有凝聚力的团队，往往彼此都是互相信任，奔着同样的梦想前行的。这样的团队才是最有执行力的。

2. 消除下属的不满情绪

下属不满的地方往往就是士气低落的"症核"所在。要直面这种不满，不惜代价解决这些问题。如果暂时无法解决，也要委婉地向下属解释清楚。

3. 尊重下属

人都有追求自尊与心理满足的需要，每个下属都有他的重要性，因此一定要尊重每个人的重要性，只有这样大家才能在一起很好地合作做事情，才会与下属之间有着良好的互动。如果有一方被轻视了，那双方的沟通就不会有好结果。显然，如果管理者不重视下属感受，不尊重下属，就会大大打击下属的积极性，使他们的工作仅仅为了获取报酬，激励从此大大削弱。这时，懒惰和不负责任等情况将随之发生。

4. 共渡难关

公司经营有困难时，应坦诚向下属说明，请他们助你共渡难关。下属如果在工作中表现出"知耻近乎勇"的精神来，将是你的巨大成功。

5. 赏识下属

下属谋求管理者的承认和同事的认可，希望自己出色的工作被企业"大家庭"所接受。如果得不到这些，他们的士气就会低落，工作效率就会降低。他们不仅需要自己归属于下属群体，而且还需要归属于公司整体，是公司整体的一部分。所有的下属都希望得到公司的赏识，甚至需要与他们的上司一起研究工作，直接从管理者那里了解企业生产经营情况。这种做法有助于拉近管理者与下属之间的距离，使下属感到自己是公司的主人，而不是苦力。

6. 营造积极热情的工作氛围

这是影响士气最首要、最关键的因素。如果团队的所有人能够协同一致积极工作，显然这个团队将充满高昂的士气和凝聚力。这种积极性包括团队成员之间良好的交流与沟通、自发产生出的统一行动、相互信任并积极支持，以及具备高尚统一的职业道德。

信任是最好的激励方式

有这样一个著名的心理学实验：

西方心理学家奥格登在 1963 年进行了一项警觉实验，通过记录测试者对光强度变化的辨别能力以测定其警觉性。测试者被分为 4 个组：

第一组：控制组，不施加任何激励，只是一般地告知实验的要求与操作方法；

第二组：挑选组，该组的人被告知，他们是经过挑选的，觉察能力最强，理应错误最少；

第三组：竞赛组，他们得知要以误差数量评定小组优劣与名次；

第四组：奖惩组，每出现一次错误就罚款，每次反应无误就发少许奖金。

可能很多人会认为第三组或者第四组的警觉性最强，因为两组分别使用了竞赛及奖惩的激励手段，但事实上，心理学家的实验结果却出乎意料：经测试，第二组的警觉性最强。因为第二组的人受到了良好的信任，受到了积极正面的心理暗示，结果他们比那些希望在竞争中胜出、害怕受罚或希望获奖的人表现得更加出色。

由此可见，单凭业绩考核、奖优罚劣与业绩排名、末位淘汰并不能很好地激励下属发挥潜力，而给予下属必要的信任、鼓励，却可以收获更好的效果。

俗话说："士为知己者死。"信任是一种精神激励，比物质激励更重要。而对于管理者而言，则代表一种能力。

刘刚是一家印刷厂的老板。他的印刷厂承接的东西品质都非常精细，但印刷员是个新来的，不太适应这份工作，所以主管很不高兴，想解雇他。

刘刚知道这件事后，就亲自到了印刷厂，与这位年轻人交谈。刘刚告诉他，对他刚刚接手的工作，自己非常满意；并告诉他，他看到的产品也是公司最好的成品之一，相信他一定会做得更好，因为对他充满信心。

这能不影响那位年轻人的工作态度吗？几天后，情况就大有改观。年轻人告诉他的同事，老板非常信任他，也非常欣赏他的成品。从那天起，他就成了一个忠诚而细心的工人了。

人是有感情的动物，宽容和信任是人与人之间建立良好关系的基础，管理者只有以心换心才能赢得下属的真心。而得到管理者的宽容和信任的下属就会将自己最大的热情投入到工作中去，将自己的积极性和创造性转化为最大的工作效率，从而提高整个企业的竞争力。

刘易斯是村里出名的地痞，整日游手好闲，打架斗殴，人们见到他唯恐躲避不及。

一天，为了哥们义气，他参加了一场群殴，结果失手将一人打死。

入狱后的刘易斯幡然悔悟，对以往的言行深深感到懊悔。他积极参加了生产劳动，决心改过自新。一次，他成功地协助监狱制止了一次犯人的集体越狱出逃，获得减刑的机会。

刘易斯从监狱中出来后，回到村里重新做人。他先是在邻近地区找工作，结果全被对方拒绝，这些老板全部遭受过刘易斯的敲诈，谁也不想再跟他打交道。

食不果腹的刘易斯又来到亲朋好友家借钱，遇到的都是一双双不信任的眼睛，他那一点刚充满希望的心，开始滑向失望的边缘。

这时，村长听说了，就取出了200美元，递给刘易斯，刘易斯接钱时没有显出过分的激动，他平静地看了村长一眼后，消失在村口的小路上。

数年后，刘易斯从外地归来。他靠200美元起家，苦命拼搏，终于成了一个腰缠万贯的富翁，不仅还清了欠亲朋好友的旧账，还领回来一个漂亮的妻子。

他来到了村长的家里，恭恭敬敬地捧上了400美元，然后说道："谢谢您！"

事后，费解的人们问村长，当初为什么相信刘易斯日后能够还上200美元，他可是出了名的借款不还的地痞。

村长笑了笑，说："我从他借钱的眼神中，相信他不会欺骗我，我那样做是让他感受到社会和生活不会对他冷酷和遗弃。"

一个即将走向极端的人，被村长拯救了过来。

信任他人，不仅能有效的激励人，更重要的是能塑造人，在人与人之间相互信任的氛围中，彼此无忧无虑，无牵无挂，思维空前的放松与活跃，尽情发挥自己的聪明才智。在这样的境界里，人性的本能驱使自己要维护这方相互信任的净土，让每一个不光明的念头出现时，都会让人觉得格格不入、自惭形秽。这种境界是其他激励无法达到的。正如管理大师史蒂夫·柯维说："信任是激励的最高境界，它能使人表现出最优秀的一面。"

经营之神松下幸之助很善于用信任来激励员工。每次观察公司内的员工时，他都会感觉他们比自己优秀，当他对员工们说"我对这件事情没有自信，但我相信你一定能够做得到，所以就交给你去办吧"时，员工都会因受到重视而不但乐于接受，还会下定决心竭尽所能也要把事情做好。

1926 年，松下电器公司要在金泽市设立营业所。松下从来没有去过金泽，但经多方考察与考虑，还是认为应该成立一个营业所。这时问题出来了：谁去主持这个营业所呢？谁最合适呢？当然，胜任这个责任的高级主管很多，但那些老资格的管理人员都要留在总公司工作。因为他们当中的谁离开总公司，都会影响总公司的业务。这时，松下幸之助想起了一位年轻的业务员。

这位业务员当时只有二十岁，松下决定派这个年轻的业务员担任设立金泽营业所的负责人。松下对他说："公司决定派你去金泽的新营业所主持工作，现在你就立刻过去，找个适当的地方，租下房子，设立一个营业所。我已经准备好一笔资金，让你去进行这项工作了。"

听完松下的话，年轻的业务员大吃一惊，不解地问："这么重要的工作让我这个新人去做不太合适吧……"

但是，松下对这位年轻人很信赖，他几乎用命令的口吻说："你没有做不到的事情，你一定能够做得到的。战国时代的零藤清正、福岛正泽这些武将，都在十几岁时就非常活跃了。你现在已超过二十岁了，不可能这样的事情都做不来。放心吧，我相信你，你一定能做到。"

这时，年轻人脸上的神色已与刚进门时判若两人。此时，他的脸庞充满了感动。看到他这个样子，松下也很兴奋地说："好，请你认真地去做吧！"

年轻人一到金泽就马上进入了工作状态，他几乎每天给松下写一封信，向他汇报自己的工作情况。很快，他在金泽的筹备工作完全就绪。于是，松下又从大阪派了两三名员工过去，开设了营业所。

可见，管理者的信任会使下属发挥超常的潜能。当下属受到管理者的信赖、得到全权处理工作的认可，就会觉得无比兴奋；而且，受到信任后也会有较高的责任感。无论管理者交代什么事，他都能竭尽全力去完成，同时也会用自己出色的工作成绩回报管理者。

管理者对下属的真诚信任是一种激励，通常会收到下属主动性和积极性的回报。优秀的管理者深知信任可以得到积极的回报，所以他们把信任下属当作一种重要的激励手段来运用。

因人而异，激励要对症下药

人有千种，面有千形。不同的人有不同的心理和个性。强制某人改变行为，而不是设法让他自行调整，是不可行的。一般而言，什么样的人就是什么样的人，我们是不容易改变他的。在一个千人千面的大熔炉中，管理者如何去激励这些形形色色的下属呢？我们所能做的，只是顺着他的个性，增加一些东西，使其自己改变行为。

在《谏论》中有一个很有趣的故事：

有这么三个人，一个勇敢，一个半勇敢半胆小，一个人完全胆小。有一次，苏洵将这三个人带到渊谷边，对他们说："能跳过这条渊谷的才称得上勇敢，不然就是胆小。"

那个勇敢的人以胆小为耻辱，必然能跳过去，那个一半勇敢一半胆小和完全胆小的人不可能跳过去。

他又对这剩下的两个人说："能跳过这条渊谷的，就奖给他一千两黄金，跳不过则不给。"

这时，那个一半勇敢一半胆小的人必然能跳过去，而那个完全胆小的人却还是不能跳过去。

突然，来了一只猛虎，凶猛地扑过来，这时，你不用问，那个完全胆小的人一定会很快跳过渊谷就像跨过平地一样。

从这个故事可以看出，要求三个人去做同一件事，却需要用三种不同的条件来激励他们。如果只用同一种条件，显然是不能使三个人都动心的。管理者激励下属也是如此，对不同的人要采取不同的态度和方法。

1. 指挥型下属。这类下属最大的特点就是喜欢命令别人去做事情，面对这一层次的下属，管理者在选取激励方式和方法的时候应该注意以下几点：管理者要在能力上胜过他们，使他们服气；帮助他们通融人际关系；让他们在工作中弥补自己的不足，而不要指责他们；避免让效率低和优柔寡断的人与他们合作；容忍他们不请自来的帮忙；巧妙地安排他们的工作，使他们觉得是自己安排了自己的工作。当他们抱怨别人不能干的时候，问他们的想法。

2. 关系型下属。这类下属关注的对象不是目标，而是人的因素，他们的工作目标就是打通人际关系线。对于这种类型的下属，管理者应该考虑采取类似下列的激励技巧：对他们的私人生活表示兴趣，与他们谈话时，要注意沟通技巧，使他们感到受尊重；由于他们比较缺乏责任心，应承诺为他们负一定责任；给他们机会充分地和他人分享感受；别让他们感觉受到了拒绝，他们会因此而不安；把关系视为团体的利益来建设，将受到他们的欢迎；安排工作时，强调工作的重要性，指明不完成工作对他人的影响，他们会因此为关系而努力地拼搏。

3. 平庸型下属。一般来说，企业中特别优秀的下属和表现很差的下属都占少数比例，水平能力一般的下属占有很大比例，能否有效激励这部分下属，对企业的效益有着很大的影响。由于这类下属业绩平平，没有突出表现，很少受到他人的关注，如果管理者对他们的表现给予充分的重视，并超乎他们的想象，会让他们有种受宠若惊的感觉，积极性就很容易得到激发。当然，帮助他们制定职业发展计划，定期给予工作上的指导，也会让他们体会到公司对他们关心和重视，从而增强自信心，提高工作业绩。

4. 多面手型下属。该类下属知识面广，专业基础深厚，有很强的综合、移植和创新能力，善于站在战略高度深谋远虑，善于出奇制胜。对于这类下属可以采取多调换工作岗位的办法，发挥他们多方面的才能，激励他们在工作各个方面展示自我，做出成绩。

5. 智力型下属。这类下属擅长思考，分析能力一般很强，常常有自己的想法。他们喜欢事实，喜欢用数字说话。管理者在激励这部分下属的时候，应该注意到：肯定他们的思考能力，对他们的分析表示兴趣；提醒他们完成工作目标，别过高追求完美；避免直接批评他们，而是给他们一个思路，让他们觉得是自己发现了错误；不要以突袭的方法打扰他们，他们不喜欢惊奇；诚意比运用沟通技巧更重要，他们能够立即分析出别人诚意的水平；赞美他们的一些发现，因为这是他们努力思考得到的结论，并不希望别人泼冷水。

6. 工兵型下属。这类下属主要特征是喜欢埋头苦干。他们做事谨慎细致，处理程序性的工作表现得尤为出色。对于这样的下属，管理者要采用的激励技巧有以下几点：支持他们的工作，因为他们谨慎小心，一定不会出大错；给他们相当的报酬，奖励他们的勤勉，保持管理的规范性；多给他们出主意、想办法，使他们更好地完成工作。

引入竞争，激活士气

竞争激励是激励中最有效的手段。人人都有一种不甘人后、以落后为耻的心理，而竞争恰恰可以使人们在成绩上拉开距离，从而激发人的创造性，激励人的上进心。英国格兰德集团公司总裁斯坦利·格林斯蒂德曾说过：我们总是摆脱不了管理问题，我确实感到欣慰的是公司的决策英明，高级职员间彼此竞争，身边有一班得力的人马。

我们常常看到有的企业内部平平庸庸，没有生气，大家在混日子；我们也看到有的企业生气勃勃，大家你追我赶，都在努力工作。这到底是怎么回事？其实原因虽然有很多方面，但是后者创造的竞争氛围，是一个重要的原因。竞争产生活力，下属有了活力，企业也就有了活力。

挪威人爱吃沙丁鱼，他们在海上捕得沙丁鱼后，如果能让鱼活着抵港，卖价就会比死鱼高好几倍。但是，由于沙丁鱼生性懒惰，不爱游动，返航的路程又很长，因此捕捞到的沙丁鱼多数都是没回到码头就死了，即使有些活的，也是奄奄一息。只有一位渔民每次捕捉的沙丁鱼总是活的，而且很生猛，他也因此赚的钱比较多。后来，人们发现了这个秘密，原来是他在鱼槽里多放了几条鲶鱼。当鲶鱼装入鱼槽后，由于环境陌生，就会四处游动，而沙丁鱼发现这一异己分子后，也会紧张起来，加速游动，如此一来，沙丁鱼便活着回到港口。

渔夫的这种做法后来被管理者们总结成了"鲶鱼效应"，并将其作为一种竞争机制而引入了人力资源管理中。

企业中管理同样如此，一个团队的人员如果长期固定不变，就会缺乏新鲜感和活力，容易养成惰性，缺乏竞争力。很多人正是抱着"做一天和尚撞一天钟"的想法来享受安定，以至于不思进取。在今天这种高速发展的社会，不论团队还是个人都是逆水行舟，不进则退。如果企业管理者想激励所有下属时刻保持充足的活力，时刻以百倍的热情投入工作，就应该学会利用"鲶鱼效应"，积极为企业引进一流人才，引入竞争。

人人都有一种不甘人后、以落后为耻的心理，而竞争恰恰可以使人们在成绩上拉开距离，从而激发人的创造性，激励人的上进心。如果一个人是在一个与世无争、没有压力环境中生存，那么他的潜力很大程度上都将处于被压抑的状态。所以说，在企业的内部引入竞争机制，让下属保持一定的竞争压力，就能够充分调动下属的积极性、主动性和创造性。

在企业内部引入竞争机制，有利于盘活人才的积极性，使团队展现勃勃生机。管理者要善于从公司外部引入一流的人才，就像鲶鱼激活沙丁鱼那样。当下属知道竞争对象的存在时，就会激发他们强烈的竞争欲望，从而发挥自己的潜能。

日本本田公司总经理本田先生曾面临这样一个难题：公司里终日东游西荡，拖企业后腿的员工占员工总数的20％。如果将这些人全部开除，一方面会受到工会方面的压力；另一方面，又会使企业蒙受损失。其实。这些人也能完成工作，只是与公司的要求与发展相距远一些，如果全部淘汰，这显然行不通。

于是，本田先生找来了自己的得力助手、副总裁宫泽。宫泽先生认为，企业的活力根本上取决于企业全体员工的进取心和敬业精神，取决于全体员工的活力。公司必须想办法使各级管理人员充满活力，即让他们有敬业精神和进取心。一个公司如果人员长期固定不变，就会缺乏新鲜感和活力，容易养成惰性，缺乏竞争力。只有外有压力，存在竞争气氛，员工才会有紧迫感，才能激发进取心，企业才有活力。这就如同鲶鱼效应一样。

本田先生认为宫泽说得很有道理，所以他决定从公司外部找一些外来的"鲶鱼"加入公司的员工队伍，制造一种紧张气氛，发挥鲶鱼效应。

于是，本田先生进行人事方面的改革，特别是销售部经理的观念离公司的精神相距太远，而且他的守旧思想已经严重影响了他的下属。必须找一条"鲶鱼"来，尽早打破销售部只会维持现状的沉闷气氛，否则公司的发展将会受到严重影响。经过周密的计划和努力，终于把松和公司销售部副经理、年仅35岁的武太郎挖了过来。武太郎接任本田公司销售部经理后，凭着自己丰富的市场营销经验和过人的学识，以及惊人的毅力和工作热情，受到了销售部全体员工的好评，员工的工作热情被极大地调动起来，活力大为增强。公司的销售出现了转机，月销售额直线上升，公司在欧美及欧洲市场的知名度不断提高。

本田先生对武太郎上任以来的工作非常满意，这不仅在于他的工作表现，而且销售部作为企业的龙头部门带动了其他部门经理人员的工作热情和活力。本田深为自己有效地利用"鲶鱼效应"的作用而得意。

从此，本田公司每年重点从外部"中途聘用"一些精干利索、思维敏捷的 30 岁左右的生力军，有时甚至聘请常务董事一级的"大鲶鱼"，这样一来，公司上下的"沙丁鱼"都有了触电式的感觉。本田公司自从推行了鲶鱼效应管理办法以后，企业的产品质量和产量大大提高，销售工作也大为见效，公司因此很快步入了大企业行列。

可见，如果企业管理者真正意识到人才激励的重要性，并能积极引进一流人才，激发企业内部人员的活力，那么下属的潜能将会被激发到最佳状态。

其实，很多企业的管理者不是不知道"鲶鱼效应"的作用，他们也想靠引进优秀人才来激励下属，但是他们在这方面做得很不好，很多地方都不知道到底该如何做：他们不知道是否应该引进人才，应该在什么时候引进人才，应该引进什么样的人才，以至于将优秀人才引进公司后，反而激发了下属的矛盾，或者是对下属没有产生明显的激励作用。这些都是对"鲶鱼效应"没有彻底理解而引发的。

因此，企业管理者在运用"鲶鱼效应"时，还要看好形势、掌握好尺度。在引进外来竞争时，管理者需要注意以下几点：（1）引进高级人才。有些管理人员总喜欢保持现状，殊不知，保持现状其实就是"止步不前"的代名词，这样的工作态度和工作风格，会让企业变得越来越陈旧腐朽，所以应该多多引进一些人才，让他们为公司增添活力。（2）淘汰落后下属。企业不是福利院，对于那些该退休的人，企业留下他们，并且不能辞退他们，因为他们为企业付出了太多，管理者要做的是让他们退休，拿退休金；可是那些无用的下属，我们却没有任何义务和责任将他们留下来，他们是应该被我们辞退的那一部分人：滞后的下属只能给我们带来麻烦，辞退是必需的举措。（3）将"铁饭碗"变成"泥饭碗"。企业中没有铁饭碗，你不努力，被人超越了，你就理所应当下台，这是管理者必须告知下属的。让下属的"铁饭碗"变成"泥饭碗"，他们才不会过于安逸、不思进取。总之，适时招募新下属，能给企业引入外来竞争激励。管理者要注意发挥"鲶鱼效应"，让新下属的到来激发老下属的工作积极性，这样公司才会有持续的活力，积极向上。

赞美是一种零成本的激励

人人都有得到别人赞美和赏识的欲望。这种欲望一旦得到满足，人的才能就能最大限度地得到施展，潜能就能最大限度地得到发挥。美国前总统里根曾说过这样一句话："对下属给予适时的表扬和激励，会帮助他们成为一个特殊的人。"一个聪明的管理者要善于经常适时、适度地表扬下属。这种"零成本"激励。往往会"夸"出很多为你效劳的好下属。

国内外的实践经验和相关研究都已表明，赞扬是最好的激励方式之一。赞扬下属是对下属的行为、举止及进行的工作给予正面的评价，赞扬是发自内心的肯定与欣赏。赞扬的目的是传达一种肯定的讯息，激励下属。下属有了激励会更有自信，想要做得更好。

美国康涅狄格为新加尔菲尔德市的一名普通主管，她的职责之一是监督一名清洁工的工作。他做得很不好，其他的员工时常嘲笑他；并且常常故意把纸屑或其他的东西丢在走廊上，以显示他工作的差劲。这种情形当然很不好，而且影响工作质量。

这位女主管试过各种办法，但是都收不到效果。不过她发现，这位清洁工也偶尔会把一个地方弄得很清洁。于是，女主管就趁他有这种表现的时候在大众面前公开赞扬他。于是，这名清洁工的工作从此有了改进，不久他可以把整个工作都做得很好了。现在他的工作可以说再没有别人可以挑剔的地方，其他人对他也大为赞赏。真诚的赞美可以收到好的效果，而批评和耻笑却会把事情弄糟。

赞美是管理者调动下级的积极性、激励下级工作热情、以实现工作目标的绝佳方法，在管理工作中具有非常重要的作用。洛克菲勒曾经说过："要想充分发挥员工的才能，方法是赞美和鼓励。一个成功的管理者，应当学会如何真诚地去赞美他人，诱导他们去工作。我总是深恶挑别人的错，而从不吝惜说他人的好处。事实也证明，企业的任何一项成就，都是在被嘉奖的气氛下取得的。"对管理者来说，赞美是一笔小投资，但是它的回报却是非常丰厚的。管理者如果能学会赞美的技巧，掌握赞美的艺术，一定能收到意想不到的效果。

赞美是一件好事，但绝不是一件易事。管理者赞美下属时如不审时度势，不掌握一定的赞美技巧，即使你是真诚的，也会变好事为坏事。所以，管理者一定要掌握以下技巧：

1. 赞美要及时。当下属做出了成绩，或者做了件有益于公司的好事时，最希望被人知道，及时得到人们的赞美，这不是虚荣心的表现，而是正常的心理活动。而且心理学表明，人们的这一期待心理是有时间期限的，得到的赞美越及时，人们越容易收到鼓舞。如果拖延数周，时过境迁，迟到的表扬就会失去原有的味道，再也不会令人兴奋与激动。所以，管理者要记着把你的赞美及时送达下属的心里，哪怕是下属有了一点小小的进步，也不要忘记及时向他们表示你的赞扬。

2. 赞扬的态度要真诚。赞美下属必须真诚。每个人都珍视真心诚意，它是人际沟通中最重要的尺度。英国专门研究社会关系的卡斯利博士曾说过："大多数人选择朋友都是以对方是否出于真诚而决定的。"所以在赞美下属时，你必须确认你赞美的人的确有此优点，并且有充分的理由去赞美他。避免空洞、刻板的公式化的夸奖，或不带任何感情的机械性话语，这样会令人有言不由衷之感。

3. 赞美下属的特性和工作结果。赞扬下属的特性，就是要避免共性；赞扬下属的工作结果，就是不要赞扬下属的工作过程。

作为管理者，在赞扬一位下属时，一定要注意赞扬这位下属所独自具有的那部分特性。如果管理者对某位下属的赞扬是所有下属都具有的能力或都能完成的事情，这种赞扬会让被赞扬的下属感到不自在，也会引起其他下属的强烈反感。

与此类似，管理者要赞扬的是下属的工作结果，而不是工作过程。当一件工作彻底完成之后，管理者可以对这件工作的完成情况进行赞扬。但是，如果一件工作还没有完成，仅仅是你对下属的工作态度或工作方式感到满意，就进行赞扬，可能不会收到很好的效果。相反，这种基于工作过程的赞扬，还会增加下属的压力，进而还会对管理者的赞扬产生某种条件反射式的反感。果真如此，管理者的赞扬也就成了弄巧成拙。

4. 赞美要具体。表扬下属时，要针对他的工作，而不是针对人，哪件事做得好，什么地方值得赞扬，说得具体些，才能使受夸奖者产生心理共鸣。比如"你刚才结尾的地方很有创意"。如此一来，下属便知道哪里做得好。倘若你进一步夸赞其内在特质："结尾做得很有创意，可见你是个很有创意的人。"就更能提升下属的心理满意度。相反，如果你对任何人都用一样的赞美之词，使用空洞、刻板的公式化的夸奖，或不带任何感情的机械性话语，那么时间久了，你的赞美之词就成了乏味的唠叨。

总而言之，赞美下属是一种不需要任何投资的激励方式。企业管理者千万不要吝啬自己的语言，真诚地去赞美每个人，这是促使人们正常交往和更加努力工作的最好方法。

以情感为导向，激发工作热情

情感，是人们情绪和感情的反映。情感激励既不是以物质利益为诱导，也不是以精神理想为刺激，而是指管理者与被管理者之间的以感情联系为手段的激励方式。管理者和被管理者的人际关系既有规章制度和社会规范的成分，更有情感成分。人的情感具有两重性；积极的情感可以提高人的活力；消极的情感可以削弱人的活力。一般来说，下属工作热情的高低，同管理者与下属的交流多少成正比。

历数三国人物，刘备大概是多情善哭的第一人了。他不仅在百姓面前哭得出来，更多的是在自己的文臣武将面前掉泪。他与赵云初次见面分手时，便"执手垂泪，不忍相离"，相爱之情，何其真挚？为请诸葛亮出山，他竟哭得"泪沾袍袖，衣襟尽湿"，敬慕之心，何其诚恳？徐庶要走，他送了又送，哭了又哭，令人读之心酸。关羽被害，他竟"一日哭绝三五次，三日水浆不进，只是痛哭"，以致"泪湿衣襟，斑斑成血"。今人实难想象，刘备何以如此能哭？这真要感谢罗贯中那支浪漫之笔了。正是这支出神入化之笔，塑造了刘备这个与曹操同有大志，但手段针锋相对的典型形象。刘备自己表白："曹以急，吾以宽；操以暴，吾以仁；操以谲，吾以忠；每与曹相反，事乃可成。"为了树立自己这个感人的形象，刘备是丝毫不吝惜自己的眼泪的。用现在的话说，这就是一种感情投资。诸葛亮在隆中决策中提出："北让曹操占天时，南让孙权占地利，将军可占人和。"刘备正是凭着"感情投资"等手段，赢得了"人和"这个战略优势，靠"人和"这个战略优势，与曹操、孙权争分天下古人云"士为知己者死，女为悦己者容"，"感人心者，莫过于情"。有时管理者一句亲切的问候，一番安慰话语，都可成为激励下属行为的动力。因此，现代管理者不仅要注意以理服人，更要强调以情感人。感情因素对人的工作积极性影响之巨大。它之所以具有如此能量，正是由于它击中了人们普遍存在着"吃软不吃硬"的心理特点。我们的管理者也应当灵活地运用，通过感情的力量去鼓舞、激励下属。

20世纪20年代末，由于全世界经济不景气，曾经畅销一时的松下国际牌自行车灯，销售量也开始走下坡路。此时操纵公司命脉的松下幸之助，却因为患了肺结核就医疗养，当他在病榻上听到公司的主管们决定将二百名员工裁减一半时，他强烈表示反对，并促请总监事传达他的意见，"我们的产品销售不佳，所以不能继续提高产量，因此希望员工们只工作半天，但工资仍按一天计算。同时，希望员工们利用下午空闲的时间出去推销产品，哪怕只卖出一两盏也好。今后无论遇到何种情况，公司都不会裁员，这是松下公司对员工们的保证。"受到裁员压力困扰的员工们听及此，都感到十分欣慰。如此，松下幸之助凭着坚强的意志和敏锐的决断力，用真挚的情感来打动部属，挽救了松下电器。从这一天起，众多的员工们积极地遵照他的命令行事，到翌年二月，原本堆积如山的车灯便销售一空，甚且还需加班生产才能满足客户的需求。至此，松下电器终于突破逆境，走出阴霾。

通过加强与下属的感情沟通，让下属了解你对他们的关怀，并通过一些具体事例表现出来，可以让下属体会到管理者的关心、企业的温暖，从而激发出主人翁责任感和爱厂如家的精神。中国有一句俗话："受人滴水之恩，当以涌泉相报"。对于绝大多数人来说，投桃报李是人之常情，而管理者对下级、群众的感情投入，他们的回报就更强烈、更深沉、更长久。这种靠感情维系起来的关系与其他以物质刺激为手段所达到的效果不同，它往往能够成为一种深入人心的力量，更具凝聚力和稳定性，能够在更大程度上承受住压力与考验。

用情感来激励下属，不只可以调节下属的认知方向，调动下属的行为，而且当人们的情感有了更多一致时，即人们有了共同的心理体验和表达方式时，集体凝聚力、向心力即成为不可抗拒的精神力量，维护集体的责任感，甚至是使命感也就成了每个下属的自觉立场。

自古以来，那些战功显赫的将军们，无不是爱兵如子的人。现代的企业管理者若想创出辉煌业绩，赢得下属的拥护，就要真心地关爱下属，帮助下属。如果你能在严肃中充满对下属的爱，真心地替下属着想，那么他们也自然会替你着想，维护你、拥戴你的。

让下属参与决策，激发他们的积极性

在现代社会中，管理工作的最佳体现，就是能够让每个下属像关心自己的事情一样关心公司的事情。这就要求管理者要善于运用下属的智慧，让下属参与管理，使他们每一个人都成为决策者。

现代人力资源管理的实践经验和研究表明，下属都有参与管理的要求和愿望，创造和提供一切机会让下属参与管理是调动他们积极性的有效方法。毫无疑问，很少有人参与商讨和自己有关的行为而不受激励的。因此，让下属恰当地参与管理，既能激励下属，又能为企业的成功获得有价值的知识。通过参与，形成下属对公司归属感、认同感，可以进一步满足自尊和自我实现的需要。

美国阿肯色大学教授莫丽·瑞珀特在美国的一个物流公司进行了一次

调查活动，该公司的所有的全职员工都参与了调查。

瑞珀特教授将调查结果分成两组，分别被称作参与组和限制组。参与组的特点是战略远景清晰，在制定战略决策时员工参与度高，战略决策被员工高度认同等，而限制性组的特点是战略远景不明确，战略决策制定的参与度低，战略决策缺乏认同等。

调查结果表明：工作满意度和组织参与度与企业的参与性文化密切相关，参与程度高的那一组显示，对战略决策的认同性是工作满意度的最重要因素，而对战略决策的参与性是组织参与度的最重要因素。

在这项调查中，瑞珀特教授得出这样一个结论：企业只有为员工提供明晰的战略愿景，加强员工对战略的认同，增强员工参与设计不同阶段的战略流程的意识，企业才能从中受益。

由此可见，只有当下属参与了公司的决策和管理之后，才能对企业产生认同感和很高的满意度，才能最大限度地激发自己的工作热情。

下属参与管理是参与文化的一种，是民主管理的一种特殊形式。理查德·巴雷特在《解放企业的心灵》一书中曾写到"未能建立员工参与文化的企业在 21 世纪将面临巨大的生存压力"，此论点强调了参与管理在企业管理中的重要地位，强调了管理者需将民主管理和专业管理相结合，有效激发下属的自主性、积极性和创造性。参与管理作为企业的一种激励措施，同时也是一种最经济的参与激励方式。

一些专家的实验证明，参与计划的一方比不参与的一方，其生产效益和工作满足感更高。如果管理者自己一个人制订计划，而把下属视为工具来使唤，虽然乍看效果不错，然而事实上却并非如此。至少，在计划的完成阶段，使下属参与计划比较好。因为人是比较喜欢加入伙伴而不喜欢脱离伙伴的。

人们总是会全力支持他们所参与创造的事物。美国玫琳凯化妆品公司创办人玫琳凯·艾施建议所有领导人："如果你希望部属全然支持你，就必须让他们参与，越早越好！"

"多让你的下属参与每一件事"是激励的重要基础，你懂得这样做，正表示你知道"借力使力"的管理智能，知道如何在工作上取长补短，发挥团队众志成城的绩效。

让每一位下属尽可能参与每一件事，这些事包括"品质提升计划"、"提高市场占有率计划"、"业绩倍增计划"、"成本控制"、"顾客满意计划"、"成果评估标准"、"预算的编制"、"控制或调整措施"、"工作场所设计"、"招募人才"和"参与拜访顾客活动"。设法让下属觉得自己好像就是老板、主管，大胆放手给他们做，他们完成的结果常会令人啧啧称奇。

参与管理是企业文化优良与否的重要标志之一。如何给下属更多的"参与空间"，使他们"全身心投入"工作，并创造出一个积极、主动、自治的工作环境，现已成为卓越管理者必修的一门领导学分了。

20世纪70年代到90年代，日本汽车大举打入美国市场，势如破竹。1978—1982年，福特汽车销量每年下降47%。1980年出现了34年来第一次亏损，这也是当年美国企业史上最大的亏损。面对这一压力，福特公司却在5年内扭转了局势。原因是从1982年开始，福特公司实行了全员参与生产与决策的举措。公司赋予了职工参与决策的权力，缩小了职工与管理者的距离，职工的独立性和自主性得到了尊重和发挥，积极性也随之高涨。

管理者虚心听取工人们的意见，并积极耐心地着手解决实际存在的问题。还和工会主席一道制定了一项《员工参与计划》，在各车间成立由工人组成的"解决问题小组"。员工有了发言权，不但解决了他们生活方面的问题，更重要的是对工厂的整个生产工作起到了积极的推动作用。兰吉尔载重汽车投产前，公司打破了"工人只能按图施工"的常规，把设计方案摆出来，请工人们"评头论足"，提出意见。工人们积极参与，共提出各种合理化建议达749条，经研究，采纳了其中542条，其中有两条意见的效果非常显著。在以前装配车架和车身时，工人得站在一个槽沟里，手拿沉重的扳手，仰着头上螺栓。由于工作十分吃力，因而往往干得马马虎虎，影响了汽车质量，工人格莱姆提议：把螺母先装在车架上，让工人站在地上就能拧螺母。这个建议被采纳，既减轻了劳动强度，又使质量和效率大为提高。另一位工人建议，在把车身放到底盘上去时，可使装配线先暂停片刻，这样既可以使车身和底盘两部分的工作容易做好，又能避免发生意外伤害。此建议被采纳后果然达到了预期效果。为了把《员工参与计划》辐射开来。福特汽车公司还经常组织由工人和管理人员组成的代表团到世界各地的协作工厂访问并传经送宝。这充分体现了员工参与决策的重要性。

倾听下属对公司经营的合理化建议，体现了对他们的尊重和务实的处事态度。下属往往最了解问题的状况和顾客的想法，最知道改进的方式。当下属有参与感时，对工作的积极性和责任感也会增强。

让下属参与决策，参与企业规则的制定，才能让下属感受到自己是一个重要的人，自己所要遵守的是自己参与制定的规则，这样下属在工作中就会自动地维护企业的规则，而不是去破坏。而且，在执行决策过程中，因为已经对决策有了深刻的了解，就能够最大限度地节省资源，避免浪费，高效地执行。对于管理者来说，不但得到了最具实用性的信息，而且不必花费什么精力就能够和下属之间建立起更融洽的关系。所以，让下属参与到企业管理中去，是达成企业和谐的根本所在。

第四课

提高工作效能，让管理简单高效

　　管理的本质就是为了提高效率，管理者管理水平的高低关键看管理者对效率的认识。只有正确理解了效率的含义，才能明白什么是管理，管理应该管什么；才能掌握管理的根本方法。管理是企业经营永恒的主题，效率是管理的第一要素。每个管理者都希望自己具有效率，但大多情况下都事与愿违。作为一名优秀的管理者，如何高效、科学的完成企业战略目标的计划、执行完成，则成为管理者必须要面对与解决的问题。

制定时间管理计划，提高工作效率

当今社会是一个追求速度、讲究效率的社会。时间决定效率，荒废时间就是荒废效率乃至生命。因此，如何合理安排时间、有效掌握时间是企业管理者必须学习的一门艺术。

我们都知道，国家要管理、企业要管理、家庭要管理、军队要管理，同样的时间也要管理。拿破仑·希尔在他的著作《思考致富》一书中曾提到："成功的秘诀就是做好时间管理。"

有一位成功人士曾经讲过这么一句话："我根本没有时间去沮丧和烦恼。我为了要成功，输了，我就快追；赢了，我就快跑。不论赢了输了，我不是追就是跑，我哪里有时间去沮丧与烦恼呢？"这就是一个成功者所重视时间管理的一个最好的心态与证明。假如你能够在一定的时间之内做跟别人不一样的事情，做比别人更有效率的事情，做比别人更好的事情，做比别人更多的事情，那你一定能成为高效的管理者。

有一个人想泡壶茶喝。当时的情况是：开水没有；水壶要洗，茶壶茶杯要洗；火生了，茶叶也有了。怎么办？办法一：洗净水壶，灌上凉水，放在火上，坐待水开；水开了之后，急急忙忙找茶叶，洗茶壶茶杯，泡茶喝；办法二：先做好一些准备工作，洗水壶，洗茶壶茶杯，拿茶叶；一切就绪，灌水烧水；坐待水开了泡茶喝。办法三：洗好水壶，灌上凉水，放在火上；在等待水开的时间里，洗茶壶、洗茶杯、拿茶叶；等水开了，泡茶喝。哪一种办法省时间？我们能一眼看出第三种办法好，前两种办法都浪费了时间。

合理安排时间,就等于节约时间。时间给每个人同一时期拥有的数量是相等的,但是在相等的时间里所从事的效果、业绩却不是相等的,这就是每个人的效率不同。要想切实提高工作效率,掌控好时间显得至关重要。

一个人的效率越高,他的时间成本也就越高。在这个竞争的社会中,节省时间就是节省金钱,浪费时间就是浪费金钱。不管是时间还是金钱,对我们来说都是浪费不起的。

时间管理是个人管理的一部分,即如何更有效地安排自己的工作计划,掌握重点,合理有效地利用工作时间。简而言之,时间管理的目标是掌握工作的重点,其本质是管理个人,是自我的一种管理。方法是通过良好的计划和授权来完成这些工作。

吕蒙是一家外贸公司的老总,公司的 2000 名职员中有 1400 人从事销售工作,他经常忙得焦头烂额,似乎工作总是干不完的,要想找个时间度假更是不可能。吕蒙时常有这样一种感触,就是整天都忙忙碌碌,累得精疲力竭。等到下班时,才发现自己所做的那些工作都是容易做的和无关紧要的,而那些棘手的但重要的工作往往拖了很长时间还是没有完成。

后来,在一次时间管理的培训课上,吕蒙学会了用 80/20 法则来管理和利用时间。他发现这种方法使自己的工作效率有了前所未有的提高。他再也不用每周工作 50—55 个小时了,也不用经常将工作带回家里去做了。现在,吕蒙可以用更少的时间完成更多的工作。

吕蒙所采用的方法就是制定每天的工作计划。现在他根据各种事情的重要性来安排工作顺序,首先完成最重要的,然后再去做较为次要的。这种做法的好处是使他更加明确各项工作的目标。过去吕蒙从未写出要做的事情并将它们排出顺序,而现在吕蒙将需要做的工作列出一个清单:把应该由别人办的事情交代别人办,自己集中精力处理那些必须亲自做的事情。

过去，吕蒙往往将那些重要的、棘手的工作挪到有空的时候再去做，结果大量次要的工作占用了他几乎全部的工作时间。现在吕蒙将次要的工作移到最后处理，即使没有处理完他也不用太担忧，因为那些事情无关紧要。现在吕蒙对自己感到很满意，他能够按时下班而不会因为许多工作没有去做而感到不安。

从上面的事例中可以发现，若想在工作中取得更大的绩效，你就必须从利用时间着手，切实对有限的时间资源做最聪明的管理。在工作中，绩效就是你的产出，在时间管理上，最关键的是要以结果为导向，在最短的时间内最有效地利用时间。

管理大师德鲁克曾经说过："时间是世界上最短缺的资源，除非严加管理，否则就会一事无成。"所以，学会统筹时间是每一个管理者的必修课。精于时间管理的人总是会把自己的时间转化成高效的资源。

培根说："合理安排时间，就等于节约时间。"的确如此，成功与成就往往来自科学地安排时间。管理者的工作是否有效率，往往就在于如何高效利用这有限的时间上。只有懂得了如何管理和规划时间，才能为你实现目标做准备，为你时间效率的最大化设架构，保证能够使用有限的时间以达到最理想的目标。

1. 摸清自己一天中的最佳工作时间。人在一天中的精力就像大海的潮水一样，有高潮也有低潮。只是因每个人生理素质的不同，高低潮的时间有很大差异。有的人早晨精力最充沛，有的人晚上能动性最高。我们要留心摸清自己的精力涨落规律，把一天中最重要的事情放在最佳的工作时间里办，而把一些较简单的事情放在其他时间处理。

2. 为所做的工作限定时间。人都有一种很微妙的心理，也就是平常所说的"压力产生动力"。因为，人们一旦知道时间很充足，工作时注意力就会下降，效率也会随之降低；而如果被要求必须在规定时间内完成某事，那么他就会很自觉地为自己施压，工作效率就会大大提高。人的潜力是很大的，这样做通常不会影响身心健康，因此，你不妨通过这种方式挖掘自己的潜力。

3. 为每天要做的事情设定优先度。我们要找出什么样的日程工具是最适合我们自己的，并且为我们每天要做的事情设定清晰的优先度。在头脑中对上面的这些问题有一个认识，我们需要组织我们每一天的工作，处理拖延问题，这样每天结束的时候，我们就知道明天开始的是崭新的旅程，而不是忙于去解决那些我们今天不想做的事情！

4. 通过合作来节约时间。工作中，管理者不能单枪匹马地搞个人英雄主义。每一件工作都可以被分割成几个部分，自己只需做其中一部分，其他部分让别人去做，这样既能提高工作质量，还可为自己节约很多时间。根据每个人的性格特点以及业务专长来分配工作的方法目前已被很多企业所采用，可使企业效益最大化，还增强了团结互助的精神。所以，管理者必须学会正确授权，减轻个人工作压力，提高工作效率，使得组织能更好更快地发展。尽己之能不如尽人之力，尽人之力又不如尽人之智，高明的管理者一定是能把下属的积极性充分发挥出来，通过聚大家之力和大家之智来达到管理的目的，而不是事必躬亲的成为事务的奴隶。

集中精力做好一件工作

集中精力做好一件事，是管理者获取成功不可或缺的品质。当你能够一心一意去做好每一件事时，你会发现自己能工作得更快，更有效率。正如作家西塞罗所说："任凭怎么脆弱的人，只要把全部的精力倾注在唯一的目的上，必能有所成就。"

集中精力做好一件工作之所以必要，是因为管理者总有许多工作要做。一次做好一件工作，恰恰就是加快工作速度的最佳办法。管理者越是善于集中时间、精力和各种其他资源，那么他就越能完成好各种各样的任务。

　　某公司的一位老板去拜访拿破仑·希尔。当看到希尔的办公桌十分干净整洁，他很是惊讶。他问希尔："希尔先生，你没处理的信件放到哪儿了呢？"

　　希尔颇为自豪地说："我的信件都处理完了。"

　　"那你今天没做的事情又推给谁了呢？"这位老板紧追着问。

　　"我所有的事情都处理完了。"希尔微笑着回答。看到这位老板困惑的神态，希尔解释说："原因很简单。我知道我所需要处理的事情很多，但我的精力有限，一次只能处理一件事情，于是我就按照所要处理的事情的重要性，列一个顺序表，然后就一件一件地处理。结果，全做完了。"说到这儿，希尔双手一摊，耸了耸肩膀。

　　"噢，我明白了。谢谢你，希尔先生。"

　　几周以后，这位老板请希尔参观自己宽敞的办公室。他对希尔说："希尔先生，感谢你教给了我处理事务的方法。过去，在我这宽大的办公室里，我要处理的文件、信件，堆得和小山一样，一张桌子不够，就用三张桌子。自从用了你的办法以后，情况好多了。瞧，再也没有没处理完的事情了。"

　　这位老板就这样找到了高效率做事的办法。几年以后，他的公司规模越来越大，而他处理工作游刃有余。

　　每次只做一件事情，对提高效率至关重要。做好一件事情，需要凝聚心神、心无旁骛，这样一个人才可能最大限度地发挥潜能。而频繁地从一项工作转换到另一项工作则是浪费时间和精力的做法。基于这个道理，管理者在工作中应该避免不必要的工作转换，要尽可能把一件事情做好、做透、做到位，然后再考虑下一件事。

　　曾经有人问洛克菲勒这样一个问题："你是如何完成如此多的工作

的?"他回答说:"我在特定的时间内只集中精力做一件事,而且我会尽最大努力去做好它。"的确,高效来自专注。只有把专注工作当作工作的使命并努力去做,养成专注工作的好习惯,你的工作就会变得更有效率,你也更能乐于工作,而且更容易取得成功。那么如何提高管理者的专注力呢?

1. 自我发问和反思。想要在工作习惯上有所突破,先要考虑的是:"我想做什么事?"或是"我想成为什么样的管理者?"有了这种强烈的目的意识,你才会集中精力,并调动过去积累的知识和经验,在有意或无意中使你所关注的事情有所突破。

2. 预先定好工作期限。做某件事情时要在心中为自己设定一个截止日期。"什么时候都行"就等于"什么时候都完不成"。因此将自己完全投入到工作中去,引起一种精神上的兴奋,就可以增加专注的动力。

3. 饶有兴趣地开始你的工作。兴趣、爱好是一种天然的专注动力,它使人勤奋,使人坚持不懈地干下去。人们在从事自己所喜爱的事情时,总是感到有一种莫名的兴奋感和满足感。即使有一些压力的那种日常的机械重复工作或职业,对于一个有兴趣的人来说也是一种宽慰和快乐。

4. 不被其他事物吸引。工作环境很重要,要排除那些妨碍集中思想的客观刺激源。当精神高度集中于某一主题时,突然从旁边传来了收音机或电视机的声音,这样注意力当然就很难集中了。

凡事预则立,按计划行事

当今时代,是思考者的时代,是计划者的天下。大到对组织、人生长远规划的策划,小到工作、生活中具体事情,无不需要进行策划——"计划先行"，此乃一切事物成功之基础。

一个人有无作为，看你会不会订计划；一个部门有无优良业绩，看你部门负责人会不会订计划；一个企业有无高效率，看你企业掌门人会不会订计划。计划订得好，效率有保障；计划订得差，效率必低下。

有一个商人，在小镇上做了十几年的生意，到后来，他竟然失败了。当一位债主跑来向他要债的时候，这位可怜的商人正在思考他失败的原因。

商人问债主："我为什么会失败呢？难道是我对顾客不热情、不客气吗？"

债主说："也许事情并没有你想象得那么可怕，你不是还有许多资产吗？你完全可以再从头做起！"

"什么？再从头做起？"商人有些生气。

"是的，你应该把你目前经营的情况列在一张资产负债表上，好好清算一下，然后再从头做起。"债主好意劝道。

"你的意思是要我把所有的资产和负债项目详细核算一下，列出一张表格吗？是要把门面、地板、桌椅、橱柜、窗户都重新洗刷、油漆一下，重新开张吗？"商人有些纳闷。

"是的，你现在最需要的就是按你的计划去办事。"债主坚定地说道。

"事实上，这些事情我早在15年前就想做了，但是一直没有去做。也许你说的是对的。"商人喃喃自语道。后来，他确实按债主的主意去做了，在晚年的时候，他的生意成功了！

可见，做事必须有计划。计划与成功是分不开的，有了计划就有了目标，就有了前进的方向，就能迈向成功的彼岸。没有计划、没有条理的人，无论从事哪一行都不可能取得成绩。

计划是至关重要的，所有工作都只有在确定了目标、制订了计划以后才能开展和执行，并围绕着计划的变化而变化。管理工作也是如此。有计划，明确目的，就可以避免盲目性，使管理工作循序渐进，有条不紊。但在实际工作中，有些管理者不重视计划工作，致使各项工作缺乏明确的目标，短期行为严重，结果不确定程度较大。

有一次，总经理在中高层干部的例会上问大家："有谁了解就业部的工作？"现场顿时鸦雀无声，没有人回答。几秒钟后，才有位片区负责人举起手来，然后又有一位部门负责人迟疑的举了一下手；总经理接着又问大家："又有谁了解咨询部的工作？"这一次没有人回答；接连再问了几个部门，还是没有人回答。现场陷入了沉默，大家都在思考：为什么企业会出现那么多的问题。

这时，总经理说话了："为什么我们的工作会出现那么多问题，为什么我们会抱怨其他部门，为什么我们对领导有意见……"停顿片刻，"因为……我们的工作是无形的，谁都不知道对方在做什么，平级之间不知道，上下级之间也不知道，领导也不知道，这样能把工作做好吗？能没有问题吗？显然不可能。问题是必然会发生的。所以我们需要把我们的工作'化无形为有形'，如何化，工作计划就是一种很好的工具！"参加了这次例会的人，听了这番话没有不深深被触动的。

没有计划观念，不订计划、不按计划执行，都是管理的大忌。企业组织的效率高低，首先就在于计划是否严密。没有计划，就不能把握市场行情，没有计划，就不能组织有效生产，没有计划，就不能按期交货……所以说做好工作计划，是建立正常的工作秩序，提高工作效能的重要手段。

制定可行性计划的能力，是衡量管理者综合素质的基本尺度之一。只有事前拟定好了行动的计划，梳理通畅了做事的步骤，工作起来才会应付自如。计划对工作既有指导作用，又有推动作用。如果管理者预先没有周详的计划，没有想好自己将要走的每一步，即使有再多么宏伟的目标也只能是望洋兴叹。

现实生活中，很多管理者常常忙得昏天暗地，被工作压得喘不过气来，很重要的一个原因就是因为没有养成先思而后行的习惯。要知道，花足够的时间去思考和筹划，制定一份明确具体的计划，是应对所有困难、提高效能的制胜法宝。正如美国行为科学家艾得·布利斯所说的，用较多的时间为一次工作事前计划，做这项工作所用的总时间就会减少。

一个管理者和一个下属的最大不同是：管理者会仔细地计划其努力的步骤；会自动积极进取，不用别人叮咛。一个人如果没有制订工作计划的能力，就没有资格当一个决策者。

管理者的第一职责应该就是订计划。有了计划，工作才能有条不紊展开，有了计划，员工才能找到方向，有了计划，业绩好坏才有检验的尺度。计划是个纲，纲举目张。企业管理人员应该把订计划当作一门重要功课来学，并且学以致用，企业提高效率才有保障。

缩短会议时间，向会议要效益

我们的工作离不开开会，但是开会是一门大学问。开会的组织与效率能完整地体现出一个管理者的管理水平。时下，很多企业会议开得没有效率，浪费了大量的时间、人力和物力，甚至可以说有些企业管理者不会开会。会议怎么开、如何更有效率，是值得很多企业管理者认真探讨的一个重要议题。

老徐是山里的一个猎户，有一次他外出打猎，不小心被毒蛇咬伤了脚。老徐有三个儿子，分别是老大、老二、老三。当下老徐把三个儿子都叫到床头来，吩咐道："你们快给我出去找点急救药来，要不然我的命就完啦。"

老徐家做事有个祖传的规矩：无论大事小事，都要先开个家庭会议讨论讨论，这一回当然也不能例外，于是弟兄三个开了个紧急碰头会。

会议由老大主持。他慢条斯理地说了一通开这个会的目的和重要意义。最后提出一个建议：名贵的药物一般都生长在向阳的地方，大家一定要到南坡去找。老大一口气讲了一个多钟头。

老二一边伸长耳朵听，一边用手指敲着桌子，听着听着，他打起瞌睡来了。直到老大讲完，拍拍他的肩膀要他发表意见时，才清醒过来。他首先表示不同意到山南坡去找蛇药，并列举了许多事实，说明名贵的药物不一定都长在向阳的地方。然后他也提出一个建议：三个人要分头寻找，谁找到了就立即送回来，抢救爸爸的性命要紧，不能再磨蹭了。

这时候，会议已开过三个小时了，老三还没有发言。老大对他说："我们都讲了，现在就等你开口了。"老二对他说："你的讲话很重要，你讲了我们就好作决议了。"老三眨巴着一双糊涂眼睛，半晌才说："两位兄长的高见，我认为都有道理。第一，你们的年纪都比我大；第二，你们的经验都比我丰富；第三，你们的头脑都比我清楚；第四，……"末了他也提出两点建议：一、要带支火把照明；二、要带根棍子自卫。要是找蛇药的被毒蛇咬了，那岂不是天大的笑话！老三在这些地方可一点也不含糊。

紧急会议从傍晚开到半夜，又从半夜继续到黎明，足足开了十几个小时，最后总算统一了认识，作出了三条决议：一、到山的南坡去找药，二、三个人分头出发；三、携带必需的自卫武器。正当兄弟三个站起来伸伸懒腰，准备按决议行事，忽然从里屋传来老徐"哎呀"一声惨叫，三兄弟大吃一惊，急忙赶到房里一看，老徐已经断气了。

三兄弟一个个痛哭流涕。老大难过地说："早知道蛇毒那么厉害，不开这个会就好了。"老二赶忙劝慰他道："不，不，不，要是不开这个会，大家都拿不定主意，怕连个决议也做不出来呢！"老三听了点点头说："两位哥哥说得都在理。下一回要是大哥也被毒蛇咬伤了，我和二哥再开碰头会讨论时，争取提早半小时结束，是了。"

　　这是一个杜撰的故事，听起来有些可笑，但仔细想想却意味深远，在某些方面也反映出当今社会的开会问题。会议不在长，话不在多，解决问题才最重要。其实开会也是涉及时间管理，让会议时间缩短，也是让会议更有成效。拖沓的会议，其实是对所有参会者时间的蔑视，同时，也会极大降低以后开会的热情和效率。

　　管理离不开会议。会议开好了，贯彻落实抓好了，管理工作就成功了一半。想要开好一个有效的会议，想要企业沟通无障碍，企业管理者必须培养良好的开会意识和习惯，遵循一些简单的规则，会议就可以变成一种非常有效的工具。那么，如何高效开会呢？

　　1. 确定开会的必要性。如果会议内容只是单方面的信息传递，那么以文件、电话或网络等通知形式即可，没必要大动干戈组织开会。如果是决策性会议，要首先权衡开会需要达到的目标跟参与开会的人涉及的工作影响程度之间的利弊得失。要做到"若非必要，绝不开会"。

　　2. 明确开会的目的。开会通常为了三个目的：沟通、管理和决策。而不管哪一个目的，会前一定要明白会议的主题，围绕主题有的放矢做充分准备。

　　3. 做好会前准备工作。参加会议前要根据得到的会议议程作充分的准备，包括收集信息、准备资料，如要在会上发言不但要准备发言内容，还要设想别人可能会提的问题并作准备。

　　4. 确保会议准时开始。没有要等谁来才能开会这回事。如果连续要参加两场会议，那么两场会议之间，须保留十分钟空当，以确保开完第一场会后，能准时参加第二场会议。

　　5. 每次开会，都拿出表来计时，强制控制时间的进行，以免会议延迟。

　　6. 时间要紧凑。要事先规定会议时间，一个议题的会议一般会议时间不应超过一个小时。超过一个小时还形成不了决议，说明分歧较大，可以回去准备，二次再议，做出准确决策。

　　7. 认真做好会议记录。一定要有一个准确完整的会议记录，会议的各项决议一定要有具体执行人员及完成期限，如此项决议的完成需要多方资源，一定要在决议记录中明确说明，避免会后互相推诿，影响决议的完成。

8. 会后追踪。会议决策情况的跟踪检查，非常重要。首先是检查要及时。在会后的几天里，要检查有关部门对会议决议的贯彻落实方案。其次是定期检查落实。对会议的贯彻，制定及各节点，每个节点都要进行检查。三是决策完成期限要进行及时的总结，好的表扬，错的处罚，确保会议有效性的贯彻落实。

总之，会议是一个易于提高效率、形成决策的场合，也是最容易浪费资源而不易察觉的场合。开好会议是每一个管理者都应该面对的重要课题。

立即行动，绝不拖延

拖延在人们日常生活中司空见惯，如果你将一天时间记录下来，就会惊讶地发现，拖延正在不知不觉地消耗着我们的生命。

很多时候，拖延是因为人的惰性在作怪，懒惰之人的一个重要特征就是拖延。把今天该完成的事情拖到明天，把明天该做的事情拖到后天，是一种很不好的工作习惯。一旦开始遇事推脱，就很容易再次拖延，直到变成一种根深蒂固的习惯性的拖延。优秀的管理者能在瞬间果断地战胜惰性，积极主动地面对挑战。

拖延一旦形成习惯，就会消磨人的意志，对自己越来越失去信心，怀疑自己的毅力，怀疑自己的目标，甚至会使自己的性格变得犹豫不决。

拖延时间，看似人的一种本性，实质上是在工作和生活中养成的一种极其有害于工作和生活的恶习。因此，管理者要想更快、更好地进行工作，首先要做的事就是去改变自己拖延的习惯。

　　蔡志勇是某公司的部门主管。这天早上，在上班途中，他信誓旦旦地下定决心，一到办公室即着手草拟下年度的部门预算。他准时于9点整走进办公室。但他并没有立刻开始预算草拟工作，因为他突然想到不如先将办公桌及办公室整理一下，以便在进行重要的工作之前为自己提供一个干净与舒适的环境。他总共花了30分钟的时间，使办公环境变得有条不紊。他虽然未能按原定计划在9点钟开始工作，但他丝毫不感到后悔，因为30分钟的清理工作不但已获得显然可见的成就，而且它还有利于以后工作效率的提高。他面露得意神色随手点了一支香烟，稍作休息。此时，他无意中发现报纸上的彩图照片是自己喜欢的一位明星，于是情不自禁地拿起报纸来。等他把报纸放回报架，时间又过了10分钟。这时他略感不自在，因为他已自食诺言。不过报纸毕竟是精神食粮，也是重要的沟通媒体，身为企业的部门主管怎能不看报，何况上午不看报，下午或晚上也一样要看。这样一开脱，心也就放宽了。于是他正襟危坐地准备埋头工作。就在这个时候，电话声响了，那是一位顾客的投诉电话。他连解释带赔罪地花了20分钟的时间才说服对方平息怒气。挂上了电话，他去了洗手间。在回办公室途中，他闻到咖啡的香味。原来另一部门的同事正在享受"上午茶"，他们邀他加入。他心里想，刚费心思处理了投诉电话，一时也进入不了状态，而且预算的草拟是一件颇费心思的工作，若头脑不清醒，则难以完成，于是他毫不犹豫地应邀加入，便在那前言不搭后语地聊了一阵。回到办公室后，他果然感到精神奕奕，满以为可以开始"正式工作了"——拟定预算。可是，一看表，已经10：45了！距离11点的部门例会只剩下15分钟。他想，反正在这么短的时间内也不太适合做比较庞大耗时的工作，干脆把草拟预算的工作留待明天算了。

　　这个故事告诉我们：在通往成功的路上，有一个最关键的因素需要牢牢谨记，那就是：一分钟也不要拖延。不拖延，就是节约工作的时间；不拖延，就是不为自己的懒惰找任何借口；不拖延，意味着简捷、高效的工作作风。不拖延，就是在生活中对自己负责，在工作中对公司负责。

我们要想在工作中有所成就，就必须要把拖延这一恶习从你的个性中连根拔除。那种把你应该在一周，甚至一月和一年前早该完成的工作拖延到明天再做的习惯，正在一点一点地吞噬你的生命。如果你不把这一习惯铲除，你要取得任何成就是十分困难的。

下面介绍几种克服拖延的技巧，希望能够对大家有所帮助。

1. 分类找原因

是什么原因使我们无法做某项工作？优柔寡断？害羞？无聊？无知？散漫？恐惧？疲倦？无法忍受不愉快？缺乏必备的工具？一字一句具体指出拖延某事的原因，区分类别。如果正确地认清问题，则解决方法就会变得相当明确。如信息不足，则可以开始寻找必需的资料。

2. 把任务委托给其他人

管理者应该变分身术：管好该管的事，放下不该自己管的事。把任务委托给下属或其他人，这样做可以把管理者从琐碎的事务中解脱出来，专门处理重大问题。

3. 五分钟计划

有些工作难以分割成小块，如想清理积压如山的公文，大约需要一小时，实在很难将它简单分割成"即时工作"。这时，可以试试 5 分钟计划，和自己做个约定，允许以 5 分钟做这工作，时间一到，便可自由去做想做的事，或是继续 5 分钟。不管工作多么令人厌烦，也要坚持做 5 分钟。5分钟后，若不想接着继续干，就不必再干，在将工作撤开之前，记下另一个 5 分钟的时间。

4. 用好习惯取代拖沓的坏习惯

许多人的拖沓已经成了习惯。对于这些人，要完成一项任务的一切理由都不足以使他们放弃这个消极的工作模式。如果你有这个毛病，你就要重新训练自己，用好习惯取代拖沓的坏习惯。每当你发现自己又有拖沓的倾向时，静下心来想一想你的行动方向，然后再给自己提一个问题："我最快能在什么时候完成这个任务？"定出一个最后期限，然后努力遵守。渐渐地，你的工作模式会发生变化。

科学安排事物的处理顺序

随着社会、经济的发展，时间和精力成为人们的稀缺资源，管理者的时间更加有限，许多终日忙忙碌碌的管理者却鲜有成效，究其原因正是缺乏简单管理的思维和能力，分不清"重要的事"与"紧迫的事"，结果成为了低绩效或失败的管理者。从这个意义上讲，管理之道就是简化之道，简化才意味着对事务真正的掌控。

在一次管理课上，教授先拿出一个装水的罐子，然后又拿出一些鹅卵石往罐子装。当教授把鹅卵石装满罐子后，问他的学生们："这罐子是不是已经装满了？""是！"所有的学生异口同声地回答。"真的装满了吗？"教授笑着问。然后，他又拿出一些碎石子，把碎石子从罐口倒下去，摇一摇又加了一些，直至装不进了为止。他又问学生："这次是不是装满了？"学生们有些不敢回答了。最后班上有位学生小声说道："也许没满。""很好！"教授说完后，又从桌下拿出一袋沙子，慢慢地倒进罐子里。倒完后再问班上的学生："现在你们再告诉我，这个罐子是满的吗？""没有满。"全班同学这次学乖了，大家很有信心地回答。"好极了！"最后，教授从桌底下拿出一大瓶水，把水倒在看起来已经被鹅卵石、小碎石、沙子填满了的罐子中。当这些事都做完之后，教授正色问他的同学们："我们从上面这些事情中得到了哪些重要的启示？"

一阵沉默过后，一位自以为聪明的学生回答说："无论我们的工作多忙、行程排得多满，如果要挤一下还是可以多做些事的。"教授听到这样的回答点了点头，微笑着说："答得不错，但并不是我要告诉你们的重要信息。"说到这里教授故意停住，用眼睛扫了全班同学一遍后说："我想告诉各位的最重要的信息是，如果你不先将大的'鹅卵石'放进罐子里去，也许你以后永远都没有机会再把其他的东西放进去了。"

这个故事告诉我们：做任何事情都要学会排序，建立好优先权。工作中，如果不能把握关键所在，常常是付出大量的人力、物力和财力，执行结果却收效甚微。相反，如果能够了解事物的关键所在，执行结果就会完全不同。确定工作的轻重缓急，然后，坚持按重要性优先排序的原则做事，你将会发现，再没有其他办法比按重要性办事更能有效利用时间了。

任何一个管理者的时间都是既定的有限的，在既定的有限的时间里，不可能解决所有的问题，必须学会合理管理和有效利用时间，一定要把主要时间和精力用在关键事情上。

美国伯利恒钢铁公司总裁查尔斯·舒瓦普，向效率专家艾维·利请教"如何更好地执行计划"的方法。

艾维·利声称可以在10分钟内就给舒瓦普一样东西，这东西能把他公司的业绩提高50%，然后他递给舒瓦普一张空白纸，说："请在这张纸上写下你明天要做的6件最重要的事。"舒瓦普用了5分钟写完。

艾维·利接着说："现在用数字标明每件事情对于你和你的公司的重要性次序。"

这又花了 5 分钟。

艾维·利说："好了，把这张纸放进口袋，明天早上第一件事是把纸条拿出来，做第一项最重要的。不要看其他的，只是第一项。着手办第一件事，直至完成为止。然后用同样的方法对待第二项、第三项……直到你下班为止。如果只做完第一件事，那不要紧，你总是在做最重要的事情。"

艾维·利最后说："每一天都要这样做——您刚才看见了，只用 10 分钟时间——你对这种方法的价值深信不疑之后，叫你公司的人也这样干。这个试验你爱做多久就做多久，然后给我寄支票来，你认为值多少就给我多少。"

一个月之后，舒瓦普给艾维·利寄去一张 2.5 万美元的支票，还有一封信。信上说，那是他一生中最有价值的一课。

5 年之后，这个当年不为人知的小钢铁厂一跃而成为世界上最大的独立钢铁厂。人们普遍认为，艾维·利提出的方法功不可没。

由此可见，"要事第一"是管理者获取成功的重要法则。分清工作的轻重缓急，把时间用在对你来说最重要的事情上，你就能花较少的力气，做完较多的工作。

一个公司无论如何简单，管理如何有序，公司有待完成的工作总是远远多于用现有的资源所能做的事情，因此，管理者应学会通过自我管理和有效管理，区分事情的轻重缓急，把不重要、不紧急的事先搁置一边，做到要事第一。

第五课

不要独揽大权，让授权变得简单

一个企业在创业时期，管理者往往是亲力亲为、全责全能，这对企业的快速决策和发展是有好处的。然而，当到企业发展到一定规模时，管理者就要逐步退出一些事务性工作，分权授权给有能力的下属，建立团队管理和现代公司制度。如果管理者依然工作事无巨细，面面俱到，势必造成在一些重要环节上精力不足、思虑欠周，很可能"捡了芝麻，丢了西瓜"。为避免此类事情的发生，管理者要学会授权，把管理变得简单点。

放心把事情交给别人去做

管理者如何对待权力，反映了他的管理观念是进步还是落后。有些管理者对别人办事，一万个不放心，凡事都要亲自过问，死抓住不放，结果束缚住了下属的手脚，反而使工作迟缓、缺乏创意；相反，有些管理者能够给下属权力，鼓励他们多动脑筋、放开手脚，结果工作突飞猛进、效益倍增。这种事不必躬亲、权不必死抱的做法，就是授权。

授权是管理者的工作职责，也是一种重要的管理方式。管理界有句行话："有责无权活地狱。"把权力授予敢负责任的部属，对人是人尽其才，对管理是提高效能，这才是有用的管理者。所以，西方管理学者卡尼奇曾说："当一个人体会到他请别人帮他一起做一件工作，其效果要比他单独去干好得多时，他便在生活中迈进了一大步。"

美国投资大师乔治·索罗斯是一个典型的敢于放权的人物，公司的很多事情都交给员工去打理。他鼓励员工"先斩后奏"的做法，经常告诉自己的员工："很多事情你们自己拿主意就好，不用事前向我请示。每件事情都向我汇报会错失掉很多时机。"索罗斯之所以能对权力收放自如，对部下充分授权，是因为他曾经在这方面遭逢滑铁卢。

索罗斯有一次刚从国外出差回到办公室，还没有坐下来，秘书就抱着一大沓正等他签字的文件。索罗斯看见文件后，一问才知道，出差这些天的文件都积在办公室，而且有几个文件还非常重要。索罗斯非常生气地说："部门的经理都在忙什么，这些文件为什么不让他们签，你知道耽误的几天浪费掉多少机会吗？"秘书非常委屈地告诉他："这都是你自己定下的制度，每份重要文件都必须交给你亲自过目。"

索罗斯听后，才忽然想起自己曾经在一次经理会议上说过这句话，心想："这真是搬起石头砸自己的脚啊！"索罗斯立刻召开部门经理会议，向大家宣布一个重要决定："除非碰到你们没有办法解决的时候，不要耽误我打球的时间。"从此，索罗斯的办公室再也见不到文件堆积的现象了。有的时候，索罗斯还自我解嘲道："这帮家伙现在都把我放在一边，不再理我了。"正是因为索罗斯敢于授权，鼓励下属承担重要任务，他才有更多的时间放在思考上面。

管理者给予下属多大的权力，下属就会产生多大的动力。有经验的管理者会认真地研究向下属授权的方式与授权的范围。下属在得到授权后，也获得了更加灵活的发挥自己创造力与才能的空间。

敢不敢授权，是衡量一个管理者用人策略的重要标志。从简单管理的角度讲，授权是一种用人的简单策略，能够使权力下移，使每位下属感到自己是行使权力的主体，这样就会使全体下属在权力的支配下，更富凝聚力和责任感。而且合理地分权和放权，还能让下属把自己的精力直接集中在工作成果上，而不是把所有的事情都推给管理者，同时也能培养下属处理问题的能力。

那么，如何向下属授权呢？

第一，要看重下属的长处。任何人都有长处和短处，如果管理者能够着眼于下属的长处，那么他就可对下属放心大胆地予以任用。如果只看到下属的短处，那他就有可能由于担心下属的工作而对其加倍操心。这样，下属的工作勇气就会降低。下属缺乏工作上的勇气，其做事的成功率就不会很高，所从事的事业也不会有多大希望。所以，身为管理者，对于下属不妨先用七分的眼光去看长处，再用三分的眼光去看缺点，以强化自己对下属的信任感。

第二，不仅交工作，而且要授权力。管理者将本部门的工作目标确定以后，需要交付下属去执行。既然如此，就有必要将其相应的权力同时授给下属。一般来说，将工作委托给下属去干，这一点是不难办到的，因为这等于减少自己的麻烦；将权力授予下属，就不是那么简单，因为这意味着对自己手中现存权力的削弱。不过，凡明白的管理者都深知职、责、权的不可分离性，因而在授权方面总是干的干净利落。身为管理者，应该使自己成为一个明白人，把权力愉快地授予承担相应工作的下属。当然，所授的权力不是没有边际的。最重要的是两权：即下属对有关问题包括人事任免可以作出决定的——决定权；对有关的人可以发号施令，让其做特定事情的——发令权。这样，下属会因此感到管理者对自己的信任和期望，为了不辜负这种期望，就会一心一意地去拼命工作。

第三，不要交代琐碎的事情，只要把工作目标讲明白就可以了。否则，人的自主性不易发挥，责任感也会随之减弱。作为一个管理者，对待下属最忌讳的就是"妈妈嘴"唠叨个不停，使人无所适从，不知怎么办才好。

第四，对下属不应放任自流，要给予适当的指导。身为一个管理者，绝不应该以为授出了权力就万事大吉了。他应该懂得，尽管权力授给了下属，但责任仍在自己。如果只把权力授了出去，就可以对后果不负责任，那么下属的能力就不可能得到充分的发挥。所以，作为一个管理者，将权力授出之后，还应该对下属进行必要的监督和指导。若是下属走偏了方向，就该着手帮其修正。如果下属遇到了难以克服的困难，就应该给予指导和帮助。只有这样，下属的信心才会更加坚定。

不要凡事亲力亲为，从头管到脚

很多管理者一旦面对紧张阶段或棘手问题，就往往会放心不下下属的办事能力，把自己陷入到烦琐的事务中去，甚至把事情搞得更糟。管理得法者往往如庖丁解牛，一切问题迎刃而解；管理不得法者，凡事就得事必躬亲，分身乏术，每天都有干不完的活，不胜其烦。有时当你从头管到脚时，效果往往并不好。

有一位私营百货公司的老板，总是爱包揽下属的事务，好像凡事自己都可以一试身手，为部下省心省力。有时，他还以包办下属的事为荣，亲自处理公司里大大小小的业务，不论是检查进货质量、入库保管，还是调查市场行情、改善服务质量，总是事必躬亲。结果，手下的职员产生了依赖思想，有的人还有抵触情绪，以为老板不信任自己。长此以往，公司里的事都要找老板，只要没有他在场，有些工作就无法开展，业务陷入混乱状态。其实，这种局面的产生，原因只有一个，过于大包大揽。正是这一工作方法，使职员们养成了依赖老板的习惯，有了他，一切正常，而他一旦离开，这种管理方法的弊端就暴露无遗。大包大揽的思想要不得。大包大揽容易推卸他人的责任，也会使人产生不信任心理。

著名企业家刘永行在接受采访时曾说："企业做大了，必须转变凡事亲历亲为的观念。一定要让职业经理人来做，强调分工合作。原来我一个人管理十几个企业，整天忙得不得了。后来明白了，是我的权力太集中，所以，我痛下决心，大胆放权。放权之后，我每天有七八个小时的时间学习。"的确如此，一个企业在创业时期，管理者往往是亲力亲为、全责全能，这对企业的快速决策和发展是有好处的。然而，当企业发展到一定规模时，管理者就要逐步退出一些事务性工作，分权授权给有能力的下属，建立团队管理和现代公司制度。如果管理者依然工作事无巨细，面面俱到，势必造成在一些重要环节上精力不足、思虑欠周，很可能"捡了芝麻，丢了西瓜"。

戴尔电脑公司今天已是全球举足轻重的跨国公司。创始人迈克尔·戴尔刚开始创业时，也曾发出这样的抱怨，但他很快就找到了原因，并找到了解决的办法，那就是授权。

戴尔事业初创时，由于经常加班赶活，再加上他刚离开大学，习惯了晚睡晚起的作息，第二天经常睡过了头，等他赶到公司时，就看见有二三十名员工在门口闲晃，等着戴尔开门进去。

刚开始戴尔不明白发生了什么，好奇地问："这是怎么回事？你们怎么不进去？"

有人回答："老板，你看，钥匙在你那儿，我们进不了门！"

戴尔这才想起公司唯一的钥匙正挂在自己腰间，平时总是他到达后为大家开门。

从此，戴尔努力早起，但还是经常迟到。

不久，一个职员走进他的办公室报告："老板，卫生间没有卫生纸了。"

戴尔一脸不高兴："什么？没有卫生纸也找我！"

"存放办公用品的柜子钥匙在你那儿呢。"

又过了不久，戴尔正在办公室忙着解决复杂的系统问题，有个员工走进来，抱怨说："真倒霉，我的硬币被可乐的自动售货机'吃'掉了。"

戴尔一时没反应过来："这事为什么要告诉我？"

"因为售货机的钥匙你保管着。"

戴尔想了想，决定放权，不能事无巨细一把抓着。他把不该拿的钥匙交给专人保管，又专门请人负责其他部门。公司在新的管理方法下变得井井有条。

美国一个零售巨商曾经说过这样一句话："身为一个领导，他要明白想逼死自己最快的方法就是大权一把抓。"一些管理者之所以成天忙忙碌碌却又干不到点子上，其原因就是大事小事都要插上一把手。这些管理者一方面抱怨事情干不过来，另一方面又事无巨细，什么事都要亲自管。当下级一有问题时，他便亲自去处理那些本应由下级处理的问题，陷在事务圈子里不能自拔。这种唱"独角戏"的做法，与现代管理的方式毫无共同之处。而管理者也会很快陷入顾此失彼、全局观缺失的管理智障中。

不论是哪一级管理者，一旦患上了事必躬亲的毛病，就可能忘掉"让专业的人去做专业的事"的基本管理原则，而使自己及企业陡增更多犯错的可能——尤其糟糕的是，如果用对的人去做对的事，这些错误本来是可以避免的。与此同时，在对一些大事的处理和对市场机会的把握上，又会延误战机错失机会。简单地说，越想通过亲力亲为做得好一点，就越可能把事情弄砸；越想眉毛胡子一把抓，种种问题就越是丛生，越难提升团队的经营、管理绩效。

面对经济、科技和社会协调发展的复杂管理，即使是超群的管理者也不能独揽一切。管理者的职能已不再是做事，而在于成事了。出路在于智慧，采取应变分身术：管好该管的事，放下不该自己管的事。因此，他们必须向下属授权。这样做对上可以把管理者从琐碎的事务中解脱出来，专门处理重大问题。对下可以充分发挥下属的专长，激发下属的工作热情，增强下属的责任心，提高工作效率，并可以根除企业内部的信任危机。

用人不疑，授权要给予充分信任

信任是授权、用权的关键。管理者授权有没有效，用权能否好，很大程度取决于它。管理者不信任的授权，等于没授权。放碗不放筷，想放又不敢放，放后又干涉，放了又收，收了又放，犹犹豫豫，反反复复，这些态度都是不信任的表现。

沃尔玛的创始人山姆·沃尔顿说过："一名优秀的经理，最重要的一点就是懂得授权和放权。"能否给予下属充分信任，鼓励他们自由发展是衡量优秀企业家的一个重要标准。优秀的管理者乐于并且善于将权力分配给自己的下属，他们需要做的只是为下属创造一个施展才华的舞台。

一位中国主管看见美国调色师正在调口红的颜色，走过去随便说了一句："这口红好看吗?"美国调色师站起来："第一，亲爱的余副总（美国人通常都是叫名字的，叫了头衔就表示心中不太愉快了），这个口红的颜色还没有完全定案，定案以后我会拿给你看，你现在不必那么担心。第二，余副总，我是一个专业的调色师，我有我的专业，如果你觉得你调得比较好，下个礼拜开始你可以调。第三，亲爱的余副总，我这个口红是给女人擦的，而你是个男人。如果所有的女人都喜欢擦，而你不喜欢没有关系，如果你喜欢，别的女人却不喜欢，完了。"

"对不起，对不起……"主管知道自己干预的太多，且问话有些不妥，连声道歉。

从上面这个案例可以看出，真正意义的授权要信任下属、放心让下属去承担任务。如果管理者在赋予下属权力时又担心他们会犯错误，横加干预，指手画脚，这等于根本没有赋予权力。故事中的那个主管就犯了这样的错误。所以，优秀的管理者要做到放心的授权，相信一个人的能力，这样才能发挥人才的作用。

经营之神松下幸之助曾说："最成功的统御管理是让人乐于拼命而无怨无悔，实现这一切靠的就是信任。"作为管理者，如果你将某一项任务交给你的下属去办，那么你要充分信任你的下属能办好，因为信任具有无比的激励威力，是授权的精髓和支柱。在信任中授权对任何下属来说，都是一件非常快乐而富有吸引力的事，它极大地满足了下属内心的成功欲望，因信任而自信无比，灵感迸发，工作积极性骤增。

1926年，日本"经营之神"松下幸之助想在金泽开设一家办事处。他将这项任务交给了一个年仅19岁的年轻人。松下把年轻人找来，对他说："这次公司决定在金泽设立一个办事处，我希望你去主持。现在你就立刻去金泽，找个合适的地方，租下房子，设立一个办事处。资金我已经准备了，你拿去进行这项工作。"

听了松下这番话，这个年轻的业务员大吃一惊。他惊讶地说："这么重要的职务，我恐怕不能胜任。我进入公司还不到两年，是个新职员。我年纪还不到 20 岁，也没有什么经验……"他脸上的表情有些不安。

可是松下对他很有信心，以几乎命令的口吻对他说："你没有做不到的事，你一定能够做到。放心，你可以做到的。"

这个下属一到金泽就立即展开活动。他每天都把进展情况一一写信告诉松下。没过多久，筹备工作都已经就绪了，于是松下又从大阪派去一些职员，顺利地开设了办事处。

松下幸之助第二年有事途经金泽，年轻人率领全体下属请董事长去检查工作。为了表示对年轻人的信任，松下幸之助拍着年轻人的肩膀说："我相信你，你只当面向我汇报就可以了。"那位年轻人非常感动，后来办事处的业绩越来越好，年轻人圆满地完成了任务。

松下幸之助回忆这件事时总结说："我一开始就以这种方式建立办事处，竟然没有一个失败……对人信赖，'权力'才能激励人……我的阵前指挥，不是真正站在最前线的阵前指挥，而是坐在社长室做阵前指挥。所以各战线要靠他们的力量去作战，因此反而激发起下属的士气，培养出许多尽职的优秀下属。"

由此看来，管理者与下属之间只有建立起相互信赖的关系，才能使授权顺利有效。否则，管理者对下属疑虑重重，事事过问，而下属对管理者也怀有戒心，不敢放手工作，那就无所谓授权了。所以，当管理者给下属授权时应当充分信任下属能担当此任，这才是作为各级管理者应有的风格。

有些管理者不信任那些比自己职位低的人，认为他们不够聪慧，因此不能正确决策，或者怀疑他们是否与自己的目标相一致，或者怀疑他们是否掌握了与高层管理者一样多的信息或是想法。如果这样不被信任，会让下属感到不自信，不自信就会使他们感觉自己不会成功，进而感到自己被轻视或抛弃，从而产生愤怒，厌烦等不良的抵触情绪，甚至把自己的本职工作也"晾在一旁"。所以说，一个管理者如果不相信下属，那么就很难授权于下属，即使授了权，也形同虚设。

信任可以增强下属的责任感。信任下属，就要放手让他们去做，去创造，给他们一定的权力，激发他们的主人翁意识。也就是在分配工作的时候，要赋予下属相应的权利，准许他们在一定范围内调度人力、物力和财力。同时在工作中，给他们一定的自由度，允许他们自行作出决定，以达到任务所要求的结果。作为管理者，只有对下属充分地信任，以信任感激励下属的使命感，下属才能更加自觉地认识到自己工作的重要性，才能在工作中尽职尽责。

总之，授权应该建立信任的基础上，这是最有效的授权之道。授权以后的充分信任等于给了下属一个平台、一种机会，给了其受尊重的感觉，让其有一个广阔的施展抱负的空间。

委派工作，让下属有自主权

在企业管理中，管理者不可能将任何事务都一揽己身，亦不可能通晓管理范围内有关的各种专业，只有物色人才，适时授予权力，驾驭得当，你的事业才可发展拓深，日益强大。假如一切事情都要由管理者来管，而不是把一部分权力交给下属，让他们去办理，管理者纵使有三头六臂也是难以胜任的。

美国著名的管理行为学家布利斯有一句名言：一位好的经理在他的助

手脸上总有一副烦忧的面孔。这句话的意思是说，好的管理者懂得向其助手和下属授权，会充分调动他们的主观能动性去完成任务，而不是自己包揽一切，结果使自己疲惫不堪，面孔忧烦。一个高明的管理者，其高明之处就在明确了下级必须承担的各项责任之后，授予其相应权力，从而使每一个层次的人员都能司其职、尽其责。管理者除了作出必要的示范外，一般对下属无需太多干预，不宜事无大小一律过问。这样做的管理者，就是懂得授权艺术的现代管理者。

有这样一则故事：

有一天，一个男孩问迪士尼的创办人华特："你画米老鼠吗？"

"不，我不画。"华特说。

"那么你负责想所有的笑话和点子吗？"

"也不。我不做这些。"

男孩很困惑，接着追问："那么，迪士尼先生，你到底都做些什么呢？"

华特笑着回答："有时我把自己当作一只小蜜蜂，从片厂一角飞到另一角，搜集花粉，给每个人打打气，我猜，这就是我的工作"。

童言童语间，一个管理者的角色跃然而出。管理者是团队的灵魂人物，他不应该是一个事必躬亲的忙碌者，而应该是一个善于指挥分配的管理者。

在现代企业的管理中，一个管理者所管的事情是十分繁重的，有经营决策之事、组织指挥之事，一切事情假如都要由管理者来管，而不是把一部分工作委派给下属，让他们去办理，管理者纵使有三头六臂也是难以胜任的。

现代管理者的一个非常重要的职责就是要把工作委派给别人去做。那么，管理者怎样做到有效地委派呢？

1. 选定能够胜任此项工作的下属

要做到有效委派，管理者就需要对下属进行完整的评价。你可以花几天时间让每个下属用书面形式写出他们对自己职责的评论。要求每位工作人员诚实、坦率地告诉你，他们喜欢做什么工作，还能做些什么新工作，然后，你可以召开一个会议，让每个职员介绍自己的看法，并请其他人给予评论。如果你发现有的职员对自己的工作了解很深，并且远远超出你原来的预料，这些人就有可能具有担负重要工作任务的能力和智慧。

2. 让下属明确工作指标与期限

管理者委派工作，必须让下属了解自己在工作中必须达到哪些具体目标，以及在什么时间内完成，清楚了这些才能有基本的行动方向。委派工作不是单单把事丢给下属，还要让他明白你期盼些什么。

3. 让下属知道所委派工作的重要性

在向下属委派工作之前，需要把为什么选他完成某项工作的原因讲清楚。关键是要强调积极的一面。向下属指出，他的特殊才能是适合完成此项工作的；还必须强调你对他的信任。同时，还要让下属知道他对完成工作任务所负的重要责任；让他知道完成工作任务对他目前和今后在组织中的地位会有直接影响。

4. 不要重复委派工作

重复委派工作就是，把一件相同的事情同时交给两个人做。这会让这两个人相互猜忌，怀疑公司甚，怀疑管理者的能力。

5. 对下属的能力给予肯定

管理者要肯定地表示自己对下属的信任和对工作的兴趣。像"这是一件重要工作，我确信你能做好它"这样的话？可以对下属起很大的激励作用。

总之，随着信息经济的不断发展，社会变得更加纷繁复杂，信息洛克菲勒导致管理者工作量倍增，各级管理者尤其较高层次的管理者，必须学会委派工作，减轻人力工作压力，提高工作效率，使得组织能更好更快地发展。

做好授权监督，避免权力架空

授权是组织运作的关键，它是以人为对象，将完成某项工作所必需的权力授给下属。即管理者将职权或职责授给某位下属负担，并责令其负责管理性或事务性工作。授权是一门管理艺术，充分合理的授权能使管理者们不必亲力亲为，从而把更多的时间和精力投入到企业发展上，以及如何引领下属更好地运营企业。

但有些管理者对授权有疑惑，误认为自己既然授权，就可对任何事都不闻不问。其实，这是错误的观念。正确的授权，不是放任、撒手不管，而是保留某种控制权。通过这种可控性，把管理者与下属有机地联系起来。没有可控性的授权是弃权。

我国春秋初期杰出的政治家管仲在《七法》中讲过："重在下，则令不行"。说的就是下级的权力过大，超越了合理的范围，国家的政策法令就不能顺利地贯彻执行。事实证明，管理者放权不是放任，放任就要坏事，该放多少权，就放多少权，要放得适当。管理者在授权过程中，切忌大撒手，那样会把事情搞糟的。

但在现代组织里，常常会出现一些授权不合理的现象。例如，用人偏听偏信，放权不当，管理者授权超出了合理的范围。结果促成大权旁落，出现难以收拾的局面，使企业管理者的活动受到干扰，管理工作计划遭到破坏，甚至影响到企业的经营成果，任务、目标不能达成。

20世纪90年代，杨刚强拿出自己多年来做工挣来的4万元钱，与人合作承包了村办农机厂。3年后又用承包赚来的10万元，并贷款500万元创办了兰州黄河啤酒厂，使黄河啤酒集团成为甘肃省十大骨干企业之一。

杨刚强读书不多，但内心却有种人才情结。他敢于将自己现任的总经理一职让出来，并在报上刊登广告重金纳贤。

或许正是这种人才情结，当结识了金融研究生王元之后，他便将黄河公司上市的希望寄托在了王元身上。不久，王元受聘为黄河集团副总经理，主要负责企业上市工作。

由于对上市操作一无所知，杨刚强对王元可说是百般信赖。上市的筹备、公司章程的制定、董事会人员的安排，全由王元一手操办。1989年6月，兰州黄河股票成功上市。

1989年7月29日，黄河集团以每股1.2元的价格让北京荣园祥科技有限公司转让其所持有的1980万股兰州黄河法人股。当时兰州黄河每股资产为5.05元，转让价低得出奇引起舆论界一片哗然。转让之后荣园祥成为兰州黄河的第二大股东，但在8月12日兰州黄河中期报告中，兰州黄河的前10名股东名单却不见荣园祥的名字。

问题出在什么地方？

首先，受让1980万股兰州黄河的北京荣园祥科技有限公司是在股权转让协议签署当天刚刚成立的，其法人代表是孟祥魁，他的另一个身份是王元之子。

其次，兰州黄河从股市上募集到3.36亿资金后，这笔钱没有按照招投说明书的承诺计划投入项目，而是被王元存入了一家与黄河集团没有合作关系的银行，其中1.8亿用来购买国债，700万元做了大额存款，另外1400万元没了下落。

杨刚强感到事态有些失控后，请律师进京调查，结果让杨刚强大吃一惊。他先后三次找王元谈话，先是劝王元把账目交清后自动辞职。王元则携带公司的印鉴和文件离开兰州黄河公司，在外面以兰州黄河公司的名义活动，再也不见杨刚强了。万不得已，黄河集团向警方报案。王元因涉嫌经济犯罪被兰州警方依法拘留。

下属权力过重，难免会拥"兵"自重，这无论是对管理者本身还是对整个组织来说，都是一个非常大的隐患。一旦权力过重的下属起了二心，必将带来严重后果。上面的例子里杨刚强对王元过于信任，将工作委托给他，任由他干，给了他可乘之机，最终只能自食其果。

"一管就死，一放就乱"是很多企业面临的问题，也是很多管理者不敢放权的原因。其实，放权不等于放任，在权力下放的同时，也要强调权力背后的责任。授权予下绝不是简单地把工作和权力交给下属，而是必须要经过周密考虑、精心准备，以免出现差错。授权以后管理者照样负有全部责任，不能撒手不管，放任自流。如果管理者授权只是图省事、享清闲，自己当"甩手掌柜"，那就大错特错了。

充分授权本是好事，但授权后不管不问，尤其是在发现错误后还优柔寡断、拖延纠正，对企业的杀伤力是非常大的。所以，授权后就放任不管，是一种错误的做法。但是，如果授权后干涉太多，又会失去授权的意义。如何在授权与控权之间寻找平衡呢？

授权管理的本质就是监控和督查。管理者在授权的同时，必须进行有效的指导和控制。著名国际战略管理顾问林正大认为："授权就像放风筝，部署能力弱则线就要收一收，部署能力强了就要放一放。"这句话形象地阐明了授权与控权的艺术。风筝既要放，又要有线牵。光牵不放，飞不起来；光放不牵，风筝也飞不起来，或者飞上天空失控，并最终会栽到地上。只有倚风顺势，边放边牵，放牵得当，才能放得高，放得持久。在实际工作中，如何做到既授权又不失控制呢？下面几点颇为重要。

1. 评价风险。每次授权前，管理者都应评价它的风险。如果可能产生的弊害大大超过可能带来的收益，那就不予授权。如果可能产生的问题是由于管理者本身原因所致，则应主动矫正自己的行为。当然，管理者不应一味追求平稳保险而像小脚女人那样走路，一般来说，任何一项授权的潜在收益都和潜在风险并存，且成正比例，风险越大，收益也越大。

2. 当众授权。当众授权有利于使其他与被授权者有关的部门和个人清楚，管理者授予了谁什么权、权力大小和权力范围等，从而避免在今后处理授权范围内的事时出现程序混乱及其他部门和个人"不买账"的现象。当众授权，还可以使被授权者感觉到管理者对他的重视，感觉到肩上的担子，从而使他在今后的工作中更加积极、更加主动、更有成效。

3. 明确授权指标与期限。授权时，管理者必须让下属了解自己在授权下必须达到哪些具体目标，以及在什么时间内完成，清楚了这些才能有基本的行动方向。授权不是单单把事丢给下属，还要让他明白管理者期盼些什么。

4. 进行合理的检查。检查有以下的作用：指导、鼓励和控制。需要检查的程度决定于两方面：一方面是授权任务的复杂程度；另一方面是被授权的下属的能力。管理者可以通过评价下属的成绩，要求下属写进度报告，在关键时刻同下属进行研究讨论等方式来进行控制。

大权独揽，小权分散

众所周知，权力是把双刃剑，如果权力过于集中，极容易形成管理者的独裁专制，这样整个组织的决策受该管理者的影响就会特别大，极易给组织带来不应有的损失。相反，如果权力过于分散，也难以形成统一的决策，同时组织内部相互之间的协作也可能会存在很大的问题。所以，管理者要正确认识权力，合理恰当地利用权力，从原则上讲，大权独揽，小权分散，抓大放小无疑是很好的策略。

作为管理者，首先要明白大权须独揽、小权要分散这个道理。大权独揽，也可称之为集权，是指部门中的一切事务的决策权都集中在自己手中，部下的一切行为措施必须按照主管指令、决定去办。小权分散，也就是分权，是指部下在其管理的范围内的一切措施均有自主决定权，不必请命于主管，而主管对其下属权限内的事项也不随便加以干涉。处理好大权与小权的关系，要做到大权揽得住，小权散得开，不能大小权力一把抓，大权管不住，小权乱插手。管理者只有做到大权独揽，小权分散，才能利用有限的精力实现有效管理。

三九集团总经理赵新先，1985 年在深圳笔架山脚下的铁皮工棚里创办南方制药厂时，只有 6 个人。赵新先是厂长，若再设两个副厂长，那就成了三个将军三个兵，没法工作了。赵新先没有给自己配副手，而实行领导个人负责的办法。手下 5 个人，各自独立负责一摊工作，也都没有配副手。

赵新先发现这个办法用人少、矛盾少、效率高，也就长期坚持下来了。直到 1992 年公司发展成为一个拥有 50 多家子公司，包括 12 家跨国公司的集团时，也没有改变。

在三九集团，赵新先是总经理兼党委书记。总经理下面不设副总经理。配有三个党委副书记，没有专职的，副书记分别兼任一个二级公司的总经理。

在南方制药厂，赵新先是董事长兼厂长，也不配专职副手。4 套班子一个人。一个人说了算，这样干赵新先是否会穷于应付？赵新先说："我只管 50 多家二级公司的一把手。而且把权力充分下放给他们。因此，实际上很潇洒。"

在赵新先手下有 50 多名大权在握的二级决策者，赵新先把六大权力下放给他们：班子组阁权、机构设置权、人事调配权、生产经营决策权、财务收支权和工资奖金分配权。

那么，权力是真放还是假放，是蜻蜓点水还是海底沉锚？霍树荣，40多岁的中年汉子，在军队酒店系统干了近20年，来三九之前与赵新先素不相识。1991年两家酒店请他出山。一家在广州，一家是赵新先的三九大酒店。他选择了后者，原因很简单，在大酒店你一个人说了算，可以甩开膀子干。是真是假，霍树荣试了三把火，最后服了。

第一把火，并大酒店9部1室为6个部，机构大精简。赵新先没有吭声。

第二把火，筹划投资1500万，在外地收购一家大酒店，方案上报给赵新先。"这个项目由你自己拍板，不用请示。"霍树荣描述他当时的感受："我突然感到肩上的担子重了。1000多万元的项目，由我自己拍板，就得由我个人负责。我干了几个酒店，都是当一把手，但真正个人负责的甜与辣的滋味，却是第一次尝到。"

第三把火，霍树荣一个人负责酒店，他把权力按三九的模式层层分解下来，他只管6名部长，因此工作起来很轻松。赵新先不管霍树荣手下的事，霍树荣也不向服务员发指示。霍树荣说：越级发指示是无能的表现。

在三九集团，从上到下通通一把手说了算，形成了级级有实权，级级要负责的格局。这才是真正的分权与集权的巧妙结合。

集权与分权相结合是企业存在的基本条件，二者只有很好地结合起来，企业才能生存。集权与分权相结合也是企业保持统一性和灵活性的客观要求。只有实行必要的集权，才能实现生产经营的统一领导与指挥，实现对人财物等经营资源的统一调配，保证各部门围绕企业的统一目标而一致行动。同时，也只有实行必要的分权，才能发挥企业各单位的主动性和创造性，使其能够根据复杂多变的实际情况，迅速而正确地作出决策。

大权集中，小权分散，善于形成集体合力。大凡成功的管理者，无不重视均衡力量，适当分权，以使自己腾出时间和精力想大事、议大事、抓大事、成大业。

正确授权，学会下命令

命令是管理者对下属特定行动的要求或禁止。命令的目的是要让下属照你的意图完成特定的行为或工作，它也是一种授权。管理者给下属下达指令、分派工作任务的同时，也是在考验管理者的水平与能力。如果管理者无法让下属准确的明白你的意图，就很难想象下属能圆满地完成工作。

就企业而言，管理者下达命令时不够明确，有时会使下属理解不了管理者的意图，延误工作，甚至产生更大的反作用力。例如，有的管理者在指示下属时，常使用一些含糊的用语，"要尽快把这项工作完成"。"尽快"有多快？也许你的意思是三天，而下属认为一个星期干完就已经是尽全力了。如此"语焉不详"就会使上下级之间产生不必要的误会：你觉得下属不够努力，而下属认为你没有交代清楚，怨不得自己。管理者没有清晰地将命令传递给下属，导致下属不了解所要执行的命令，执行中必然打了折扣。可见，下属工作的好坏，在一定程度上与管理者下命令的方法有关。

明确的指令，包括做该事项的目的、内容、有关的时间和地点，以及建议的处理方法。有时候，管理者本身的疏忽，令下属不能预期做妥工作，反被管理者指责。

某上司对秘书说："给我致电总行的张经理，约他下星期五到我的办公室来。"秘书小姐如言电约，但对方称下星期五要开重要会议，而他过两天便要到英国出差一星期，建议不如将约会改在明天。秘书想将张先生的话向上司转述，但是一连两天，上司均属假期，根本没有机会提及。待上司上班时，秘书才将张先生的话复述，此时张先生已身在英国；该上司责怪秘书何以不早说，因为他找张先生，就是要商谈有关他到英国后，有事相托的事。

秘书感到沮丧，因为在这件事中，她根本没有做错或遗漏，问题只是上司的指令不明确，欠缺了提及找张先生的大概目的，以致秘书在张先生提及去英国时，未能作出及时反应，要张先生直接与领导联络。

在我们的实际工作中，常常出现下达的工作指令不能有效的执行，是因为有些管理者下达的工作指令不明确，自身含糊不能明确说明工作的方向、目标、目的，工作的方法、手段、工作采取的措施等原因，自然达不到预期效果。所以，企业的管理者一定要做到指令明确，这样才能更好地做事。

有一位企业管理者，因为得不到员工的协助而痛苦，他向前辈诉苦，前辈提醒他："你在命令员工时，是否明确地指出了命令的内容和目的呢？"经前辈的提醒，这位管理者才突然醒悟，原来在这之前，他从未对员工说明命令的目的。比如，他总是习惯于说："你抽时间把这份文件整理一下吧。"或者"我觉得这个计划还有不妥当的地方。"

于是，他开始有意识地去改正自己的缺点，他会说："这个资料必须在下周举办的员工大会上提出，所以，你必须在会议举行的前三天完成它。""这则求才启事除了登报纸，还可以刊登在求职杂志上，你要考虑到这一点，并且尽快把它做好。"这样的命令明显比以前的要清晰准确。从此，他与员工的合作非常愉快。

可见，命令下达得十分清楚明确，下属的士气才会大为提升，并且精力充沛。在下命令时，管理者要做到：清楚、完整、简明和正确，尽可能地排除误解，保证传达渠道畅通无误。这样做可以增进你和下属的合作关系。

实际上，下属工作的好坏，在一定程度上与管理者下命令的方法有关。正确下达命令，下属就能朝组织确定的方向与计划执行任务，命令是绝对必要的，那么管理者要如何使用你的命令权呢？

1. 正确传达命令意图

下达命令时，管理者要正确地传达命令，不要经常变更命令；不要下一些过于抽象的命令，让下属无法掌握命令的目标；不要为了证明自己的权威而下命令。

2. 命令有无必要

管理者在下命令前，尤应注意这个问题。在实际工作中，许多管理者本人并没有弄清某些命令的必要性。

比如，一个管理者在很忙的时候，突然有一件事情需要他处理，他认为这个事情不重要，于是就随手安排给他的下属去完成。但下属对这件事情的来龙去脉并不清楚，为了完成工作，下属需要不断地向管理者询问有关事项。管理者接受下属询问的时间要比他亲自处理这件事情需要的时间更长。实际上，这条命令就是一条没有必要的命令。

在一项工作未明确之前，就安排下属去进行相关工作，这种工作很可能就是无用的工作，相关的命令也是无用的命令。另外，有些管理者见不得下属在工作时间没有事情做，于是就安排一些没有意义的工作让下属不停地忙碌，这也是无用的命令。所以，管理者在下命令之前，认真地思考一下命令的必要性是十分必要的。

3. 弄清楚命令中的要点

很多时候，其实管理者本人就没弄清楚命令中的要点是什么，所以他自然无法向下属讲清其中的要点。向下属下命令之前，管理者首先要认真去思考各工作的要点，做到心中有数，这样才能把握全局，合理调度。

4. 大声地下达命令

若你的声音太小，有可能被下属误以为你是在说一件并不重要的事，因此，你必须明确地表示：这是上司在向下属下达命令。

5. 态度和善，用词礼貌

作为管理者，你在与下属沟通的时候可能会忘记使用一些礼貌用语，如"小张，进来一下"，"小李，把文件送去复印一下"。这样的用语会让下属有一种被呼来唤去的感觉，缺少对他们起码的尊重。因此，为了改善和下属的关系，使他们感觉自己更受尊重，你不妨使用一些礼貌的用语，例如："小张，请你进来一下"、"小李，麻烦你把文件送去复印一下。"要记住，一位受人尊敬的管理者，首先应该是一位懂得尊重别人的管理者。

6. 不要超越权限

不要超越自己的权限主要指两个方面的权限。第一，不要对非自己的下属下命令。每个下属都有自己的直属上司，你如果不是他的直属上司，就不应该直接给他下命令。如果你确实需要该下属做一些工作，可以去找他的直属上司，通过直属上司来给他下命令；第二，不要对部门职责以外的事情下命令。每个部门都有自己的工作职责，你不应该命令自己的下属去做其他部门职责中的事情。

7. 记下自己的命令

管理者往往工作很忙，如果下属很多，有时会忘记自己下达的命令。为了避免这种情况的发生，管理者应该将自己下达的命令记录下来，写明下达的对象、命令的内容、完成的标准及反馈时间等等。对于管理规范的公司，应该制定一个"管理控制表"之类的表格，管理者严格记录自己的命令，这种表格管理者和下属各持一份，可作为对下属进行工作考评的依据。这样做也有助于在工作出现问题时分清各自的责任。

8. 给下属更大的自主权

一旦决定让下属负责某一项工作，就应该尽可能地给他更大的自主权，让他可以根据工作的性质和要求，更好的发挥个人的创造力。例如："这次展示会交由你负责，关于展示主题、地点、时间、预算等请你作出一个详细的策划，下个星期你选一天我们要听取你的计划。"还应该让下属取得必要的信息，例如："财务部门我已经协调好了，他们会提供一些必要的报表。"

第六课

人际关系简单化，相处无压力

　　一个企业的人际关系简单与否，和这个企业的管理水平密切相关。作为管理者，如果没有良好的人际关系，即使能混上或保住一官半职，也必然是人人侧目，"人气"极差。所以，管理者要营造这样一种氛围：同事之间相互尊重、相互信任、相互帮助，每个人都能自由表达自己的想法，有一说一，对事不对人，君子和而不同，处事公开公平公正，不溜须拍马，不勾心斗角，不拉帮结派，不打击报复，等等。处理好人际关系的问题，实际上就是简化管理，解决了管理上很重要的问题。

与同事融洽相处，为未来共同打拼

假如以每个人每天工作 8 小时来计算的话，人们从参加工作到正式退休，差不多有 1/3 的时间都在跟同事相处。所以，同事关系对于一个人来讲是最重要的人际关系。

同事是与自己一起工作的人，与同事相处得如何，直接关系到自己的工作、事业的进步与发展。如果同事之间关系融洽、和谐，人们就会感到心情愉快，有利于工作的顺利进行，从而促进事业的发展；反之，同事关系紧张，相互拆台，经常发生摩擦，就会影响正常的工作和生活，阻碍事业的正常发展。因此，如何处理与同级之间的关系，让自己广受欢迎，成了一种生存智慧。

华斯是一家公司的部门领导。他所在的公司里，曾经因为各个部门之间都非常具有团队精神，而使业务成绩非常突出。

但是，后来，这种和谐融洽的合作氛围却被华斯破坏了：公司的高层把一项重要的项目安排给华斯，华斯对这个项目有了非常周详而又容易操作的方案，但是，为了表现自己，他没有与其他部门的领导磋商，而是直接向总经理说明自己愿意承担这项任务，并向他提出了可行性方案。

华斯的这种做法，严重地伤害了与同级之间的感情，破坏了团队精神。结果，当总经理安排他与其他部门领导共同操作这个项目时，却始终不能达成一致意见，所以产生了重大的分歧，导致了企业内部出现分裂，团队精神开始涣散，项目最终也没能顺利进展下去。

在一个组织或企业里，搞好同级之间的关系是非常重要的。作为一个高明的管理者，应当懂得处理好同级之间的关系，学会如何把竞争导向对自己有利的方向，以求好好合作。

处理好同级之间的横向关系，有助于进一步协调上下级之间的纵向关系，使整个管理机构更加理想和完善，同时，也有助于管理者获取一个良好的人际环境，使自己更加健康地成长。因此，作为管理者，对于协调同级之间的关系，决不可掉以轻心。

日常交往中，管理者不妨注意把握以下几个方面，来建立融洽的同级关系。

1. 相互尊重。同级之间，常常会遇到一些工作上的交叉点，也会有一些需要共同处理的事务。对这些工作和事务，同级之间应当互相尊重，互相支持。互相支持是互相尊重的标志。只有互相支持，才能互相配合。对需要交叉处理的事务，同级之间应当尽量通过协商去解决，不要擅自做主处理，否则，既影响同级之间的关系，也往往使下级感到为难，造成工作上的停滞，甚至会带来一些不必要的损失。

2. 求同存异。同级之间由于经历、立场等方面的差异，对同一个问题，往往会产生不同的看法，引起一些争论，一不小心就容易伤和气。因此，与同级同事有意见分歧时，一是不要过分争论。客观上，人接受新观点需要一个过程，主观上往往还伴有"好面子"、"好争强夺胜"心理，彼此之间谁也难服谁，此时如果过分争论，就容易激化矛盾而影响团结；二是不要一味"以和为贵"。即使涉及原则问题也不坚持、不争论，而是随波逐流，刻意掩盖矛盾。面对问题，特别是在发生分歧时要努力寻找共同点，争取求大同存小异。实在不能一致时，不妨冷处理，表明"我不能接受你们的观点，我保留我的意见"，让争论淡化，又不失自己的立场。

3. 真诚相待。同级间相处具有相近性、长期性、固定性，彼此都有较全面深刻的了解。要特别注意的是真诚相待，不能以"礼"行虚，一个人如果给同事的印象是"虚礼"，他就不能赢得同事的信任。信任是连结同级间友谊的纽带，真诚是同级间相互共事的基础。同级之间的工作受阻，或遇到挫折和不幸时，往往是相互之间真诚和信任的重要时机，在这种关键时刻要特别留心，把同事的境遇挂在心上，及时给对方真诚的关心和帮助，才能使同志式的友谊地久天长。同时，在同样的工作条件下，相互的喜好、爱憎都较接近，至少相互比较熟悉，因此，处理各种事情时，只能设身处地替他人着想，在自己的言行付诸行动之前想一想别人这样对待自己时会怎样？就会获得别人的赞赏。

4. 信守承诺。言必信、行必果，在同级交往中非常重要。一出口，就要考虑到责任感，没有把握或做不到的事，不要信口允诺，不能空口说大话。允诺了的事不管有多么困难，也要千方百计地去兑现。如果因其他意外的原因未能办成，应诚恳地向对方解释说明，并致以歉意，不可不了了之。在做事或工作中，要有毅力，有持之以恒的决心，凡经过考虑成熟的事就要善始善终，决不中途松懈，虎头蛇尾。这样，在人际交往中才能表明你是个有见地、有能力和可以信赖的人。

5. 少说多帮。祸从口出，在同事面前，不该说的不要说，特别是涉及单位别的同事、工作任务等方面的话题，不要发牢骚。最稳妥的办法是少说多做，用行动来表达自己的观点，特别是对看不惯的现象，说多了，会引起别人的反感。

6. 经常沟通。同级之间，既然同属整个管理机构的一个组成部分，工作上有着千丝万缕的联系，所以，只有保持经常通气，及时沟通情况，才有可能进行有效地合作。也唯有这样，才能彼此了解，互相信任，将一些不必要的误会和摩擦，都消灭在萌芽状态。因此，管理者工作再忙，也勿"忘"了主动向同级提供有用的资料、信息、情况和建议。只要你能够一直坚持下去，就一定会赢得同级的"感激"和"回报"。

总之，建立融洽的同级关系是一门重要的学问，管理者只有以团结友善的态度对待同级之间的关系，才能创造一个宽松的工作环境，提高工作效率，增强组织的凝聚力。

以心换心，用真诚打动人心

对于管理，不少管理者感叹：难！其实在一定程度上，管理难的根本原因还是出在管理者本人的心态上，直接点说，就是管理者缺乏人与人之间应有的"真诚"，怀着纯粹"利用"的心态来管理下属。

人这一生最为宝贵的就是真诚，真诚是人类的真经，也是管理的真经，只要以诚相待，你肯定会获得对方的信赖，赢得成功。

美国《领导力》的作者库泽斯和波斯纳在过去的 20 年中分三个不同阶段对 7500 人调查后发现，尽管经历不同、行业不同、专业不同，卓越的领导人身上有着四项突出的共有素质：真诚待人、远见卓识、胜任其职、鼓舞人心。而选择真诚作为管理者品质的人在每次调查中都占据了第一位。真诚是管理者区别于管理者的一个最为重要的特征。一个管理者可能为了完成任务而采用不同的方式，有时甚至可以不择手段，但对一个管理者来讲，真诚是一种美德，是一种原则，更是获得追随者的一种能力。

真诚是人与人之间沟通的桥梁，只有以诚相待，才能使交往双方建立信任感，并结成深厚的友谊。我国著名的翻译家、教育家傅雷先生曾说过："一个人只要真诚，总能打动人的，即使人家一时不了解，日后也会了解的。"

上海某塑料厂花巨资购进了多功能吹塑机。设备进厂后，全厂没有一个人能看懂图纸，更没有人能安装调试。赵老板几经打听得知，某塑料厂的女工程师谢某能解决这个问题。于是，他亲自去厂里拜访聘请，可是一连去了四五次，都没有找到谢工程师。

后来，赵老板又打听到她家的住址，遂登门造访，一连几次都被她以身体不好为由婉言谢绝了。在一个雪花纷飞的夜晚，刺骨的寒风吹得人直发抖。赵老板再次叩响了谢工程师家的房门。当看到不辞辛苦、满身雪花的赵老板又一次站在她家门口时，她被深深地感动了，终于表示愿意为这家厂子的发展助一臂之力。

赵老板以诚求贤，近10次登门，一时传为佳话。在谢工程师的帮助下，新设备很快投入生产，获得了很好的经济效益。

管理者要吸引人才，方法很多，但始终都摆脱不了一个"诚"字，要待人以诚。真诚待人是与人交往的根本。你对人真诚，别人也会真诚待你；你敬人一尺，别人自会敬你一丈。管理者只有以诚待人，才能在感情上引起共鸣，才能相互理解、接纳，并使关系进一步巩固和发展，从而获得他人的更多帮助。

诚到深处情自现，不见诚字不见情。管理者应当如何和下属相处，是件很需要艺术的事情，但是再多的技巧和艺术，都抵不过两个字"真诚"。事实证明，许多管理者成功的因素之一就是真诚。不管是从历史的角度来看，还是从人际交往的角度，管理者都应该以一颗真诚的心来对待下属，将心比心的多帮下属想一想，多进行"换位思考"，站在下属的立场多想一想。唯有真诚，才能进行有效的沟通；唯有真诚，合作关系才可能持久；唯有真诚，企业才会有真正意义上的团结和凝聚力。

一个企业的成功绝对不是管理者一个人坚持的结果，而是一个团队坚持的结果，那么，如何在最困难的时候让你的团队不离不弃，当你的企业不能给下属足够的物质利益时，你所能够让下属信赖的就是你的内心真诚和你的坚定理想。

20世纪20年代末，由于全世界经济不景气，曾经畅销一时的松下国际牌自行车灯，销售量也开始走下坡路。此时操纵公司命脉的松下幸之助，却因为患了肺结核就医疗养，当他在病榻上听到公司的主管们决定将二百名员工裁减一半时，他强烈表示反对，并促请总监事传达他的意见，"我们的产品销售不佳，所以不能继续提高产量，因此希望员工们只工作半天，但工资仍按一天计算。同时，希望员工们利用下午空闲的时间出去推销产品，哪怕只卖出一两盏也好。今后无论遇到何种情况，公司都不会裁员，这是松下公司对员工们的保证。"受到裁员压力困扰的员工们听及此，都感到十分欣慰。如此，松下幸之助凭着坚强的意志和敏锐的决断力，用真挚的情感来打动部属，挽救了松下电器。从这一天起，众多的员工们积极地遵照他的命令行事，到翌年二月，原本堆积如山的车灯便销售一空，甚且还需加班生产才能满足客户的需求。至此，松下电器终于突破逆境，走出阴霾。

古人云："士为知己者死，女为悦己者容"，"感人心者，莫过于情"。真诚是沟通心灵的最好方式，把话说到对方的心里，调动对方的感情让对方产生共鸣，这就达到了心灵沟通的效果。通过真诚的感情沟通，让下属了解你对他们的关怀，可以让下属体会到管理者的关心、企业的温暖，从而激发出主人翁责任感和爱厂如家的精神。人心都是肉长的，管理者以自己的真诚和细致关心、爱护下属，这样就没有解不开的心结。在这样具有人情味的管理者手下工作，人人都会心情舒畅，工作效率必然会提高。

换位思考，站在对方的角度想问题

在人与人之间的交往中，有一种处理人际关系的思考方式——换位思考。简单地讲，就是互相宽容、理解，多去站在别人的角度上思考，它是一种理解，也是一种关爱，更是人与人之间交往的基础。

亨利·福特说过："如果说成功有秘诀的话，那就是站在对方立场来考虑问题。"但是，耳熟能详的"换位思考"，做起来却往往不容易。

有这样一则小故事：

有一头猪、一只绵羊和一头乳牛，被关在同一个畜栏里。有一天早上，牧人进来捉猪，猪大声地号叫着，猛烈地反抗。绵羊和乳牛很讨厌猪的号叫，便一起责备猪："你吵什么呀，他常常捉我们，我们并不大呼小叫。"猪听了回答道："他捉你们和捉我完全是两回事。他捉你们，只是要你们的毛和乳汁，但是捉我，却是要我的命呢！"

这是一个寓言，它形象地说明了一个简单的道理：立场不同，所处环境不同的人，是很难了解对方的感受的。因此，要做到换位思考，设身处地为他人着想。

人的位置不同，看法和想法也各不相同。同样，在企业中，管理者和下属所处位置的不同，必然会导致双方在思想、行为上的不统一，甚至产生矛盾。此时，如果管理者都能降低自己的"身份"，设身处地地去替下属考虑，通过换位思考，就能够有效地消除反感和对立情绪，消除成见和隔阂，找到思想上的切入点。所以说，在实际的工作中，管理者要学会利用换位思考，把焦点集中在下属身上，从他们的眼光出发，来寻找最可能影响他们态度和行为的管理方法。

所谓换位思考，一般是指在双方意见发生分歧或产生矛盾时，能够站在对方的立场上考虑问题，进而提出双方都能够接受的意见或建议，最终解决问题，实现双赢或多赢。

在企业管理中，换位思考是一种先进的管理理念和有效的管理手段。对于企业来说，管理者与下属之间应该提倡换位思考。如果管理者做决策之前考虑周全，尤其是多想想下属的利益有没有得到保障，这样就能起到积极的作用，开展起工作来也会容易得多。反之，必会困难重重。

美国玫琳·凯化妆品公司的创办人玫琳·凯女士就是利用换位思维来待人处事的典范。玫琳·凯女士在创办公司之前，曾在多家直销公司工作，作为别人的部属，她非常清楚替别人工作是怎么回事。她在准备出来自己创业时，曾发誓：要建立一套能够激发工作人员热忱的管理方式，绝不让她曾体验过的别人在管理上的错误在自己公司重演。在面对一位部属的时候，她总是先想到："如果我是对方，我希望得到什么样的态度和待遇？"每当有人事问题必须解决的时候，她总是先如此自问。而经过这样考虑的结果，往往再棘手的问题都能很快地迎刃而解。

作为管理者，应当提倡由上至下的换位思维。管理者对下属的换位思考有利于广泛听取和采纳下属的意见，实行民主管理，特别是下属提出一些比较尖锐的问题和批评意见时，采取换位思维，可能就能听得进去，有利于提高管理者的管理水平，反之则不然。

成功的管理者在管理中要做出有效和正确的决策，不但要学会与下属换位思考，还要学会与上级换位思考。经常问一下自己，"如果我是上级领导，该怎样说、怎样做"，就不会只把眼睛盯住上级要这要那，就不会发牢骚，就不会目无上司，我行我素。如果能经常这样对照检查自己，就会自觉地顾全大局，任劳任怨，体谅上级，理解下级。

迈克在一家电脑公司负责安全工作。他工作扎实，尽心尽力，在公司有较好的声誉。

一天早上，他刚走进公司大门，便被老板叫到了办公室。"迈克，你是干什么的？昨天晚上安排了几个人值班？值班时都在干什么？"老板冲着他劈头盖脸就是一顿斥责："你也有不可推卸的责任。全年的奖金全部扣除。"

迈克心里不明白到底发生了什么事情，话又说回来，即使有事也怪不上自己，昨天晚上他休息，由别人带的班呀！

事后，他才搞清楚了事情的原因。原来，昨天晚上几个盗贼潜入公司财务科，盗走了一笔贷款，老板为此才发的火。尽管这样，责任不在自己，为什么要训斥我，还要扣掉全年奖金呢？迈克思来想去始终想不通。心高气傲的他，委屈得直想哭。心想，自己平时工作那么认真，为了公司的安全付出了多么大的心血啊！老板平白无故地为什么要处罚我呢？

他想找老板理论，讨个说法。但转念一想："发生了这么大的事情，我若是老板怎么办？这也是事出有因，老板才大发脾气的，那么多的贷款被盗走，他能不急嘛？"迈克站在老板的位置上考虑了一会，气也消了一大半，心想：不就是打掉门牙咽下肚嘛，权且当一次替罪羊吧！

发生这件事后，迈克没有把自己的情绪带进工作中，依然兢兢业业，任劳任怨，见了老板依然彬彬有礼，似乎什么也没有发生过。

后来，警察破获了那天晚上的盗窃案，当天代替迈克领班的人涉嫌此案被依法逮捕了。之后不久，老板对全公司的安全人员进行调整。由迈克全面负责全公司的安全工作。

看来，作为管理人员不仅要学会与下属换位思考，而且学会与上级换位思考也是很重要的。如果不能很好地运用换位思维，体会上级的处境，就很容易与上级产生隔阂，也就谈不上能很好的工作了。有些人单独工作干得很好，可是当了上司后却一筹莫展。尤其苦于处理各种上下左右关系。所以，你要主动地与上级沟通，并且在沟通中，不争占上风，事事替别人着想，能从上级的角度思考问题，兼顾双方的利益。尤其是在谈话时，不以针锋相对的形式令对方难堪，而能充分理解对方。

在企业生存和发展过程中，无论管理者还是下属都要面对很多不熟悉、不理解、不清楚的东西，如果两者之间学会换位思考，就会消除不必要的误解和隔阂，就能在管理者与下属之间形成同频共振，不会形成"你吹你的号，我唱我的歌"的被动局面。

宽容别人，收获快乐的自己

常言道：将军额头跑开马，宰相肚里能撑船。做人要有胸怀，作为团队或企业的管理者更要有胸怀。因为，无论是哪个阶层的管理者，都肩负着一定的使命，手下都有一班人。既要做事又要管人，没有一定的胸怀，是很难把事做好，把人管好的。一个出色的管理者应当具备许多必备的素质，其中，胸怀显得格外的重要。放眼古今中外，凡是有所作为的优秀管理者，莫不具有宽阔的胸襟与宏大的器量。正是有了这种良好的品质，才能广聚人才创造业绩。

唐代宗大历二年的一天，大将郭子仪的儿子郭暧与妻子开平公主吵架。郭暧因冲动口出狂言："你倚仗你父亲是皇帝，就觉得有什么了不起吗？我父亲还不愿意当皇帝呢！"正在气头上的开平公主听后如火上浇油，立刻乘车赶回皇宫，向父皇告状。

唐代宗听了开平公主的哭诉，不但没有为女儿撑腰，却反而替郭暧说话："孩子，你有所不知，你公爹确实是不愿做皇帝。要不是这样的话，李氏的天下早就姓郭了。"

郭子仪听说这件事后，气得浑身发抖，立刻命人将郭暧五花大绑，亲自带着他到皇帝面前去请罪。代宗皇帝见后，赶忙将郭子仪请到内宫，安慰道："俗话说，不痴不聋，难做大家庭的老翁。小夫妻俩在闺房里说的气话，你作为国家的重臣，怎么能去追究呢？"一场犯上大祸，就这样平息了。

同唐代宗不计较郭暧的冒犯一样，宋太宗也曾巧妙地宽容了两位重臣的冒犯。

有一次，宋太宗在北园设宴，请众臣一起饮酒作乐，其中包括殿前都虞侯孔守正和左骁卫大将军王荣。席间，孔守正喝得酩酊大醉之时，便和王荣争论起征战边关的功劳来。二人越争越激动，越争越气愤，竟然将宋太宗晾在一边。侍臣实在看不下去，就奏请宋太宗将两人抓起来，送到吏部去治罪。宋太宗平静地笑了笑，不但没有同意，而且吩咐人把他们照顾好，分别送回家去。

第二天，孔守正和王荣酒醒之后，深为昨天的鲁莽行而后怕。于是，他们一起赶到金銮殿向皇上请罪。出乎意料的是，宋太宗对昨天两人的行为表现出一副全然不知的样子，说："朕也喝醉了，实在记不得发生过什么事。"他们走后，侍臣不解地问宋太宗："您明明没喝醉，为什么说自己也喝醉了呢？"宋太宗说："编个喝醉了的理由，对他们的冒犯不加追究，既没有丢失朝廷的面子，又能让两位大臣警觉自己的言行，能达到惩前毖后的作用也就够了。"

唐代宗与宋太宗这两件宽以待人的小事，对当今的管理者来说，有其难能可贵的借鉴作用。

宽容大度是管理者健康心理的重要表现，这种品质反映在管理者身上，就像齿轮之间的润滑剂一样，使齿轮减少摩擦，而宽容就是人与人之间的润滑剂，把人与人之间摩擦减少，增强管理者与被管理者之间的团结，提高群体相容水平。

在日常管理工作中，一个企业管理者往往都要想"大事"，做"难事"。同时，也面临着各种各样的困难和压力，需要妥善处理各种各样错综复杂的关系；工作上千头万绪，有时还会遇到团队其他成员以及下属的不同意见，凡此种种，都要求管理者要有宽阔的胸怀，要"能容天下难容之事"，能化干戈为玉帛、化腐朽为神奇、化不利为有利，只有这样，管理者才能真正成就大事，办成难事。

约翰是一个室内装潢工厂的老板。有一次，生产线上有一个工人喝得酩酊大醉后来上班，吐得到处都是。厂里立刻发生了骚动：一个工人跑过去拿走他的酒瓶，领班又接着把他护送出去。

约翰在外面看到这个人昏昏沉沉地靠墙坐着，便把他扶进自己的汽车送他回家。他妻子吓坏了，约翰再三向她表示什么事都没有。"不！卡尔不知道，"她说，"老板不许工人在工作时喝醉酒。卡尔要失业了，你看我们怎么办？"约翰当时告诉她："我就是老板，卡尔不会失业的。"

回到工厂，约翰就对卡尔那一组的工人说："今天在这里发生的不愉快，你们要统统忘掉。卡尔明天回来，请你们好好对待他。长期以来他一直是个好工人，我们最好再给他一次机会！"

卡尔第二天果真上班了。他酗酒的坏习惯也从此改过来了。约翰的宽容使卡尔很感动，他一直记在心上。

一年后，地区性工会总部派人到约翰的工厂协商有关本地的各种合同时，居然提出一些令人惊讶、很不切实际的要求。这时，沉默寡言，脾气温和的卡尔立刻领头号召大家反对。他开始努力奔走，并提醒所有的同事说："我们从约翰先生那里获得的待遇向来很公平，用不着那些外来'和尚'告诉我们应该怎么做。"就这样，他们把那些外来的"和尚"打发走了，并且仍像往常一样和气地签订了合同。约翰用宽容赢得了工人的拥戴，取得了事业的成功。

宽容是一种仁爱的光芒、无上的福分，是对别人的释怀，也即是对自己善待。宽容是一种生存的智慧、生活的艺术，是看透了社会人生以后所获得的那份从容、自信和超然。但似乎只有卓越管理者才具备这样的智慧。

"海纳百川、有容乃大"。作为一个企业管理者，容人——是取得事业成功的重要条件。哲人说："心有多大，路就有多宽。"管理者只有宽以待人，容天下难容之人、难容之事，才能彰显其宽宏的气度。放眼古今中外，凡是有所作为的优秀管理者，莫不具有宽阔的胸襟与宏大的器量。正是有了这种良好的品质，才能广聚人才创造业绩。

懂得与团队成员分享利益

古语有云：与君同行，分之即得之！意思是说和别人在一起，如果你愿意和身边的人分享你的东西，那么得到的一定比失去的多。一个人要成就大事业需要争取尽可能多的人合作，而按现代经营理念，利益一致才有真诚的合作。美国 500 强之一、世界零售企业巨头沃尔玛有条成功的经验："和你的同事们分享利益，把他们当成合作伙伴看待。反过来他们也会将你当成他们的合伙人，大家齐心合作的效益将大大出乎你的意料。"因此，管理者必须把利益问题放在重要位置。

一位销售主管这个月的销售业绩突出，他所在部门的业务员销售总额超出了同级部门的两倍还多，按照公司规定，这个主管可以按业绩提成，得到一笔可观的奖金。老板很是为有这样一位得力助手而高兴，同时也暗自庆幸自己以前没有看错人。于是，老板决定在公司开个例会，并把他推为大家的榜样，以此激励其他员工，还特意安排了这位主管当众发表感言。

这位主管在他的感言中把自己的业绩归功于自己调配人员的技巧、处理大订单的果断和自己如何辛苦的加班等等。虽然说他说的这些也确实属实，他的确是这样做的，但他唯一犯的错误就是自始至终都没有提及一句自己感激老板和感谢同事、下属之类的话。

会后，下属和同事们开玩笑要他请客庆祝，他却毫无客气地说："我得奖金，你们用得着这么开心吗？下次我会拿更多，到时再说吧！"可是等到下个月，这位主管不仅没能再拿到奖金，甚至还因为没能完成销售任务而被扣掉了当月奖金。更奇怪的是，他的下属越来越懒散，就连老板似乎也对他冷淡了许多。

这样一个工作勤恳的人最终却不能成为受欢迎人，究竟是什么原因造成的呢？很明显，就是因为他不懂得与人分享。

俗话说，有福同享，有难同担。当你在工作和事业上取得成绩，小有成就时，这当然是值得庆祝的一件事情，你也应当为自己高兴。但是有一点应该注意，如果赢得这一点成绩是大家集体的功劳，或者离不开他人的帮助，那你千万别把功劳据为己有，否则他人会觉得你好大喜功，抢占了他人的功劳。

然而在荣誉到来之时，有些管理者常常利用自己的领导地位挺身而出，当仁不让，似乎这样才能表现出自己的高大形象，才能说明自己的成功。殊不知，一个管理者是否真正成功，得看他手下的人是不是成功了，只有下属成功了，才表明管理者也成功了。管理者应该记住：不要既想当裁判，又想当进球的那个人。管理者如果心中只为私利，私自窃取下属的功劳，下属自然不会为你卖命效力。老子所谓："长而不宰，为而不恃，功成弗居。"这就是劝诫管理者要能容人，共享繁荣。然而，最难做到的是对下属让功，或公开表扬下属的才华功劳。管理者如果有这样高的涵养，下属自会感恩图报。这是最高境界的管理方法。

一个团队目标的达成，需要所有参与者的共同努力，同时在目标的设定和达成的过程中进行沟通和对话。只有愿意分享，敢于分享，学会分享，才能打造共赢的结果。分享不仅是一种修养，更是一种共同成功的快捷模式。

当团队取得进步或阶段性的成功时，管理者应及时给予团队成员积极的反馈与回报，与成员一起分享工作的成果，与成员一起总结和提高，以扩大成功给团队带来的正面影响，提高成员士气，激发成员潜力，鼓励成员持续追求进步。

当周枫成功地完成婷美"惊险的一跳"后，当初坚定不移地跟随着他的员工现在可享福了。不但是这些员工，现在婷美所有的员工都在分享着周枫和婷美的成功。如今在周枫的公司里，120多名员工光小汽车就有96辆。这些小汽车都是公司作为奖励送给员工的。周枫规定，凡在公司工作满3年的员工，就送给小汽车一辆、百平米住房一套。现在周枫又买了28套"部长级"住房，每套150平方米。周枫规定，在公司工作满5年以上的员工，可以得到这些住房。

周枫这样解释自己的成功：我觉得我成功的因素里面有这样一条，就是我能够做到与人分享。周枫当然也有他的"小九九"。他说，我现在研究很多案例，比如三株、太阳神等企业是怎么成的，怎么倒的。他们成功以后员工和主要干部都是什么样的福利待遇。我们中国有个现象，就是一个新兴的行业一旦做火了以后，紧接着就会分岔。好像只要做了一个给老板个人带来暴富机会的产品，之后这个企业很快就会销声匿迹，这是一个值得我们关注的现象。比如说一个口服液，做火了以后，紧接着就会出现很多很多同样的口服液，你想一想，做这些口服液的人都是从哪儿来的呢？都是从原来的公司里派生出来的。这里面有高薪挖墙脚的原因，更多是老板自身的原因。老板挣钱了，副总们会想，老板挣了，看看我自己的钱，还是没有涨多少。那好，我宁愿不拿你这5000多块钱的月工资了，我也不出去给别人干，因为给别人干，我可能还是拿那点工资。我自己办一个公司。几个人单独拉出去也做这个，因为别的不会做，我就仿照你来做。一旦做成了，我也就成了百万富翁了。所以这样不断地派生，今天果茶大战，明天保暖内衣大战，还有各种的保健品大战，基本上都是这样，但是你看我做的生意，基本上后面没有跟进的人跟着搅和。婷美为什么能够一花独秀？原因在于我们有一支凝聚力特别强的队伍。对公司员工来说，如果这个企业事业发展了，他还拿他那几千块钱月薪的话，他是会有想法的。但如果他一年可以拿个30万元、40万元的话，他就会考虑，自己现在出去做老板，冒那个风险，还不如在这儿做。这种比较经济学，决定了你一下就把他5年的时间拴死了，以后你只要巩固住，甭说5年，有两年你的品牌就出来了。别人再跟你做同样的东西竞争，你靠品牌已经压死了他。所以说，一个企业家要懂得与他人分享，真心分享，公平分配利益。这样做了以后，你这种坦诚，一个窝头大家掰着吃的那种诚恳，会产生很强的凝聚力。其实这样做，同时也保护了自己，比如分出岔以后，你就要用更大的广告量去抵消对方的竞争。现在像我这样，每年的广告量就减下来不少，无形中还是保护了你自己的利益。

蒙牛乳业集团的创始人牛根生有句很著名的话："财聚人散，财散人聚。"当你散一散自己的钱财时，大家会更愿意跟着你做事，即使当你不如意时，如果你之前一直坚持分享的心态，你的团队也不会离开你，因为他们相信，只要你有吃的，你就会分给他们一口。这些看似简单的道理，很多的管理者却不一定能做到。所以，管理者一定要拥有分享的心态。只有学会了分享和分担，才能够获得大家的理解和支持，才能够增强自己的竞争力。

尊重下属，你才会赢得下属的尊重

任何人都有自尊和被人尊重的需要。哲学家威廉·詹姆士说过："潜藏在人们内心深处的最深层次的动力，是想被人承认、想受人尊重的欲望。"渴望受人喜爱、受人尊敬、受人崇拜，这是人类天生的本性。如果你不能满足他人的这种最基本、最简单的需要，那么他人肯定不愿意与你相处。一句古语说得好："君子敬而无失，与人恭而有礼。"只有尊敬别人才能换来别人对你的尊敬，只有互相尊敬才能互相受益。

尊重下属是管理者的基本素质。早在 20 世纪 30 年代，芝加哥西部的一家电器公司就得出结论：下属不单是靠工资来调动积极性的经济人，而且是有获得别人尊重、友谊需要的社会人。这就表明要管理好下属，首先必须充分尊重他们。美国著名的管理学家托马斯·彼得斯也曾大声疾呼：你怎么能一边歧视和贬低下属，一边又期待他们去关心质量和不断提高产品品质！

刘锡明是一家外贸出口公司的采购经理，在工作上颇有成就，深得公司领导层的赏识。他对下属要求很高，管理严格，他能从一个中专学历的毕业生爬到现在这个位子多半也是因为如此。因此，他便期望他的下属也能像他一样，一心扑在公司的事务上，为公司鞠躬尽瘁。

他要求他的下属在上班时间不得擅自离岗，不得做与工作无关的事情，不得闲聊，不得接打私人电话，所有的时间都得在工作。他总是想方设法把下属的时间占有，认为只有下属多做工作才能多出成绩。在他的管理下，下属们总有做不完的工作，即便有些工作没有任何意义。他还要求下属养成"早到晚退"的习惯，让下属每天陪自己加班一个小时，即使下属无事可做，也要陪伴在身边。

假如下属没有养成这种习惯，那么加薪晋职的机会就比较少，而且可能被他策略性地冷藏，再无出头之日，要么就是莫名其妙接到调职或解雇的通知。另外，他也将下属的节假日进行了重新规划，以适合他工作的需要。有时下属若将午休的时间全部用来休息，也会引起刘锡明的不满。

他的举措显然引起了下属的怨言，他们抱怨自己完全没有私人的空间，随时都被经理管制和监督，好像自己是被卖给了公司，他们的自由受到了严重的限制，他们快要疯掉了。

刘锡明的属下被尊重的需求明显没有得到满足，刘锡明的工作也因此陷入了被动，士气低落，效率下降，人员流失，管理混乱等问题接踵而来。

刘锡明的例子可能是个极端的典型，但是在我们的生活当中，类似刘锡明的经理不少见。一位企业家曾经讲过一句话："管理控制确实需要条条框框，但第一条规定应是尊重下属，如果把第一条规定做好了，一切就好办了。"换句话说，管理者要管好下属，就必须尊重下属，懂得尊重下属是管理者的一种重要素质。在工作中，管理者不能只靠行政命令强制执行，要努力了解下属的心理需求并学会尊重他人感情，选择下属普遍接受和认可的方式赢得大家的支持。管理者只有真正做到尊重自己的下属，下属才会在自己的岗位上发挥出最大的潜能。

在当今高科技、高效率的知识经济时代，作为企业的管理者，我们都知道自己的主要工作就是如何把自己的下属培养成像自己一样具有较强的工作能力，让你的下属能够独当一面，让自己有更多时间处理那些重要工作，可是如果你不尊重你的下属，处理不好这种关系，不但不能给你排忧解难，往往还会经常出状况，让你束手无策。

"尊重"给组织带来的好处是多方面的：下属之所以愿意在组织工作，看的并非只是收入，更重要的是工作氛围，特别是对于高素质人才，更需要创造一种相互理解、轻松和谐的气氛，而管理者就是这个气氛的缔造者。只有这样，下属才会尽力，才愿与管理者及同事达成良好的合作关系，从而形成有效的工作团队。

贝尔实验室之所以声名远扬，硕果累累，是因为贝尔实验室十分注重人们的创新精神。在短短的几十年中，这里创造出了许多变革电信世界的发明，先后有11位科学家在这里获得了诺贝尔奖，还有9位科学家获得过美国国家科学奖，7位科学家获得国家技术奖章，有12人获得日本计算机与通信奖。

不容置疑，这里成了科学领域的权威。所有这些卓越成绩的取得，都离不开科学家的创新精神。许多人都会不解地问："这种创新精神的原动力是什么呢？"

答案很简单：尊重。

贝尔实验室对科学家们的尊重体现在以下几个方面。

首先，宽松的研究环境有助于科学家的工作。由于这里科研经费充足，实验室并不要求科学家们的研究成果立即投放市场，以实现它们的价值。其总裁艾闰博士认为，成功应该是多样的，市场的成功可以称为成功，而对于一些有价值的研究，即使未能形成产品，也是非常了不起的成功。

其次，贝尔实验室十分重视个人的兴趣，艾闰博士说："在贝尔实验室，个人的特长、兴趣与研究方向都得到了鼓励与尊重，科学家不会被强迫做某一项，他们可以自行选择有研究价值的课题。"

再次，贝尔实验室"散而不乱"，这里的科学家十分注重团队精神。艾闰博士说："当你不能给予每一位科学家以充分的尊重时，他们必然不能回报实验室以积极的热情。"创新是一项团队活动，必须要讲究团队协作。

艾闰博士同时指出，贝尔实验室是永远也不会变的，尊重科学家与尊重科学同样重要。

尊重下属是人性化管理的必然要求，只有下属受到了尊重，他们才会真正感到被重视，被激励，做事情才会真正发自内心，才愿意和管理者打成一片，站到管理者的立场，主动与管理者沟通想法探讨工作，完成各项任务，甘心情愿为工作团队的荣誉付出。

尊重下属，这是每一个管理者的基本品格。人与人之间是需要相互尊重的，尊重下属，不是我们在委曲求全，而是我们在寻找一个能更好地完成工作任务的方法。如果我们能尊重下属，不仅工作可以顺利完成，而且还会获得下属对我们更多的尊重。

第七课

有效地解决矛盾，复杂问题简单处理

　　企业内部存在着各种矛盾，如果企业的经营管理者不能及时、合理地处理这些矛盾时，就可能使矛盾火上加油，不仅未能缓和矛盾，还使矛盾更加激化，甚至导致激烈的动荡。所以，只有正确地认识和处理企业内部的各种矛盾，使复杂的问题简单化，才能化对抗为合作、化冲突为和谐、化阻碍为动力，从而推动企业持续、稳定、健康、快速地发展。

根除组织内部的消极冲突

　　管理工作是一项天天与人打交道的工作，这就要求管理者要有协调能力，善于处理各种矛盾，协调各种关系。一个单位，一个部门，是由各种各样的人组成的，在工作中难免地会产生这样那样的矛盾和冲突。能否妥善处理好这些矛盾和冲突是衡量一个企业管理者基本功的重要标尺之一，也是对企业管理者工作艺术的检验。

　　这天一大早，张经理刚走到办公室，就听到了一个他极不愿意听到的消息，下属小张和小王在办公室因为琐事，控制不住自己的情绪，两人大打出手。当下属小李将这个消息告诉他时，张经理心里的怒火"腾"的一下就烧起来了。

　　张经理狠狠地拍了一下自己的办公桌，然后快步走出公室，看见小张一副没解气的样子坐在办公桌前，而小王则像一只斗败的公鸡，耷拉着脑袋，地上十分脏乱，各种文件纸、书籍、文具等洒了一地，有两个好心的女同事正在收拾着残局，看来是场恶斗。

　　张经理声音冰冷："小王，你到我的办公室来一下。"说完，就回到了自己的办公室。等小王进办公室后，张经理在小王那里了解到小王的看法："小张欺人太甚了，他平时喜欢踩着别人往上爬也就算了，现在居然欺负到我的头上，经常为难我，每次都掌握着办公室重要的工作信息，我都没法好好拿到资料完成工作了。"张经理听完小王的哭诉，安慰了他一阵，将他请出了办公室，并且叫来了小张。

　　而小张的说法与小王完全不一样："你别看小王这个人平时老实，其实他是咱们办公室最喜欢背后下黑手的人了，我这是'替天行道'，教训教训他。"说着这话时，小张神情十分得意。张经理严厉地教育他："即使他有什么不对，你动手打人总是不对的，你必须向他道歉。"听说张经理让自己道歉，小张气鼓鼓地瞪着眼睛，吐出两个字："没门"，转身就离开了办公室。

这时候的小王还不依不饶，找到张经理说："如果小张今天不道歉，我一定要让咱们部门的人看一场好戏，大不了我不干了，我也要找到上级评评理去。"无论张经理怎么劝解，小王一句都听不进，无奈之下，张经理向小王承诺，一定会给他一个满意的答复，让他不要将事情闹大，避免上级知道后更麻烦。

此时的张经理非常苦恼，他无法说服这两个下属，其他下属又都抱着看热闹的心态，推测他会如何解决问题。他实在是不知道这个问题该怎么解决，到底怎么样做才能避免小张和小王之间的冲突大规模的升级。

张经理被下属之间的冲突弄得十分苦恼，他不知道该怎么做才能使之消弭于无形之中，假如他不能解决好这个问题，将面临更大的麻烦。

从这一案例中，我们可以看出，当下属之间出现严重矛盾时，会缠绕得管理者焦头烂额，一旦处理不好，还会把自己带进矛盾的漩涡之中。因此，及时有效地化解下属之间的冲突，是稳定队伍、增强凝聚力、构建和谐的重要保证。

面对下属之间的矛盾与冲突，作为管理者应该坦然视之，做好中间调和人，去化解下属之间的冲突。管理者如果能妥善处理这些矛盾，就会在下属中树起威信，与下属建立起和谐融洽的关系。

作为一名企业的管理者，我们常会遇到下属因为工作或者其他方面的问题而发生矛盾，轻者发生口角，重者会动用拳脚，甚至有的会给双方造成伤害。遇到下属之间发生矛盾，作为管理者，应该怎么处理这类问题呢？

1. 弄清楚事情的真相

下属之间的冲突许多是没有预兆的，是管理者意料之外的，当事件发生后，管理者往往是心中无数，如果贸然处理，很有可能产生偏差，把矛盾进一步恶化。因此，要在稳定住双方情绪的前提下，通过调查了解事件的真相，与双方当事人谈心沟通，弄清楚发生冲突的来龙去脉和根源，找到问题的关键，分清是非，然后才能有的放矢地做好深入细致的思想工作，化干戈为玉帛。

2. 保持中立的态度

管理者应该平等地对待所有的人，给他们同等程度的重视，这样才不会有人觉得受到了冷落，人们也就没有理由认为，你是站在了"其他人"的一边。这一点能够极大地帮助你把自己的立场清楚明了的传达给对立的双方。所以，管理者必须注意在解决矛盾时要置身事外。

3. 向对立双方阐明你的看法

有的时候，来自上级的命令是最能奏效的办法。管理者应该和争斗的双方一起坐下来，向他们解释，他们的意见不合或冲突会给整个部门或企业的工作带来了什么样的影响，告诉他们，很多人已经对目前的状况表示十分的气愤。

4. 给下属更多的交流机会

沟通不良是造成冲突的主要原因之一。做同一件事，也许大家的出发点都相同，可是仅仅因为做事风格不一样，就导致了误会的产生。在这个时候如果采用激烈的办法，批评、责备，就会使下属产生抵触情绪。加强下属之间的沟通，让他们在心平气和或者愉快的气氛中说出自己的意见，诉说的人就更容易站在对方的角度考虑问题，而听者也更容易接受说者的观点。这就需要管理者多为下属提供交流的机会，比如举办小型联欢会、集体庆祝生日等活动。良好的沟通方法可以有效地传达信息给对方，是双向的互动过程。我们有与他人分享思想与情感的需要，我们需要被了解，也需要了解别人。有效的沟通使人与人之间能够舒畅地互相表达情怀与有意义的信息。而且在与人沟通时也要有虚心接受他人意见的气度。

巧施手段，掌控好不同类型的下属

俗话说："尺有所短，寸有所长。"人有所长，也有所短，其中性格因素起着很重要的作用。

所谓性格是指人对客观现实的稳固态度以及与之相适应的惯常的行为方式中表现出的个性心理特征。性格是一个人个性的核心，它直接影响到人的行为方式，进而影响到人际关系及工作效率。因此，在管理过程中，管理者根据人的不同性格采用不同的管理方式是提高管理水平的重要手段。

班尼百货公司是美国第三大百货连锁公司，它创建于1903年。创办人詹姆士·凯需·班尼来自宗教气息极为浓厚的家庭，因而他的经营哲学即是与宗教息息相关的"黄金律"：我们要别人怎么对待我们，自己也要怎么对待别人。根据这一个原则，班尼在管理生活当中，确定了一个非常重要的有原则，就是对待不同的员工，要有不同的方法。班尼说，在这个世界上，每一个人都是与众不同的，每一个人都是独一无二的。所以，我们不能够按照统一划齐的标准来对待所有的员工。毕竟，每一个人都有自己的个性，都有自己独特的一面。

班尼举了个例子说：曾经有两个员工，在最开始表现都不是很好。班尼知道这两个人个性不一样。于是，班尼就分别把这两个人叫到办公室来，一个采取严厉批评的办法，狠狠地数落他；而对于另一个员工则不断地鼓励，发现一点好的进步都给予表扬。班尼说，虽然我采取的手法不一样，但是最后所达到的目的却是一样的，那就是让两个员工都变得努力，工作越来越上进。这是因为，两个员工的性格不一样，所以我才会针对不同的人，采取不同的方法。

　　班尼百货公司的管理方法无疑为我们提供了榜样。俗话说，"人心不同，各如其面"，人与人之间性格差异很大。针对各色各样的下属性格，管理者要学会采取不同的领导方式，既要做到刚正不阿，又要善于曲径通幽。

　　1. 对待高傲型下属。对于这种清高自傲、目中无人的下属，可以冷静地和他交谈，就事论事地批评，不要搬其他下属的"状词"来刺激他，以免产生激烈的争执，让交谈无果而终。当然，这种下属"悔改"的进度会很慢，先礼后兵的做法是值得赞赏的。

　　2. 特立独行型下属。这种下属通见于在一些创作部门。这类人多数对自己的工作能力十分满意，并恃才傲物。任何人也难以令他们改变。

　　像这种有才华但绝不妥协的下属，最令管理者头痛，对他们又爱又恨。假如他的才能直接影响到公司的生意，那便只好顺应他的个性发展出另一套适合他的管理方式。或向不习惯的客户解释他的特殊情况。不过，如该下属不是从事创造性工作，而是从事生产或维修部门工作的话，则绝不可以采取放任态度，因他会严重影响到公司的运作，并引起其他下属的不满。

　　3. 对待喜欢阿谀奉承的下属。在许多公司里，常可见到溜须拍马、阿谀奉承者，他们经常称赞管理者，且附和管理者所说的每一句话。

　　对待这种下属，在与他们沟通时，无须太严肃地拒绝他们的奉承，也不要任由他们随意夸张。当他们向你卖弄奉承的本领时，你可以淡淡地回应："别夸张了"。倘若他们再三附和你的计划时，你可以说："你最好给自己留一点时间，考虑新的计划和建议，下次开会每个人都要谈自己的意见"。如此一来，他们便不敢也不好意思再做"应声虫"了。

4. 对自尊心强的下属。有的下属自尊心特强，性格敏感，多虑，这样的人特别在乎别人对他的评价，尤其是管理者的评价。有时候哪怕是你的一句玩笑，都会让他觉得你对他不满意了，因而会导致焦虑，忧心忡忡，情绪低落。

遇到这样的下属，你要多给予理解，尊重他敏感的自尊心，讲话要谨慎一点，不要当众指责、批评他，因为这样的下属的心理承受能力差。同时也要注意不要当他的面说别的下属的毛病，这样他会怀疑你是不是也在背后挑他的毛病。要对他的才干和长处表示欣赏，逐渐弱化他的防御心理。

5. 感情脆弱型下属。假如你的行业是要面对很大压力的，而偏偏有易受伤的下属，当他跟不上大队的进度，或犯错时，你应怎样处理？

首先，在措辞上力求小心。尽量少以个人立场发言，以免他有被针刺的错觉，多强调"我们"和"公司"。小心不要伤害到对方的自尊心，把握机会称赞他在工作上的其他表现和肯定他对公司的贡献。对于易受伤型的下属，你必须以鼓励代替责骂。并向他解释，执行不了公司的决策而出现差错，和个人能力不一定有关。

6. 对待有怀才不遇心态的下属。这类下属常为自己的才华不能受到重视而终日叹息，缺乏工作热情和积极性。管理者要经常认可他们的工作，不管他们是做得不好、一般、好，都得给于鼓励和评价，激励他们感到自信，对工作充满信心，这样一来，下属对待工作的热情就会高涨，对企业或公司的业绩有很大的好处！

7. 对待以自我为中心的下属。有的下属总是以自我为中心，不顾全大局，经常会向你提出一些不合理的要求，什么事情都先为自己考虑。

有这样的下属，你就要尽量地把事情办得公平，把每个计划中每个人的责任与利益都向大家说清楚，让他知道他该做什么，做了这些能得到什么，他就不会再提出其他要求了。同时要满足其需求中的合理成分，让他知道，他应该得到的都已经给了他。而对他的不合理要求，要讲清不能满足的原因，同时对他晓之以理，暗示他不要贪小利而失大义。还可以在条件允许的情况下，做到仁至义尽，让他觉得你已经很够意思了。

8. 对待喜欢唠叨的下属。有些下属，无论大事小事都喜欢向上司请示、汇报，唠唠叨叨，说话抓不住主题。这种下属往往心态不稳定，遇事慌成一团，大事小事统统请示，还唠唠叨叨，讲究特别多。

跟这样的下属交往，交代工作任务时要说得一清二楚，然后就叫他自己去处理，给他相应的权力，同时也给他施加一定的压力，试着改变他的依赖心理。在他唠叨时，轻易不要表态，这样会让他感觉到他的唠叨既得不到支持也得不到反对，久而久之，他也就不会再唠叨了。

总而言之，作为一个管理者，你不仅仅是一个管理者，还应是一个心理学家，能够洞察下属的行为，意识下属的心理，一旦他们出现问题，就可以采取相应的措施，对症下药。

疏导下属的抱怨，防止抱怨蔓延

任何企业在生存、发展、壮大的过程中，不可避免地会出现一些下属对管理者心生不满或有所抱怨的现象。作为一名管理者，在此种情况发生之时，若忽视下属的抱怨，只会让抱怨蔓延且使问题扩大化，最后演变为不可收拾的局面。

李欣是某公司的一位职工，在那里工作已经有3年的时间了。第一年的时候，由于运气不佳，没能赶上调薪的好机会。原本以为第二年能够加薪，可是公司只给那些升了职的员工涨了工资，其余的人还是维持原状。

于是，她又把所有的希望都放在第三年，可是老天爷似乎偏偏在与她作对，第三年公司的业绩出现了下滑，利润大大缩水，公司明确指出本年任何人都不能加薪。听到这个消息，李欣心里特别不平衡：明明做的是同样的工作，可自己的薪水却没有别人的多，已经工作了3年，没有功劳也有苦劳吧？为此，她总是在自己的上司面前有意无意地发发牢骚：只知道让牛拉车，却不想给牛添草。有一次，她甚至当着主管的面直接说道："这些活儿让那些薪水多的人做吧。"

李欣的主管是比较理解她的，其实主管自己也是一肚子的委屈，她的工资在去年虽然长了一些，可是今年由于业绩不好，公司所有的主管工资又下调了5个百分点。要不是觉得自己是个主管，不应该和下属一起说公司的不是，恐怕她早就和李欣成为知音了。再说，公司最近常常加班，普通员工加班还可以调休，可是主管加班却完全是义务，老板从来没说过一句感谢的话。想到这里，主管对于李欣的不满稍稍减了一些，她明白员工有怨气也是可以理解的，于是便耐心地跟李欣讲公司的情况，还拿自己和她做比较。听了主管的一番话，李欣的气消减了许多。

由此可见，如果管理者能够通过恰当的方式消除下属的抱怨，在发现问题的时候能够及时"疏导"，就能够及时安抚下属的消极情绪。反之，如果不及时解决，就会严重地影响其工作的积极性和进取心，从而消极怠工，或与管理者产生对立情绪，对管理者的工作不支持，对管理者的指示不服从，甚至与管理者对着干。因此，对于管理者来说，应该直视下属的抱怨，对其关注加以解决，倾听下属的心声。

俗话说：一人难满百人意。管理者在管理活动中，即使做得再好，也会有一些下属不满意，也往往被抱怨这、被埋怨那。面对下属的抱怨，管理者应该如何对待？

1. 了解抱怨的原因

任何抱怨都有他的起因，除了从抱怨者口中了解事件的原委以外，管理者还应该听听其他下属的意见。如果是因为同事关系或部门关系之间产生的抱怨，一定要认真听取当事人的意见，不要偏袒任何一方。在事情没有完全了解清楚之前，管理者不应该发表任何言论，过早的表态，只会使事情变得更糟。

2. 不要忽视下属的抱怨

有些管理者认为，下属的抱怨只要不加理睬，就会自行消失。还有些管理者认为，只要对下属奉承几句，他就会忘掉不满。其实并非如此。没有得到解决的不满将在下属心中不断发热，直至沸点。虽然刚开始可能只是某个下属在抱怨，但很快的可能越来越多的下属都在产生抱怨。这种现象并不奇怪，因为抱怨者在抱怨时需要听众（其他下属），并且要争取听众的认同，所以他会不自觉地夸大事件严重性和范围，并且会尽力与听众的利益取得联系（为了获得认同）。在这种鼓噪下，自然会有越来越多的下属偏听偏信，最终加入抱怨的行列。这也就是管理者遇到麻烦的时候——忽视小问题，结果让它恶化成大问题。所以，管理者不应该把下属们的抱怨当作小事一桩，也不应该把其中的一些抱怨当作幼稚和愚蠢而忽视掉。这些抱怨对管理者来说或许不成问题，但对下属们却甚为重要，因而不可掉以轻心，漠然视之。

3. 让下属畅所欲言

作为管理者，不能只是允许下属去歌颂企业，而不允许下属提出一些批评和建议。每个管理者都希望在批评下属的时候，不管对错都先接受；同样的，作为管理者，面对下属的抱怨或批评更应该坦然接受。给他们发言权，那是对下属的一种尊重。千万不要一棒子把下属的抱怨打死，不给他们发言的机会。

4. 认真倾听下属的抱怨

下属最普遍的抱怨形式就是唠唠叨叨，把自己的一肚子不满倾倒出来，对此，作为管理者绝不能装作听不见。相反，你一定要做下属的听众。一旦听到下属的抱怨，管理者应放下架子，立即深入到下属之中，谦虚真诚、满腔热情地与下属打成一片，认真地听取下属的意见，深入地进行调查研究，搞清是哪些下属在抱怨、抱怨什么，主动把握有关方面的情况。只要能让下属在你的面前抱怨，你就可以获得他的信任。如果下属的抱怨确实是合理的，请作出承诺并尽快履行；如果抱怨是不合理的，一定要对他们进行批评教育。

5. 一对一的讨论

发现下属在抱怨时，你可找一个单独的环境，与发牢骚的下属一对一的面谈，让他无所顾忌地进行抱怨，你所做的就是认真倾听。只要你能让他在你面前抱怨，你的工作就成功了一半，因为你已经获得了他的信任。

6. 鼓励下属合情合理的抱怨

下属的抱怨一般都是对管理工作的不满。管理工作不可能没有一点问题，只有在出现问题时不断地改进，才有可能不断地进步。企业要发展，管理工作要进步，如果听到的都是正面的东西，没有一点点负面的东西，才是真正的有问题。下属对企业有抱怨证明下属还是在乎企业的，有就让他们说出来，最怕的是下属有抱怨也不说。

化敌为友，善于驾驭反对者

在企业中，很多管理者都会有自己的反对者，这是不可回避的事实。但在这一共同事实面前，则因管理者个体素质、所持态度、处理问题方法的不同而效果就不一样。有的面对反对者恼羞成怒，视为眼中钉，有的无可奈何、束手无策、听之任之，有的则是虚怀若谷统帅有方、驾驭有余，这其中大有学问。聪明的管理者都会驾驭反对者，变反对者为支持者，化消极因素为有利因素，让反对者忠心耿耿为自己服务。

有一天，IBM 的总裁小沃森正在办公室里，一位中年人闯了进来，并大声嚷道：

"我什么盼头都没有了！干着一份闲差，有什么意思？我不干了！"

这个人就是伯肯斯托克，IBM 公司未来需求部的负责人，刚刚去世的公司第二把手柯克是他的好朋友。

柯克和小沃森是老对头，这在 IBM 上上下下都是知道的，柯克一死，所有人都认为伯肯斯托克在劫难逃。伯肯斯托克本人也这么认为，因此他破罐破摔，心想与其被小沃森赶跑，不如自己先辞职，这样还能够走得体面些。

小沃森和老沃森一样，是个以脾气暴躁而闻名的人，一个部门经理无礼闯入，还扬言不干了，按常人看来，小沃森一定会拍案而起，立即叫伯肯斯托克滚蛋。

令人意外的是，小沃森丝毫没有发火，反倒笑脸相迎。

小沃森不愧是用人的专家，他知道什么时候该发火，什么时候千万不能发火。对伯肯斯托克就属于后一种情形。他知道，伯肯斯托克是一个难得的人才，比刚去世的柯克还要胜过一筹，留下他对公司有百利而无一害，虽然，他是柯克的下属，是柯克的好友，并且性格桀骜不驯。

小沃森对伯肯斯托克说："如果你真的有本事，不仅在柯克手下能够成功，在我和我父亲手下也照样能够成功。如果你认为我对你不公平，你可以走人，如果不是这样，那你就应该留下来，因为这里需要你，这里有你发展的机遇。"

伯肯斯托克扪心自问，觉得小沃森没有对他不公平的地方，并没有别人想象的那样柯克一死就收拾他。

伯肯斯托克留了下来。

事实证明，小沃森留下伯肯斯托克是极其正确的。在促使 IBM 从事计算机业务方面，小沃森曾受到公司高层的极力反对，响应他的人很少，而伯肯斯托克却全力支持他，正是由于小沃森和伯肯斯托克携手努力，才使 IBM 渡过难关走向辉煌。小沃森后来在回忆录中说："挽留伯肯斯托克，是我最出色的行动之一。"

小沃森不仅留下和重用伯肯斯托克，在他执掌 IBM 帅印期间，他还提拔了一大批他不喜欢、但是具有真才实学的人。他后来回忆说："我总是毫不犹豫地提拔我不喜欢的人。那些讨人喜欢的人，可以成为与你一道外出垂钓的好友，但在管理中却帮不了你的忙，甚至给你设下陷阱；相反，那些爱挑毛病、语言尖刻、几乎令人生厌的人，却精明能干，在工作上对你推心置腹，能够实实在在地帮助你，如果你把这样的人安排在自己身边，经常听取他们的意见，对你是十分有利的。"

能否容纳和驾驭反对者，这展示了管理者的宽容品质，以及进行战略性思考和行动的能力。作为管理者不但要善于团结志同道合的人，而且要善于团结与自己意见相左的人，特别是反对自己的人。要受得住委屈，经得起"误会"，对相互间的纠葛和矛盾要善于淡化，善于遗忘，切不可以牙还牙，以怨报怨，要时刻以事业为重，以大局为重，有"度尽劫波兄弟在，相逢一笑泯恩仇"的雅量。

驾驭反对者，既需要雅量，更需要智慧。在具体实施的过程中，管理者要注意以下几点：

1. 弄清反对的原因，对症下药

反对者反对你的原因是多种多样的，只有弄清楚，方能对症下药。有的是思想认识问题，一时转不过弯来。对于反对者切不可操之过急，而应多做说服工作。实在相持不下，一时难以统一，不妨说一句：还是等实践来下结论吧。有的下属反对你是因为你的思想方法欠妥或主观武断，脱离实际；或处事不公，失之偏颇。对于这种反对者最好的处理方法就是从善如流，在以后的行动中来自觉纠正。还有的反对者则是因为其个人目的未达到，或你坚持原则得罪过他。对于这种人，一方面要团结他，一方面要旗帜鲜明的指出他的问题，给予严肃的批评和教育，切不可拿原则作为交易，求得一时的安宁和和气。总之，管理者要冷静地分析反对者反对自己的原因，做到有的放矢，对症下药。

2. 为人处世要公正公平

这是一个正直、成熟的管理者的基本素质，也是取得下属拥护和爱戴的重要一条。反对者最担心也是最痛恨管理者挟嫌报复、处事不公。管理者必须懂得和了解反对者这一心理，对拥护和反对自己的人要一视同仁，切不可因亲而赏，因疏而罚，搞那套"顺我者昌，逆我者亡"的封建官场作风。只有这样，反对者才能消除积虑和成见，与你走到一条道上来。

3. 以心换心，真诚地关怀下属

下属总有自身难解决的问题，需要管理者去协调、去解决。作为管理者理应关心他们的疾苦，决不可袖手旁观，置之不理，尤其是主动帮助那些平常反对过自己的人（这是沟通思想的好机会）。只要符合条件、符合政策，就应毫不犹豫地帮助他们解决实际问题。哪怕一时没办到，但只要你尽了努力，他们也会铭记在心，备受感动。相信只要你付出真情，自然会得到回报，他们就会变反对为支持。那么你所领导的群体就一定会出现一个众志成城、生机勃勃的局面。

4. 善于纳谏，敢于承担过失

一个管理者必须具备虚怀若谷的胸怀，容纳诤言的雅量，要扪心自问，检讨自己的错误，并且在自己的反对者面前要勇于承认错误。这不但不会失去威信，反而会提高权威。对方会因为你的认错更加尊重你而与你合作。千万不可居高临下，压服别人，一味指责对方过错，从不承认自己不对。即使心里承认但口头上却拒不承认，怕失面子，这是不可取的，也是反对者最不能接受的。

5. 亲者从严，疏者从宽

一个群体内部有亲疏之分，管理者与下属之间也是如此，无论你承认与否，这是不可否认的一个客观存在。因为在一个单位中总有一部分人由于思想、性情、志趣与自己接近，容易产生共鸣，获得好感，赢得信任，这种亲近关系常会无意中流露出来。而那些经常反对你的人，在一般人看来是不讨上司喜欢的，无疑与上司的关系是"疏"的。一个管理者与下属之间的"亲疏"，是下属最为敏感的问题。如果一个管理者对亲近自己的恩爱有加、袒护包容，而对疏远者冷落淡漠，苛刻刁难，那么团体内部必然产生分裂，滋生派性。正确的方法应该是亲者从严，疏者从宽。也就是说对亲近者要求从严，而对疏远者则要宽容一点。这样可以使反对自己的人达到心理平衡，迅速消除彼此间的隔阂和对立情绪。

妥善处理好上下级之间的矛盾

在任何一个组织的管理活动中，皆大欢喜是不存在的，冲突与不满时常都会发生。作为一名管理者，在利益、思想、方法等方面，难免会与下属发生这样那样的矛盾。管理者与下属之间发生矛盾冲突，其原因可以说是多方面的，有其本身素质的缺陷，有思想和工作方法的不当，还有彼此双方交谈、协调、沟通不及时和在利益处理上的不公正等等。由于这些原因，可以说管理者与下属之间发生矛盾是不可避免的，问题在于怎样处理这些矛盾，才能收到更好的效果。

具体来讲，主要有以下一些方式方法：

1. 工作失利时，敢于主动承担责任

管理者决策失误是难免的，因决策失误而使工作不理想时，便须警惕，这是一个关键时刻。上、下级双方都要考虑到责任，都会自然产生一种推诿的心理。

把过错归于下属，或怀疑下属没有按决策办事，或指责下属的能力，极易失人心、失威信。

面对忐忑不安的下属，勇敢地站出来，自咎自责，紧张的气氛便会缓和。

如果是下属的过失，而你却责备自己指导不利，变批评指责为主动承担责任，更会令下属敬佩、信任、感激你。

2. 以大度化解矛盾

俗话说："宰相肚里能撑船。"如果下属做错了一些小事，不必斤斤计较。动辄责骂训斥，除了把你们之间的关系弄得很僵之外，根本无事无补。相反，要尽量宽待下属。管理者凡事让三分，可为自己今后的工作做好铺垫。

3. 允许下属尽情发泄

如果管理者工作有失误，或照顾不周，下属便会感到不公平、委屈、压抑。不能容忍时，他便要发泄心中的牢骚、怨气，甚至会直接地指责、攻击、责难你。面对这种局面，你最好这样想：

"他找到我，是信任、重视、寄希望于我的一种表示。"

"他已经很痛苦、很压抑了，用权威压制对方的怒火，无济于事，只会激化矛盾。"

"我的任务是让下属心情愉快地工作，如果发泄能令其心里感到舒畅，那就令其尽情发泄。"

"我没有好的解决办法，唯一能做的就是听其诉说。即使很难听，也要耐着性子听下去，这是一个极好的了解下属的机会。"

如果你这样想，并这样做了，你的下属便会日渐平静。第二天，也许他会为自己说的过头的话或当时偏激的态度而找你道歉。

4. 动之以情，晓之以理

不良冲突往往伴随着情绪上的对立，如果一个人和管理者有意见冲突，对管理者无好感，管理者就是搬出再多理论也很难说服他，因为情绪已影响了他的理智。一个人一旦有了自己明确的看法，他是很难被迫改变自己意见的。但如果管理者首先动之以情，缩短彼此间的距离，诚恳谦虚地诱导对方，就可以使他们改变主意。

在美国工运史上，管理者中较早懂得以诉诸感情的方式对待罢工者，是福特汽车公司的一个经理。当福特汽车公司 2500 名工人因要求加薪而罢工时，经理布莱克并不发怒、痛斥或威吓罢工者。事实上，他反而夸奖工人。他在克利夫兰各报纸上登了一段广告，庆贺他们"放下工具的和平方法"。看见工人纠察队没有事做，他买了很多棒球和球棒让工人们玩。

布莱克经理这种讲交情的态度，就是在感情上接近对方，使得对方愿意接纳自己。人是社会动物，都是讲感情的，那些罢工的工人借来了很多扫帚、铁锹、垃圾车，开始打扫工厂周围的废纸、火柴棍及雪茄烟头。在劳资对立的情况下，想一想为提高工资罢工的工人们却开始在工厂的周围做清扫，这种情形在美国劳工斗争史上是空前的。那次罢工在一周内获得圆满解决，双方都未产生恶感和怨恨。

5. 排除自己的嫉妒心理

人人都讨厌别人嫉妒自己，都知道嫉妒可怕，都想方设法要战胜对方的嫉妒。但唯有战胜自己的嫉妒才最艰巨，最痛苦。下属才能出众，气势压人，时常想出一套高明的主意，把你置于无能之辈的位置。你越排斥他，双方的矛盾就越尖锐，争斗可能导致两败俱伤。此时，只有战胜自己的嫉妒心理任用他、提拔他，任其发挥才能，才会化解矛盾，并给他人留下举贤任能的美名。

6. 该硬则硬，不能回避

对于不知好歹的人，必要时必须予以严厉的回击，否则不足以阻止其无休止的纠缠。和蔼不等于软弱，容忍不等于怯懦。聪明的管理者精通人际制胜的策略，知道一个有力量的人在关键时刻应为自己维持自尊。唯有弱者才没有敌人。凡是必要的争斗，都不能回避。在强硬的管理者面前，许多矛盾冲突都会迎刃而解。伟人的动怒与普通人发脾气的区别在于是否理智地运用它。

敢于拒绝下属的某些要求

作为团队或企业的管理者，要敢于说"不"，善于说"不"。因为，有的时候，下属的观点、行为并不正确，而他自己却因为某种原因觉察不到，这时管理者就应勇敢地说"不"。

管理者对下属说"不"尽管较为轻松容易，但是，如果一点都不顾及下属的感受，大多也不会赢得下属的尊敬，带来的只有嫉恨和离心背德。当自己的下属向你提出某种要求时，他心中通常也会有某些困扰或担忧，担心你会不会马上拒绝，担心你会不会给他脸色看。因此，在决定拒绝之前，管理者首先要注意倾听下属的诉说。这样既能让对方有被尊重的感觉，也能在你婉转地表明自己拒绝的立场时，避免他感到受到了伤害，或避免让人觉得你只是在应付。同时，管理者倾听后再拒绝，还可以针对下属的情况，建议他如何取得适当的解决方法，同样能赢得下属的感激。

因此，管理者对下属说"不"，在保持自己的工作原则时，又应保护下属的自尊心，激发下属工作的积极性。

让我们来看一些具体情况：

1. 下属要求调到另一部门

如果是一个可有可无的人请求调动，那就赶快批准，你还应该庆幸自己的运气。但要是老天安排最得力的下属要求调动，而且是在大忙时节，或在一时找不到人顶替的时候，千万不要断然拒绝，因为那样会使一个好下属消沉下去。

你应该跟他坐下来谈谈为什么要请调。你会发现促使他调动的原因可能与工作无关。可能是他与某位同事关系紧张，也可能是由于一些通过调整工作可以解决的问题，通过交谈才会发现问题在哪里。

如果谈话毫无结果，没有什么能使他改变调动的想法，你只有拒绝。但要尽可能减少给他造成的消极影响，尽量给他一线希望。比如可以说："现在不能调，过一两个月再看看有没有机会。"

这样做不仅为你赢得了考虑其他可能性的时间，而且在这段时间里，下属的想法也可能发生变化。不管怎样，对下属的调动要求表现出关心，有助于减轻拒绝对下属造成的伤害。

2. 下属要求加薪或升职

下属提出加薪请求是正常现象，作为管理者要认真对待，要认真考核下属的价值和薪酬，看是有有加薪的空间，还要考虑公司的具体经营情况，做出合理的决定。对于不合理的加薪请求要果断地拒绝，或是公司运营不正常情况下也可以拒绝员工的加薪请求，但是要注意方式和方法，避免矛盾。

　　王明是一家公司的销售主管。一天，下属小张向他提出要加薪。王明想了一会儿，说道："小张，我知道你从销售助理做起，时间已经不短了。你在业绩表中所做的工作总结，我觉得你提到的那几点都很重要。但是现在的情况是，我们离第一次薪金评估还有很长时间。所以我现在无法批准薪金评估报告。"

　　"另外，说实话，我觉得就你现在这份业绩表的内容来说，比较有说服力的数据还显得很不够。现在离年底的评估报告还有一段时间，你再加把劲儿，争取把你手上的那两个客户谈成。而且，我们公司最近设立的那个新项目，相信你肯定也能做出点业绩来的，你不妨尝试一下，这样，在年底评估的时候，你就可以有一份比较有说服力的报告给我，到那时，我一定会尽力为你争取加薪。"

　　在这个案例中，主管王明巧妙地为下属小张设定了一个比较实际而又有意义的工作目标，并机智、不着痕迹地回绝了他当前的加薪要求。清楚地表明，加薪要有"硬指标"，要有客观的工作成绩，而他目前的工作成绩还不足以享受这个薪资待遇。更重要的是，谈话将负面的拒绝转向为正面的激励——使加薪成为员工取得更高成就的动机。

　　在拒绝下属的加薪要求时不要一口否定，要讲策略、讲方法，避免矛盾冲突。遇到那些特别尽职尽力的下属请求加薪或升职时，要开口说"不行"实在是一件很为难的事。特别是有时下属的职位、薪酬早该变了，但预算紧缩，生意清淡，或其他因素使你无法对他们的勤力予以奖励，要说"不行"更是难上加难。这时，最好如实相告，说清楚为什么不能提职或加薪。要注意的是，当你给出下属解释前，一定要先听听下属的要求和想法。要知道，向自己的上司要求加薪并不容易，下属要鼓足勇气走到你面前更要花点时间。所以当下属向你提出要求时，你最好请下属坐下来，听他说说想加薪的理由，让自己了解下属的问题所在。这样也更有利于你从对方的角度看问题，从而有针对性、有说服力地阐明拒绝理由。

　　另外就是可以将加薪换成其他的奖励方式，具体奖励方式根据公司情况和个人需求而定。加薪与不加薪的区别在于：加薪能增强下属的工作积极性，而要达到这个目的，不一定仅靠加薪才能完成。如果打算拒绝给下属加薪，又不想打击下属的工作积极性，不妨尝试一下将加薪换成其他的奖励方式，不如为下属提供良好的发展空间，让下属在公司内部发挥更大的优势，在技术、经验上得到积累；或者提供难得的培训机会等。想必有上进心的下属都会觉得这样的安排是意外之喜，会欣然接受。而且，这样也能让下属觉得：工作除了是获得金钱之外，还会获得更多有价值的东西。这样不论是下属还是对公司，都是有好处的。

3. 下属要求改变上下班时间

照顾子女、交通问题以及其他事情常常给一些下属带来困难。能与下属配合，帮他们渡过暂时的困难当然好，但不一定总能行得通。

关键是怎么说"不行"。因为如果下属感到你对他的困难漠不关心，他就很可能另谋高就。

具体处理时要尽可能灵活，探讨各种可能的办法，这样即便不得不否决他的请求，你为此所做的努力也有助于消除下属的怨恨。

4. 下属请求迟上班或早下班

准许下属偶尔稍许迟到或早一点走，不是什么大不了的问题。重要的是一定要事先征得你的同意，不然，你迟早会发现下属自行其是确定上下班时间。

有时你准许某个下属提前下班，而有时候又不得不否决这类要求，这时一定要跟下属讲清楚原因，否则，他们会认为你办事没有原则或偏袒某些人。

5. 不能批准下属休假

有两种情况：要么是你的下属没有按照安排休假计划的规定办事，要么是这段时间已经安排给其他下属休假了。

要是前一种情况，就应该让下属知道他没有遵守适当程度。你应该这么对他说："很抱歉，我们打算在那个星期盘点存货，一个人手也不能缺。你知道，正因为这样我们才规定每年的一月安排休假计划。"

有时，下属的请假要求与别人预先计划好的休假有冲突。遇到这种情况，你要让他明白，批假的原则是"先申请先安排"，所以不能批准他的请求。不过，可以准许他与已安排休假的那个下属协商调换休假日期。

避免恶性竞争，引导良性竞争

在职场中，我们崇尚良性而充满善意的积极竞争，同事之间、对手之间的竞争应该在一个公平的环境中有序进行。竞争的至高境界是和谐，而不是损耗式的"互燃"。

有一家铸造厂，该厂的管理者经营了好几个工厂，但其中有一个工厂的效益并不是太好，从业人员也没有太大的干劲，不是缺席，就是迟到早退，交货总是延误，员工间也经常闹矛盾。该厂的产品质量低劣，消费者抱怨不迭。虽然这个管理者已经指责过该厂管理人员，也用过很多办法激发该厂的从业人员的士气，但始终都没有起到什么效果。

有一天，这个管理者发现，他交代给现场管理员办的事，一直没有解决，于是他就亲自出马了。这个工厂实行的是昼夜两班轮流制，他在下夜班的时候，拦住了一个工厂的从业人员，并问道："你们的铸造流程一天可以做几次？"作业员答道："六次！"管理者听完后什么也没说，只在地板上用粉笔写了一个"六"。紧接着，早班的工作人员进入工厂上班，他们在工厂门口看到了用粉笔写在地上的"六"字，随后他们竟然改变了

"六"的标准，做七次铸造流程，并在地板上重新写了一个"七"字；到了晚上，夜班的作业人员为了刷新纪录，做了十次铸造流程，而且在地面上写了一个"十"字。过了一个月，这个工厂变成了这个管理者所经营的几个工厂之中成绩最好的一个了。

这个管理者仅仅用了一支粉笔，就重整了工厂的士气。而员工们为何突然产生了士气呢？这是因为有了竞争对手。作业员做事一向都是拖拖拉拉、无精打采，可是在有了竞争对手之后，便激发了他们的士气。

在企业内部，人与人之间的竞争是不可避免的，同时也具有双面性，强有力的竞争，可以促使下属发挥高效能的作用，这样组织的活力就永远不会衰竭。但当竞争进入到恶性竞争阶段时，对企业的危害是极其严重的。所以，管理者要遏制下属之间的恶性竞争，并在遇到下属之间进行恶性竞争时，积极引导他们参与到有益的良性竞争中。

人都是对于好事物有羡慕之情的，这种羡慕之情源于对别人拥有而自己没有的东西的向往。羡慕之情会随着心态的调整随之变化。有的人羡慕别人的长处，鞭策自己，就想着自己也要刻苦努力，学习到别人的长处，大家在能力、技术上达到一致。这种人会把羡慕渴望的心理转化为学习工作的动力，通过与同事的竞赛来消除能力的鸿沟，这种行为引发的竞争就是良性竞争。良性竞争对于组织是有好处的，它能促进下属之间形成你追我赶的学习、工作气氛，大家都在积极思考如何提高自己的能力，如何掌握新技能，如何取得更大的成就。这样一来，公司的整体工作能力就会极大提高，大家的人际关系也会更好。

但也有些人把羡慕别人的心情转化成了阴暗嫉妒心理，他们想着的是如何给别人脚下使绊，如何诬蔑能人，搞臭他们的名声，如何让同事完不成更多的任务……他们的办法，就是通过拖先进者的后腿，来让大家都扯平，以掩饰自己的无能。这种行为会导致公司内部的恶性竞争。它会使公司内部人心惶惶，人与人之间戒心强烈，大家都提高警惕防止被别人算计。这样一来，下属的大部分精力和心思都要用在处理人际关系上去了，管理者就会被如潮涌来的相互揭发、投诉和抱怨缠得喘不过气来。公司的业绩自然会下降。在这样的公司里，大家相互拆台，工作不能顺利完成，人人都活得很累，公司的业绩却平平。这就要求管理者平日一定要注意关心下属的心理变化，在公司内部采取措施，防止恶性竞争，积极引导下属参与到有益的良性竞争中。

一般来说，引导下属进行良性竞争有这么几种技巧：

1. 提倡正面竞争，管理者要时常提醒下属："可以向竞争对手正面挑战，但不要把对方当作仇敌。"下属要把竞争对手的存在当作促进自己努力工作的动力，同一组织内部的竞争对手更应当协调一致，共同进步。

2. 管理者要在部门内部创造出一套公开的沟通体系。要让大家多接触，多交流，有话摆在明处讲，有意见当面提。

3. 管理者要进行团队精神塑造，要让大家明白竞争的目标是团队的健康发展，"内耗"不是竞争的目标。

4. 对竞争的内容、形式进行改革，剔除能产生彼此对抗、直接影响对方利益的竞争项目。

5. 管理者不能鼓励下属搞告密、揭发等小动作。不能让下属相互之间进行监督，不能听信个别人的一面之词。

6. 管理者要有一套正确的业绩评估机制。要多从实际业绩着眼评价下属的能力，不能根据其他下属的意见或者是管理者自己的好恶来评价下属的业绩。总之，评判的标准要尽量客观，少用主观标准。

总之，管理者是一个单位的核心和模范，他的所作所为对于整个单位的风气形成起着至关重要的作用。管理者必须从制度上和实践上两方面入手遏制下属的恶性竞争，积极引导下属进行良性竞争，让大家心往一处想，劲往一处使，将工作越做越好。

第八课
换个角度看问题，创新就这么简单

　　创新是管理的灵魂。有创新，整个管理工作才充满
生机和活力。很多人把创新看作一个复杂的工程。但是
事实上，在商业上被证明成功的创新案例，往往却是那
些最简单、最朴实的点子。其实很多时候，不是难题把
我们难住了，真正阻拦我们的，是固定的思维模式。而
我们要做的，就是换一种思路、换一个角度看问题，努
力提高自己的创新能力。其实，创新就是这么简单。

打破常规，走创新之路

有这样一个笑话：

某厂从国外引进了一台样机，在仿制生产时，有技术员发现，样机的底座上有一个螺帽，仅仅是旋在底座上，与其他部件没有任何联系。那么，这样一个螺帽起什么作用呢？该厂从领导到技术员无一能够理解。最后，领导拍板："既然人家的样机上有这样一个螺帽，那想必就有它存在的道理，我们照葫芦画瓢就行了。"于是，该厂工人便在本来完好无缺的底座上钻一个孔，然后旋上一个螺帽。不久后，样机的生产商派技术员来进行回访，发现该厂生产的机器底座上都安了一个螺帽，忍不住放声大笑：原来样机上的那个螺帽，是因为当时生产时工人不小心钻错了一个孔，为了掩饰这个错误，才安的一个螺帽，哪想到这个厂竟会如此不动脑筋地照葫芦画瓢！

其实也不是这个厂的人不动脑筋，事实上他们也就这个问题进行过多次研究，但因为他们头脑里有个固定的思路，那就是人家的东西就是完全正确的，我们只要照着做就行了。如此墨守成规，结果闹出笑话。

这个故事再一次提醒我们：阻碍我们成功的，往往不是我们未知的东西，而是我们已知的东西。如果一味地习惯固定的思考模式，只能使生活、工作成为机械化的程序，结果复杂了你的生活和你的心情。很多人走不出思维定式，所以他们走不出宿命般的可悲结局。

美国第一颗人造卫星准备发射前，有一位公司的老总给有关部门写了封信，想在卫星外面做公司的宣传广告。有关人员听了后，一致认为他有神经病，根本不予理睬。

可是这位老总却很认真地一次一次给有关部门写信，非要做成这个广告不可。后来，这件事情被传开了，所有人都觉得很新鲜，在卫星上做广告，谁能看得见呢？一个谁也看不见的广告有什么意义？难道是做给外星人看的吗？

直至卫星真的发射成功了，这位老总的要求也没有被批准，但却被媒体炒得沸沸扬扬。短短的时间内，这位老总和他的公司在美国家喻户晓，知名度大大提高，公司产品的销量也节节攀升。

后来记者在采访这位老总时问道：

"您怎么会想到在卫星上做广告呢？"这位老总笑笑说："当时我的公司刚刚起步，根本没有足够的资金去做广告。为了达到宣传目的，我只能找一个根本不可行的办法，一分钱没花，却比花了钱的广告效果还要好上千倍。"

犹太人有一句著名的格言："开锁不能总用钥匙；解决问题不能总靠常规的方法。"只要我们能突破固有的思维模式，就能处处产生出奇制胜的效果。改变常态的思维轨迹，用新的观点、新的角度、新的方式研究和处理问题，就能产生新的思想。

在日新月异的市场竞争条件下，谁也不可能一劳永逸地拥有优势。只有不断创新，才能不断超越。创新就是创造革新，它与墨守成规和因循守旧相对立。如果想企业立于不败之地，管理者首先就必须在思维上达到这样一种程度：用新思维突破常规观念，超越自己的过去，更要超越对手的思维能力。这种思维，也就是我们常说的创造性思维或者叫创新思维，它决定一个人能否成就一番事业或者成就的大小。

日本有一家名叫普拉斯的企业，是专营文教用品的小企业，长期以来由于只经营传统的纸张、文具图钉、回形针、尺子等小商品，再加上经营因循守旧，生意始终平淡甚至难以继日。然而，事情是这样充满戏剧性：有一次，企业招聘了一名刚毕业的女生玉村浩美当员工，玉村浩美细心地对顾客和市场进行观察，发现人们每次买文教用品总不止购买一样东西，而是三种以上，她还联想到自己上学时，书包里总是存放着钢笔、小刀、尺子等全部学习用具。于是，她产生了一种设想——"文具组合"。

文具组合就是把铅笔、胶带、剪刀、卷尺等都放进一个设计精巧、轻便可携的盒子中，这些文具本是企业原有的产品，只不过把它们放进了精心设计的盒子里。由于这种"组合"迎合了中小学生，甚至是机关工作人员的需要，一经上市，很快成为热销商品。企业把这个组合的定价超过原来全部产品价格的一倍，但顾客却不觉得贵，上市一年就获得意想不到的丰利。玉村浩美接着对文具组合改进，再创新，给它安装上电子表、温度计，甚至可以成变形金刚，五花八门，千变万化。所以普拉斯企业的产品销量越来越大，成为风行全球的商品。

由此可见，企业的发展是离不了创新的，而创新就要打破固有的思维模式，展开丰富的想象，不拘一格地寻找新的经营方式，时时刻刻重视技术革新，广泛听取和采纳各种合理化建议，对那些富有创意、具有革新意识的新方法、新思路要及时给予充分的肯定，以便凝聚成无数的智慧结晶，为企业的发展不断开创崭新的空间。

作为一个组织的管理者，不能一味地墨守成规，多一点创新和变革，你的团队才能够更有活力，更有激情。因为创新和变革是成功的源泉，创新才是事业前进的动力。

人类社会的发展史是不断创新的历史，创新是人类社会的永恒主题，是社会进步的根本途径。创新是社会发展之源，是组织生存之本。通过创新，促使资源配置更趋合理，管理更趋高效，资产更趋优化。因此对于创造力的培养与管理就有着非常重要的意义。把创新活动纳入有组织有计划的管理活动之中，更有助于提高创新水平和取得较好的创新效果。

没有创新，企业就不会有发展

商业竞争日益激烈，摆在企业面前只有两条出路：要么能让企业创新，要么让企业淘汰。创新已经成为企业重要的一种资源！创新意味着企业可以抢先进入新领域、创造新价值、占领市场制高点！

创新是企业的灵魂。纵观世界企业发展史，可以说就是一部创新史。先进的企业靠着持续不断的创新能力，保持着其领先的地位；而后发展起来的企业靠着其强大的创新力量，超越强者，独立潮头。市场经济，硝烟滚滚，没有永远的强者，无数的辉煌与烟火告诫我们：只有创新才是硬道理。

J. Crew 是深受欧洲人喜爱的一种品牌服装。开始的时候，这家公司主要经营廉价的四季服装和简单精致的 T 恤，品种单一，服装的款式也单调缺乏变化。所以产品销量一直不尽如人意，根本不能和香蕉王国、美国之鹰以及盖普等品牌相比。新一任 CEO 埃米莉·伍兹上任后进行了一系列的改革创新，才使 J. Crew 脱颖而出，市场占有率逐年上升。

埃米莉接手公司之初，就对 J. Crew 进行款式设计上的创新。埃米莉注意到当时的妇女运动泳装太笨拙没有时尚感，并不是太受女性的欢迎，而热爱游泳健身的女性却越来越多。由此她敏锐地预测到泳装市场尚大有潜力可挖。于是 J. Crew 公司在全美最先推出了比基尼，并成为第一家推出可以按照尺寸分开购买上下身泳装的公司。比基尼的问世，为世界服饰领域带来一股清新之风，可谓轰动一时。此外 J. Grew 还推出了开司米织物，有适合不同季节穿着的款式，并有 15 种颜色可供选择。这两种服饰的问世，成为服装领域的一次重大的变革。

在强手如林的服装业，埃米莉一直致力于将公司的商品推向一个与众不同的位置，其服装从内衣到海滩装、休闲装、周末装、工作服等可以说是无所不有，J. Crew 公司关注的是所有人的需求。

当市场进入了因特网时代，J. Crew 看到了新的销售途径——网上销售服装，于是又最先开始在网上进行服装销售。此举给那些工作忙碌的人们提供了方便，并为 J. Crew 开拓出了一个新的销售领域。J. Crew 的网上销售，具有良好的信誉，所以赢得了众多的网上消费者。

坚持创新，不断地推出新产品，这种经营理念使 J. Crew 始终在服装业稳步而快速发展着。

创新能力是管理者的一种综合性本领，是一种开拓人类认识新领域、开创人类认识新成果的思维活动能力。它要求管理者与时俱进、超越过时的陈规，善于因时制宜、知难而进、开拓创新。

"创新永远是人类不断前进的推动力。拥有创新构想的能力，对于企业的永续发展才是最重要的，只有不断创新才是成功的必由之路。"管理大师杰克·韦尔奇说，"在商界，最令人激动的事情之一，就是从旧事物中开创新事物。例如，启动新的生产线、新型的服务，或者进军新的海外市场。这不但是令人愉悦的，而且是企业成长最有效的一条途径。"

创新，永远是解决绩效落后的最好办法，这也是管理者超越现在、获得更好发展的一个途径。由于社会的发展和竞争的日益激烈，要求管理者要比别人更突出，无论是思想上还是行动上，都要有超前的创新意识。只有这样，才能够有立足之地。而不断地推陈出新，正是解决这个问题的关键。

海尔集团电热事业部的一位管理者名叫孙京岩，在他刚刚进海尔集团时，海尔已经是国内著名的电器品牌了，他是怀着远大的理想进入海尔公司的。

然而，让孙京岩难以想象的是：在市场上火热的仅仅是海尔的电冰箱和洗衣机，他被分到的恰恰是刚刚起步的"冷衙门"——电热事业部，负责的是想都没有想到过的小家电——热水器和微波炉。这无疑是给本想大展抱负的孙京岩兜头一盆凉水，刚开始时，当顾客问："海尔也出微波炉吗？"他就会尴尬万分。那时，海尔微波炉和热水器月产量不足万台，连同行也说："小家电不是海尔的强项……"

不久后，孙京岩开始理性地思考自己部门的前途：随着人们消费和住房水平的提高，热水器和冰箱、空调一样，也定会在家庭中普及，因而小家电孕育着大市场。而要使海尔的小家电在市场上占有优势，就必须在原有的基础上做出创新，不论是产品的性能还是质量，都要做到国内第一。经过一番思考和调查后，孙京岩决定把电热水器的研发作为部门发展的突破口。此时，国内有很多媒体报道了电热水器因为质量不过硬而伤人的事件，这给孙京岩很大的触动：假如能够使电和水分离，是否就能够避免伤人事件的发生呢？随后，海尔的电热事业部全体员工在孙京岩的带领下，全力投入到这项创新研发中去。

1996 年，海尔生产了第一台水电分离式热水器，一进入市场，就被抢购一空。从此，海尔在小家电行业开始占有一席之地。而原来被称为"冷衙门"的电热事业部，此时也成为海尔的骄傲。然而，这样的成绩并没有让孙京岩满足，因为他知道，在市场上只有不断地创新，才能不断地发展。不久，在大家的努力下，又开发了多种热水器。目前，海尔电热事业部已经成为海尔的一个颇具竞争力的部门。

创新是任何企业得以生存的基础。没有创新企业就没有生命力，有了创新精神，就会不断地想出新点子，为企业的发展不断闯出新路子。

对于企业来说，创新是一种机会，是可以让企业宏图大展的机会；对于管理者个人来说，创新就是生命活力，是领导力的最佳展示途径。但创新不是为了"一鸣惊人"而走的捷径，也不是一时半会儿就可以掌握的管理技能，只有平日扎扎实实地做好工作的人才有机会抓住它。而机会永远是留给平日善于观察、学习、思考的人，所以管理者需要不断进取，这样才能拥有持久的生命活力。

总之，创新思维是管理者面临的课题。一个优秀的管理者既要会正确思维，又要善于创新思维。只有这样，企业才能在激烈的市场竞争中追求卓越，立于不败之地。

注重创新，创造力也是核心竞争力

创新能力是管理者必备的素质，也是时代对管理者的迫切要求。美国石油大亨约翰·洛克菲勒说："如果你要成功，你应该朝新的道路前进，不要踏上已被成功人士踩烂的道路。"我们可以套用一下这句话，如果一位管理者希望成功，就要主动创新，而不是跟在别人的后面。而一个优秀的组织或企业，也必然需要一批主动创新的管理者。

亨利·福特，美国福特汽车公司的创始人，他虽然不是汽车的发明人，但他依靠一个企业家伟大的创新精神，首先以"流水线生产"、"薄利多销"向社会大众提供廉价实用的小轿车，开创了人类社会崭新的生活方式。

1863 年，亨利·福特出生在密歇根州狄尔本镇附近的一个农场主家庭，少年时代的福特就具有极强的好奇心与创造性。1880 年，年仅 17 岁的福特放弃学业到底特律市去追寻他的"机器梦"。在经历了两次失败后，1903 年初，福特在煤炭商马尔科姆逊的支持下，创办了福特—马尔科姆逊汽车公司。

在创业初期，福特为了能研制出更为大众喜爱的理想的汽车。在技术上，他亲自领导自己的技术部门全力以赴寻找各种创新途径。他不但买进国内其他公司的汽车，同时也购入颇受好评的法国雷诺汽车，作为自己研究创新的参考。在生产上，福特意识到，要进行大批量的生产，首先要使零部件具有通用的性能，即"标准化"。这样，很多零部件就可以进行大批量的生产，装配汽车时也不会因零件的不同在挑选上浪费大量的时间，同时，顾客也容易对汽车进行维修和保养。他提出的"标准化"生产方式成了世界工业的"通用法则"。

终于在1908年的春天，福特的T型车诞生了，这是福特创新精神的一枚璀璨成果。

在当时人们的观念里，汽车是奢侈品，价格贵得吓人。福特针对这一现象，决定另辟蹊径——采用"薄利多销"的营销理念，每辆车售价仅900美元，福特认为：浪费和商人的贪利妨碍了卖主对切身利益的追求，他提倡以最小的成本来生产，再以最小的利润把汽车卖出去，以达到整个销售额的增加。这就是福特"薄利多销"的创新营销理念的集中体现。1913年，福特把流水线的概念推广到汽车制造的总装线上，使一辆汽车的生产最快时仅需10秒，流水线的生产方式被成功地运用于汽车生产是福特对汽车工业乃至整个现代工业发展做出的最杰出贡献。截至今日，大批量的生产方式，仍被称为福特生产方式，或称"福特制"生产方式。

从研制生产大众喜欢的汽车，到薄利多销的营销理念，从大批量流水线生产，到后来的"以人为本"管理理念的提出，都体现了福特作为一个杰出企业家的必备素质——创新精神。

市场环境瞬息万变，企业也总是在适应不断变化的市场需求中获得提升。这就要求每一个企业，任何时候都不能安于现状，而必须要积极主动地去创新，从各个方面提高自己、完善自己。创新是每一个企业不断提升的动力，也是创立并保持竞争优势的灵魂。只有不断创新，才能在未来的发展道路上从容应对，领先一步。

作为企业的管理者，应该培养自己创造性的眼光，拥有创新性的眼光就能使自己摆脱本行业的条条框框，接受其他领域中的优秀思想。当管理者尝试用不同的角度看事物时，创新的智慧常会让他得出独到的见解，再加上进一步的整理和分析，必然会取得更好的结果。

转变思维，提高创新能力

创新是运用新思维、新途径、新方法、新技术，确立和追求组织目标的创造性活动和过程，以及实现最终结果所需要的能力素质。创新是一个组织生生不息的不竭动力，创新素质对一个管理者来说尤为重要。

一个单位的活力，关键看其创新能力的强弱。管理者不仅是社会及单位的组织者和管理者，更是社会和单位的表率，直接关系到社会和单位的创新意识和创新能力。因此，管理者要充分认识自己的作用和影响，适应时代发展的需要，增强创新意识，树立大胆探索、勇于创新的精神，努力提高自己的创新能力。

当今世界复杂多变，社会生活日新月异，创新成为新世纪的主题。管理者要适应这种现实，改变工作方法，转变思维方式，不断地拓展和创新，才能使组织充满生机和活力。

主办举世瞩目的奥运会，是一件激动人心的事情，它将给主办国带来巨大的荣誉和威望。然而，在鲜花和荣誉的背后，却是高昂的代价：1972年，联邦德国承办第20届慕尼黑奥运会，所欠债务久久不能还清。1976年，加拿大举办第21届蒙特利尔奥运会，花费35亿美元，亏损10亿美元，为此，特开征"奥运特别税"，预计延续到2030年。1980年，苏联主办第22届莫斯科奥运会，耗资90多亿美元，亏损更是空前。但是，

1984 年，在美国洛杉矶举行的第 23 届奥运会，美国政府和洛杉矶市政府没有掏一分一厘，最终竟赢利 2.5 亿美元，真可谓世界奇迹！这一奇迹的创造者就是彼得·尤伯罗斯。他的法宝是，创新性地利用了市场竞争机制。"将竞争变成魔杖，使全世界大亨们为争着掏腰包而拼命"。

尤伯罗斯开始筹办奥运会之后发现，奥组委没有秘书，没有电话，没有办公室，甚至连一个账号都没有。一切都要从零开始，他决定破釜沉舟。从招募奥组委工作人员开始，以让奥运商业化的模式进行市场化运作。

第一步，开源节流。总结奥运会的历史，尤伯罗斯发现，自 1932 年以来，规模宏大、虚浮奢华已成为主办奥运会的"潜规则"。他决定，想尽一切办法节省不必要的开支。首先，他以身作则，不领薪水，在他的这种精神感召下，有数万人甘当义工；其次，尽量使用洛杉矶现成的体育场馆；再次，把三所大学的宿舍临时改作奥运村。仅后两项措施，就节约了数十亿美元。其中的点点滴滴都体现了创新思维的功效。

第二步，营造声势浩大的"圣火传递"活动。圣火在希腊点燃后，在美国举行跨越本土的 1.5 万公里奥运圣火接力。尤伯罗斯用"捐款"的办法，谁出钱谁就可以举着火炬跑上一程。全程圣火传递权以 3000 美元每公里的价格出售，1.5 万公里共售得 4500 万美元。实际上，尤伯罗斯是在卖奥运会巨大的无形资产。

第三步，"三管齐下"——让赞助、转播和门票成为三大主要收入源。尤伯罗斯创造性地提出，赞助费不得低于 500 万美元，而且不许在场地内包括空中做商业广告。这些苛刻的条件，反而刺激了跨国大公司的赞助热情。尤伯罗斯最终从这些赞助商中选定了 30 家。此举共筹到 1.17 亿美元。最大的收益来自电视转播权的独家转让。尤伯罗斯采取竞标的方式出售电视转播权，结果，美国广播公司以 2.25 亿美元夺得转播权。他又打破了奥运会免费广播赛事的惯例，以 7000 万美元把广播转播权卖给欧美的广播公司。

尤伯罗斯通过强大的广告宣传和新闻炒作，使门票收入也取得了历史最高水平。另外，尤伯罗斯还独家出售本届奥运会的吉祥物及相关纪念品。结果，在短短的时间内，洛杉矶奥运会就赢利了2.5亿美元。不仅创下了奥运史上第一个巨额赢利纪录，更重要的是建立了一套"奥运经济"模式，为以后的主办国如何运作提供了样板。

在第23届奥运会闭幕式上，国际奥委会主席萨马兰奇向尤伯罗斯颁发了一枚特别的金牌，报界称此为"本届奥运会最大的一枚金牌"。

管理者是否具备创新素质和创新能力，是衡量其综合素质高低的一把重要的尺子，也是工作能否取得成功的关键。大科学家爱因斯坦有句名言："提出一个问题往往比解决一个问题更重要，因为解决一个问题也许仅是一个数学上的或实验上的技能而已。而提出一个新的问题，新的可能性，从新的角度去看旧的问题，却需要创造性的想象力，而且标志着科学的真正进步。"这话虽是针对科学而言，但对管理工作具有同样的指导意义。因为管理工作如同其他工作一样，都是为了解决问题。而要解决问题，首先就要提出问题。

在许多情况下，如果我们拘泥于传统观念，用旧的思想方法去观察事物，往往不会发现什么问题，但如果换一个角度，用新的观念、思维方式去看事物，就会发现问题。

创新，永远是解决问题的最好办法，这也是管理者超越现在、获得更好发展的一个途径。由于社会的发展和竞争的日益激烈，要求管理者要比别人更突出，无论是思想上还是行动上，都要有超前的创新意识。只有这样，才能够有立足之地。而不断地推陈出新，正是解决这个问题的关键。

另辟蹊径，突破创新

对管理者来说，在长期的工作实践中积累起来的经验对于管理活动有十分重要的意义。经验不仅能帮助管理者规避风险，还能帮助管理者抓住机遇，以至于很多管理者把经验当成是一成不变的真理，这样就陷入了唯经验论的误区。因为任何事物都是发展的，经验只能作为参考，而不能作为衡量事情的标准，否则就会被旧的经验、观念所束缚。经验虽然值得借鉴，但是在管理活动中还应该推陈出新，打破常规，用创新的眼光去看待问题。只有敢于突破，敢于走自己的路，才能取得管理上的成功。

日本"理光"公司的创始人市村清有一句名言："行人熙攘的背后有蹊径。"意思是说，人家都在走的道路前端不会有"金山"等着你，倒是不为人注意的地方有可能让你发现财富，所以需要创新，善于另辟新路。有时换一个角度来思考可能就会产生豁然开朗的感觉，善于运用"超常识"的法则进行经营，才能与众不同，别出心裁，独树一帜，出奇制胜。

很多年前，在一个全国性的酒类博览会上，国内众多知名品牌厂家蜂拥而至，一家名不见经传的小厂也想去分一杯羹。但由于博览会场面之大，远超出酒厂管理者的预测，小酒厂的产品和参展人员被挤在一个小角落里。虽然产品是运用传统工艺而精心酿制的佳品，但从包装外观和广告宣传上，都很难获得经销商们的认可。直到博览会将近尾声，小酒厂的产品依然无人问津，厂领导为此一筹莫展。

这时，供销科长突然来了灵感，他对厂长说："让我来试一下。"只见供销科长取出两瓶酒，装在一个网袋里，就往大厅中心走去。厂长对供销科长的举动感到莫名其妙。当供销科长走到大厅中央人员稠密的地方时，突然"一不小心"，两瓶酒砸碎在地上。顿时，大厅内酒香四溢。

要知道，参展商们都是一些品酒行家。当时，很多人就从这飘散的酒香中得出了结论——"这肯定是好酒"。就凭这酒香味儿，小酒厂两年来生产的酒，在一个多小时内便被订购一空。从此，小酒厂的品牌一举成名，产品供不应求。

这位供销科长的做法无疑是另辟蹊径，若是按照传统的营销手段，他们酒厂的酒恐怕根本无人问津，而这位科长的非常举动，却带来了出人意料的效果，这一摔不仅摔出了酒香，更摔出了酒厂的大好前程。这就是创新的巨大力量！

另辟蹊径，就是要换思路想问题，就是在已有的道路面前，另外开辟一条道路，也就是我们时常说的创新。

面临激烈的竞争，我们要勇于打破思维定式，学会创新，善于另辟蹊径，巧妙经营，以最快的速度赢得主动权，赢得胜利。市场经济的辩证法告诉我们：只有思路常新才有出路，才能适应不断变幻的时代，墨守成规、东施效颦的经营模式和思维定式在今天已经过时，成功总属于那些思路常新、不落俗套、富有创意、敢于创新、勇于实践的人们。

于伟是一家商贸公司的经理。有一次，他带领属下参加一个商品展销会，令他感到懊丧的是，他被分配到一个极为偏僻的角落，而这个角落是很少有人光顾的。为他设计摊位布置的装饰工程师劝他干脆放弃这个摊位，认为在这种情况下要展览成功是不可能的，唯一办法只有等待来年再参加商品展销会。

沉思良久，他觉得自己若放弃这一机会实在可惜，而这个不好的地理位置带给他的厄运也不是不能化解，关键就在于自己怎样利用这不好的环境，使之变成整个展会的焦点。他觉得改变这种厄运需要一种出奇制胜的策略，可是怎样才能出奇制胜呢？他陷入了深深的思考。于伟想到了自己创业的艰辛，想到了展销会的组委会对自己的排斥和冷眼，想到了摊位的偏僻，在他心中突然想到了偏远的非洲，自己就像非洲人一样受到不应有的歧视。

第二天，于伟走到了自己的摊位前，心里充满悲哀又有些激奋，心想既然你们把我看成非洲难民，那我就给你们打扮一回非洲难民，于是一个计划就产生了。

于伟让他的设计师给他设计了一个阿拉伯古代宫殿式的氛围，围绕着摊位布满了具有浓郁的非洲风情的装饰物，把摊位前的那一条荒凉的大路变成了黄澄澄的沙漠，他安排雇来的人穿上非洲人的服装，并且特地雇用动物园的双峰骆驼来运输货物，此外还派人定做大批气球，准备在展销会上用。

还没到开幕式，这个与众不同的装饰就引起了人们的好奇，不少媒体都报道了这一新颖的设计，市民们都盼望开幕式尽快到来，一睹为快。展销会开幕那天，于伟挥挥手，顿时展厅里升起无数的彩色气球，气球升空不久自行爆炸，落下无数的胶片，上面写着："当你拾起这小小的胶片时，你的运气就开始了，我们衷心祝贺你。请到我们的摊位，接受来自遥远的非洲的礼物。"这无数的碎片洒落在热闹的展销会场，当然于伟也因此奇特的改变与创新取得了巨大的成功。

当传统的方法已经不能解决问题时，我们应该学会另辟蹊径。法国学者查铁尔说："你在做事时如果只有一个主意，这个主意是最危险的。"打破思维惯性，是实现新增长的关键所在。在市场竞争中取胜不全靠正面的硬拼，要学会理性思考，讲究策略与创新。根据客观环境因地制宜，就地取材加以综合利用，从而达到预想的经营效果。

突破创新是时代的要求和历史的必然，最终目的在于推动事业的发展。当今世界，管理者如何正确认识和处理社会发展过程或实际工作中出现的新情况新挑战，需要立足于新的实践，把握住时代特点，研究现实中的重大问题，用创新的思维做出新的回答。唯有创新、创新、再创新，才能解决层出不穷的新矛盾、新问题，才能不断把我们的事业推向前进。管理者的创新离不开充满生机与活力的创新思维，这是时代的要求和历史的必然。

很多时候，并不是管理者的天才能力成就了某项事业，相反，而是那些事情本身极具挑战性，迫使管理者不得不变换多个角度去思考同一问题，以寻找妥善的解决之道；同时，在选择衡量最佳方法的过程中，他们发现了应对各种挑战的有效方式。可以这样说，创新的思维方式，成就了那些卓越不凡的管理者。

不断创新是持续发展的动力

创新是一个组织或企业充满生机活力，在激烈竞争中始终立于不败之地的根本所在。对于大多数管理者来说，意识到市场发生了变化，却"不愿变化更新"是他们最大的竞争对手。在激烈的市场竞争中，一切失败，归根结底是理念和思想方法的失败。假如管理者能够在理念和思维方式这个根本上解决问题，则无论竞争对手多么强大，最终一定能够战胜它。实际上，在竞争激烈的现代社会，企业真正的竞争优势就是创新与变革。

吉列公司创办于1901年，自从"吉列之父"金·吉列创制了世界上第一把安全剃须刀开始，经过了几代人的不懈努力和创新，吉列不断给全世界带来多种革命性的产品，书写了男用剃须刀的历史。到1917年，吉列品牌在美国国内的市场占有率已达80％，奠定了其在刮胡刀领域的领导地位。1968年，吉列剃须片创下了销售1110亿枚"天文数字"的历史纪录。据统计，全世界有10亿人使用吉列产品，销售吉列产品的商店，有 1000 万家以上。吉列公司之所以能创下如此业绩，主要就在于公司的创始人金·吉列的英明决策：开发出人们正迫切需要的产品。

金·吉列曾是一家小公司的推销员。这家公司的老板在和吉列聊天时说，如果能开发出一种"用完即扔"的产品，顾客就会不断地购买，这样就可以发财致富了。这句话使吉列大受启发。于是，他就循着这样的思路进行市场调查。一天早上，当吉列刮胡子的时候，由于刀磨得不好，不仅刮起来费劲，而且还在脸上划了几道口子。懊丧的吉列眼盯着剃刀，突然产生了创造新型剃须刀的灵感。于是他对周围的男性进行调查，发现他们都希望能有一种新型的剃须刀，基本要求包括安全、保险、使用方便、刀片随时可换。于是吉列便开始了他开发剃须刀的行动。由于没能冲破传统习惯的束缚，新发明的基本构造总是摆脱不掉老式长把剃须刀的局限，尽管他一次又一次地改进设计，其结果却总不能令他满意。几年过去了，吉列仍是空怀雄心，希望渺茫。一天，他望着一片刚收割完的田地，看到一个农民正轻松自如地挥动着耙子修整田地。一个崭新的思路出现了：新剃须刀的基本构造应该同这耙子一样，简单、方便、运用自如。苦苦钻研了8 年的吉列终于成功了。

吉列决定自己来成批生产新式剃刀。1903 年他创建了吉列保安剃须刀公司，开始批量生产新发明的剃须刀片和刀架。不难想象，为乱糟糟的胡子所困扰的人们对这种新剃须刀是多么的欢迎。吉列保安剃须刀很快就占领了整个美国的市场，并且迅速向全世界扩展。

吉列公司并未就此止步，因为在世界经营剃须刀片的企业日益增多，竞争日益激烈的情况下，为了保持自己的优势地位，就必须坚持产品创新的决策。于是吉列公司于 1959 年推出了新产品——超级蓝色刀片，称为蓝色吉列，深受消费者的欢迎，连续创造了吉列公司历史上的新纪录。

但是，面对世界各国同行业的激烈竞争，吉列想一统天下却非易事。意大利不锈钢刀片研制成功并投放市场，给了吉列公司一个沉重的打击，使他们措手不及。吉列公司在意大利的一统市场一下子被不锈钢刀片抢走了 80％以上。随后不锈钢刀片迅速进入美国。吉列公司因拿不出和不锈钢刀片相抗衡的新产品而节节败退。面对严峻的竞争，吉列公司并未因此而惊慌失措，而是凭借自己雄厚的实力，继续坚持新产品开发决策，迅速组织技术力量，投入大量资金全力开发研制不锈钢刀片。1963 年 9 月，吉利公司把自己的新产品——吉列不锈钢刀片投放市场，与意大利刀片抗衡。两年后，吉列公司又推出第二代超级吉列不锈钢刀片，并且以新产品为依托，采取大规模广告宣传和降低价格策略，不久就把意大利刀片赶出了美国市场。

随着社会经济的发展和科学技术的进步，1960 年以后电动剃须刀问世，形成对吉列剃须刀的威胁。吉列公司采取的对策仍是开发研制新产品，他们研制的"双排刃保安剃须刀"在安全耐用、一下净和价格等方面，具有电动剃须刀不可比拟的优越性，足以和电动剃须刀相抗衡。由此可见，新产品开发是吉列公司在市场上立于不败之地的有力保障。

创新是现代企业经营的大势所趋，没有创新的企业是一个病态的企业，是弱不禁风、不堪一击的。美国著名的管理专家彼德·杜拉克说："不创新，就死亡。这是不以人们意志为转移的商品经济发展规律。"

苏格拉底说过："最有希望的成功者，并不是才干出众的人，而是那些最善于利用每一时机去发掘开创的人。"创新是一个组织发展的必由之路，作为组织的管理者，只有创新，才能符合发展的要求。无论是集体还是个人，创新都是通向成功的必由之路。只有创新的工作才会有生命力，只有创新的人才能笑对一切。

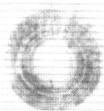

第九课

打造高绩效团队，让合作回归简单

　　企业的发展与竞争力，很大程度上依赖于团队的建立与发展。一支优秀的团队可以打造出企业光辉的形象，创造出企业优秀的业绩，所以在企业管理中，团队理念的塑造和团队的建设，成了一项十分主要的任务。如果团队能把容易的事情变得简单，把简单的事情也变得很容易，做事的效率就会倍增，合作就是简单化、专业化、标准化的一个关键，世界正逐步向简单化、专业化、标准化发展，于是合作的方式就理所当然地成为了这个时代的产物。

明确团队目标，制订合理计划

目标是一种满足人的需要的外在物，是刺激人们努力达到的预期成就或结果，它作为一种诱因，对人们的积极性起着强烈的诱发、导向和激励作用，并可以调节人们的行为，把行为引向一定的方向，以使人们获取心理上的满足。

对于一个团队来说，建立一个共同目标，是十分必要的。团队目标永远是对团队成员最好的激励。团队目标越清晰、越吸引人，越有激励作用，越能唤起团队的积极性。而且清晰且明确的团队目标可以产生强大的驱动力，驱动团队成员产生追求团队目标、实现团队目标的勇气和信心。高效团队一般都有一个清晰且吸引人的团队目标，用来说明团队为什么要存在，以及它怎样做才能取得成功。

纵观那些成功的企业，虽有很多成功因素，但它们都必不可少的存在着一个企业上下普遍认同的远景目标激励着全体成员。企业能长期生存发展，就标志着业主及其企业成员事业的成功，只有在共同远景目标的激励下，下属才能上下精诚团结，竞争能力、抗风险能力也才能提高。

摩托罗拉公司创始人高尔文经常利用挑战性的目标敦促他的下属员工们做一些看似不可能实现的事情。例如，在20世纪40年代末，摩托罗拉公司刚进入电视机市场时，高尔文就为电视机部门制定了一个富有挑战性的目标：在第一个销售年，以179.95美元的价格卖出10万台电视机，还必须保证利润。

一位管理者抱怨说："我们绝对卖不出去那么多电视机，那意味着我们在电视机业的排名必须升至第三或第四名，而我们现在最好的排名才是第七或第八位。"

还有一位产品工程师说："我们甚至都还没有把握能使电视机的成本低于 200 美元，但售价已经定在 179.95 美元了，这怎么可能保证利润呢？"

但是，高尔文却回答说："我们一定要卖出这个数量。在你们拿出用这种价格、卖出这个数量、还有利润的报表给我看之前，我不想再看任何成本报表。我们一定要努力做到这一点。"

之后，高尔文通过员工们反馈的信息，制定了一项严格的奖罚制度，迫使员工们都为了实现上述目标刻苦钻研、努力创新，想方设法降低电视机的生产成本。同时，也重新审查制定了新的销售制度，督促销售部门在业务上投入更多的精力。不到一年，摩托罗拉公司真的实现了销售目标，使电视机的销售在排名榜中升至第四位。此后，公司不断地发展壮大，成为电子技术领域的佼佼者。

远景目标是团队为未来所勾勒的一张蓝图，一旦为全体团队成员所认同，就会成为激励大家为之奋斗的精神动力。在追求远景目标的过程中，人们会激发出巨大的勇气，去做任何为实现远景目标所必须做的事情。它不是一种抽象的东西，而是一种具体的东西，它能够激励团队的所有成员在工作上达成共识，共同为团队的事业和使命而奋斗。

企业要想成为吸引下属的强磁场，管理者就应善于不断为下属制定具有诱惑力的目标让下属永远充满希望，努力实现上级的预言，促进下属和企业一起成长。松下幸之助曾经这样说："管理者的重大责任之一，就是让员工拥有梦想，并指出他们努力的目标；否则，就没有资格当领导。"在他担任松下电器社长期间，不断地向下属描述企业发展的目标，不仅让下属对未来充满了梦想，也震惊了整个企业界，同行纷纷改变政策，向松下电器公司学习。

任何一个团队或组织，如果没有一个成长的愿望，没有一个目标，不知道应该干什么，那它的资源可能就会非常的分散，人心也就不能往一个地方想，团队也不可能获得成功。相反，如果一个团队有了目标，就有了明确的终点线，团队管理者会清楚地知道自己的目标是否已经实现，团队成员也会清醒地向着终点线冲刺。

团队目标的实现关系到全体成员的利益，是鼓舞斗志、协调行动的关键因素。能够取得团队成员认可的目标，会对团队成员具备很强的吸引力和号召力，可以在提高主动性和积极性等方面发挥意想不到的作用。

沃尔玛公司从成立发展到现在，堪称是成功的楷模。它的成功，就是因为它有具体的、明确的、清晰的目标。

在 1945 年山姆，沃尔顿创立第一家廉价商店时，他的第一个目标是"在 5 年内，使我在纽波特的小店成为阿肯色州最好，获利能力最强的杂货店"，要实现这个目标，这家店的销售额必须增长 3 倍以上，从年销售额 7.2 万美元，增长到 25 万美元。结果是这家店达到了目标，成为阿肯色州和附近 5 个州获利能力最强的商店。

沃尔顿继续替他的公司制定惊人而清晰的目标，每过 10 年就定出一个目标。1977 年时，他定出的目标是在 4 年内成为年销售额 1 亿美元的公司（亦即增长两倍以上）。

……

当然。这个目标又实现了。他继续替公司定出新的目标，以 1990 年为例，他定出一个新目标：在公元 2000 年前，使公司拥有的商店数目倍增，并且使每平方米的销售额增加 60％。

沃尔玛公司的一名董事罗伯特·康恩曾在一封信中这样写道……沃尔顿清楚表明一个目标，要在公元 2000 年前，把商店的数目增加一倍，并且把每平方米的销售额提高 60％。更重要的一点（也是大家没有注意到的）是，他确实定出了 1250 亿美元的明确目标……

有共识的团队目标，可以发挥成员内在的潜能，激发每个人自动自发的工作意愿。善用它将是成功的保证。优秀的管理者常常把团队目标转化为团队成员个人努力的方向。而团队目标一旦被转化为个人努力的方向，就会对团队成员产生长久的激励，使其积极努力，迸发出无限的创造力。

每个团队都应该有一个既定的目标，为团队成员导航，知道要向何处去，没有目标这个团队就没有存在的价值。如果管理者妥善运用目标体系管理，激励成员发挥个人斗志及理想，协助成员全力达成目标，通过团队目标整合团队的精神，使团队目标与个人的关系更加密切，必可建立优质、有活力的团队。

没有完美的个人，只有完美的团队

在当今社会里，管理者的成功已不再是个人英雄式的自我成功，而是他所带领的团队的成功，团队的成功才是真正的成功。在任何行业，成功者的背后一定有一支强大的团队。世界前首富保罗·盖帝曾经说过："我宁用 100 个人每人 1％的努力来成功，也不要用我个人 100％的努力来成功"。的确，管理者依靠个人的力量成长是有限的，而依靠团队的力量，带给你的成功将是无限的。

1928 年 9 月，包罗·高尔文兄弟以 750 美元收购了芝加哥图尔特公司的全套 B 型整流器生产线及设备，摩托罗拉公司最早的产品是整流器和收音机，最初的名称是"高尔文制造公司"。直至 1947 年，才正式更名为"摩托罗拉公司"。之后摩托罗拉公司分别在军事、航天、商业等多个领域的通信产业取得骄人成绩，并建立了自己的半导体工厂，还开始开发消费类电器。包罗的儿子罗伯特·高尔文自从 1959 年到上个世纪末，执掌摩托罗拉的帅印后，带领摩托罗拉进军国际市场，并使之成为世界一流的公司。

作为一个国际化的大型企业，它的发展和壮大是经过了几代管理者和员工辛勤努力和奋斗的。在企业不断壮大的同时，根据自身的经验他们也总结出了许多成熟的企业文化，其中"重视团队的作用"就是其十分得意的经验总结。正是因为摩托罗拉上下都发扬了这一企业管理理念，才实现了企业整体和员工个人双赢的大好局面。

团队运作在摩托罗拉企业发展中充当了最重要的代步工具和清道夫。这个过程中，摩托罗拉组织了一系列的团队活动。在这些活动中，"顾客满意团队比赛"最值得称道。

摩托罗拉的前副总裁兼参与管理计划处长吉尼·辛普森曾这样评价这种活动："开始设计这项比赛时只是希望能使大家更加认同团队工作，并借此机会表扬优秀团队，不过，它也渐渐地展现出自己的生机。为了加入比赛，各个团队开始团结协作共同寻找并解决问题，其结果是员工变得更主动地关注顾客满意与产品质量。"

这个过程中，摩托罗拉的管理者高尔文的个人魅力也起了很大的作用。在高尔文的支持和鼓励下，员工们开始对这个比赛变得狂热，并且纷纷争先恐后地自发加入，形成了燎原的态势。据统计，在 1994 年，全公司参与团队活动的员工人数高达 53000 人，这个数字几乎是当时总员工数的一半。一个优秀的团队，不应该仅仅存在一个大英雄，而应该人人都是英雄。一个企业不仅仅需要高层那么几个英雄人物，更需要形成一个强有力的团队，也需要普通员工的团队精神。

狂热的团队比赛给摩托罗拉带来了巨大的效益：某无误差团队建立一套永久的生产流程组合，每年为公司节省 700 万美元；慕尼黑的"艺人"团队减少不良率达 500%，交货周期减半，产品销量增加 290%；NML 的"闭嘴"团队最终测试产能增加 109%，测试成本降低 20%，改善可目视不良率达 1600%。

事实证明，在摩托罗拉推行的"重视团队的作用"的企业管理理念，给企业带来了巨大的经济效益。

团结就是力量，而且团队合作的力量是无穷尽的，一旦被开发，这个团队将创造出不可思议的奇迹。同心山成玉，协力土变金。团结合作是一切事业成功的基础，它不仅强调个人的工作成果，更强调团队的整体业绩。管理者只有依靠团队的力量，才能把个人的愿望和团队的目标结合起来，产生 $1+1>2$ 的效果。

拿破仑·希尔曾经说："领导才能就是把理想转化为现实的能力。"这就是说，一个管理者能够把理想转化为现实，还必须加上另外一个非常重要的因素——其他人。一个管理者不但应该通过自己的努力，而且通过别人的努力来实现自己的理想。自以为自己是管理者，但是自己却没有追随者，这不过是他的空想。

真正的管理者是能够影响别人、使别人追随自己的人物，他能够使别人参加到自己的机构或事业中来，跟着他一起干。他鼓舞周围的人协助他朝着自己的理想，朝着他既定的人生目标和成就前进，是他给予了别人成功的力量。

钢铁大王卡内基拥有的巨大财富，实际上是集体的智慧和结晶。虽然卡内基拥有为世人所称道的财富，但他绝非一个孤独的、独裁式的大财阀。他喜欢与人共同创造财富，共同分享财富。他能够使人们跟随着他为了他既定的目标和自己的人生理想而前进。

作为一个原本毫不出名，而且对钢铁生产知之甚少的小工，当历史将卡内基推向钢铁事业的时候，他毫不犹豫地接受了命运的挑战。他坚信事在人为，坚信世界上那些专门知识比自己丰富得多的人物，只要把他们网罗到自己的麾下，就一定能够成就自己伟大的事业。于是，卡内基四处网罗人才，用将近50名专家组成了一个智囊团，这些人与卡内基有着共同的目标就是将钢铁事业推广。在卡内基的创业过程中，正是经由无数专家的出色谋划，才解决了生产经营中的众多疑难问题；正是无与伦比的心灵力量融洽的凝聚，产生了美国历史上第一个"财团"。

这个世界上，没有谁可以一辈子做"孤胆英雄"，每一个管理者都需要依靠下属的支持和拥护、依靠团队的力量完成自己的使命。一个出色的团队或企业管理者总能够使别人紧密地团结在自己周围，并使大家朝着一个共同的目标而努力。

21世纪是一个知识经济的时代，也越来越要求团队合作能力。作为管理者，若真的想成就一番事业，必须发扬合作精神。哲学家威廉·詹姆士曾经说过，"如果你能够使别人乐意和你合作，不论做任何事情，你都可以无往不胜。"合作是一种能力，更是一种艺术。唯有善于与人合作，才能获得更大的力量，争取更大的成功。

优势互补，发挥团队整体优势

在团队协作中，优势互补应该成为一条重要的原则。管理者要注意团队成员之间的配合、互补和相互取长补短，使其达到绝对的默契。正如一位老板对下属们告诫的那样："这个世界是瞎子背着跛子共同前进的时代！"

尺有所短，寸有所长。我们知道，企业里的每一个人都有他们各自的优势，不可否认，他们也都有着各自的劣势。正如一个人不可能是一个完人一样，他们的优势也不可能是完美的优势。因而，在团队中，管理者要有效地进行互补导向，以便使优势得到强化，使劣势得到削弱甚至消除，形成优势形象，提高工作绩效。

有一次，A队和B队做攀岩比赛。A队强调的是齐心协力，注意安全，共同完成任务。B队在一旁，没有做太多的士气鼓动，而是一直在合计着什么。比赛开始了，A队在全过程中几处碰到险情，尽管大家齐心协力，排除险情，完成了任务，但因时间拉长最后输给了B队。那么B队在比赛前合计着什么呢？原来他们把队员个人的优势和劣势进行了精心的组合：第一个动作机灵的小个子队员，第二个是一位高个子队员，女士和身体庞大的队员放在中间，垫后的当然是具有独立攀岩实力的队员。于是，他们几乎没有险情地迅速地完成了任务。

优势互补的要义，在于合理地取长补短，变劣势为优势，发挥团队整体的力量。在相互配合协作方面，管理者要考虑下属的互补性，用最佳组合方式，就能很快实现团队目标。

曾有位博士颇有感慨地对朋友说："在这个竞争的社会里，什么人都不能忽视。"的确，在一个大集体里，干好一项工作，占主导地位的往往不是一个人的能力，关键是各成员间的团结协作配合。每个人的知识、能力水平都是不同的，作为管理者，就要通过对人力的结构性配备与用人之长等方面去考虑、尽可能发挥每个下属的专长和潜力，充分调动下属的主观能动性，在工作上尽量做到因人而异。

视美乐公司的创始人邱虹云、王科、李益斌、徐中正是凭这股合力，一步一步地走向成功。他们利用自身的优势，不同的分工合作，创造了一个商业神话。

邱虹云主要负责产品开发，策划、营销、公关都是王科他们的事。他曾因喜欢搞科研发明而被老师和同学视为"发明天才"。他在1997年寒假期间着手研制产品的科学发明，经过几个月的研究之后，他终于拿出了样品。由于这一发明，他决定参加学校的"挑战杯"发明大赛，之后他又准备参加清华大学举办的创业大赛。1997年4月，邱虹云与王科等组成了创业团队，他们的产品在大赛上引起各方强烈关注并获大赛第一名，成为清华参加全国创业大赛的五个项目之一。

在王科等人的鼓励下，邱虹云决定自己开发研制这个产品，大家一起创业办公司共同把它推向市场。王科是清华大学自动化四年级学生，英语是他的强项，从大三起就先后在麦肯锡管理公司、法国巴黎国民银行等20多家公司实习或工作过，其间他有不少机会可以出国或进入外企工作，但自己创业的念头一直萦绕在他的心头，邱虹云的发明给他提供了灵感和契机。他的想法得到了父母的支持，在投资资金没有落实的情况下，父母给他寄来了一笔资金，这笔资金成了他们共同创建视美乐公司的重要资金来源。后来，他拿下营业执照，自己当了老板。

而李益斌是在一所民办学校——新东方上学时认识王科的。王科在那里教GRE，是李益斌的老师。因为李益斌曾在很多公司干过，并曾在加拿大一家公司从普通职员干到办公室主任。王科很欣赏他在财务方面的能力及他的为人，力邀李益斌加盟自己的公司。

李益斌曾用一句话形容他和王科的关系，他说："是狮子应该站在狮子的行列。"以他对王科的了解，他非常愿意加入王科的创业团队。

徐中是清华大学96级MBA班班长，曾在一家规模很大的公司担任过团委书记，有5年的工作经验，进入清华后，又曾在一些大公司工作过。王科很看重徐中的工商管理知识背景和他的工作经验，而且他认为徐中的"能量很大"。

徐中加入王科的创业团队很偶然，在一次创业大赛时，徐中是一个参赛团队的顾问，王科印象很深，双方逐渐熟悉起来。

1997年4月的一天，正为邱虹云的产品激动着的王科在食堂遇到徐中，王科希望徐中给他推荐一个人，结果徐中毛遂自荐。当下两个人就拟定了一个方案。晚上，王科带徐中去看产品。看完产品，徐中说："我当即做出决定，要全身心地去做这件事。"他和王科共同决定选择风险投资方式来做这件事。

意外得到人才，王科很兴奋，他说："我这个人冲劲比较足，但容易头脑发昏，而徐中社会经验非常丰富，比我沉稳，我们在一起可以相互补充、相互学习。"

　　他们各自有各自的优势，邱虹云负责技术攻关，王科具有很强的管理能力，他们是视美乐的两大设计师，视美乐缺少他们哪位都不行。

　　经过不断的努力，他们取得了很大的成功。

　　邱虹云等四学子靠着良好的合作，创建了视美乐公司。开发的投影仪吸引了许多投资商的目光，最终驱使上海第一百货投资5250万，创造了一个创业神话。

　　这个事例要说明的是，首先，在一个团队中存在不同的分工，群体中的每一个成员的工作职能不同，对于性格、能力也存在不同的要求。其次，有的工作往往需要几种不同类型的人协同完成，才能取得高的效率。这就需要在配备人员的时候要适当考虑性格、气质、能力的相辅和互补性。在一个团队中，按照个人的个性特征适当地进行人事编排，使不同个性成员相互合作，发挥彼此性格的互补、相辅作用，将有利于工作任务的完成和工作效率的提高。人员配置注意性格的相辅和互补性，还有利于协调群体的人际关系、和谐群体的社会心理气氛。

　　管理是一种对资源的投入或资源的利用，以取得最佳管理效果的活动。在管理活动当中，所涉及的资源有时间、空间、财力、物力、人力、信息等。其中最重要的是人力。这种把人作为一种资源来进行管理的观点，对现代企业管理提出了新的要求。

　　在组织机构中的人，作为一种管理资源总是有限的，所以，将组织中有限的人力资源合理安排，优化人力组合则是管理者提高团队战斗力的重要工作。

　　优化人力组合，最基本的就是处理好组织内部的相容性与互补性。管理者要善于根据组织目标、工作要求以及人员特点，从以下三个方面寻求人员最佳组合：

　　（1）实现最佳知识、技能组合。即组织成员之间在知识、技能上扬长避短，科学互补。在组织基层，主要体现为不同技术工种与专长的合理配置。

（2）实现最佳年龄组合。即组织中的各成员的年龄实现合理搭配。合理的年龄结构应是老、中、青结合的梯形结构。

（3）实现最佳气质、性格组合。根据群体成员之间在气质、性格上的相容与互补，人们通常把人的性格划分为内向型和外向型两种，也有人把人的性格划分为理智型、意志型和情绪型三种。

总之，人力资源是企业生存的根本，管理控制适宜，就能够促进企业的发展。怎样优化组合人力资源，发挥人力资源的巨大优势，并能够吸引人才，不断发展壮大企业的人力资源，是管理者经常求索的问题。

培养团队成员的合作精神

企业要使自身处于最佳发展状态，团队精神是必不可少的。在当今社会里，企业分工越来越细，任何人都不可能独立完成所有的工作，他所能实现的仅仅是企业整体目标的一小部分。因此，团队精神日益成为企业的一个重要文化因素，它要求企业分工合理，将每个下属放在正确的位置上，使他能够最大限度地发挥自己的才能，同时又辅以相应的机制，使所有下属形成一个有机的整体，为实现企业的目标而奋斗。所以，培养一支充满团队精神的高绩效团队，是企业管理者的管理目标之一。

在一所破寺院中，有三个和尚相遇了。

"这所寺院为什么荒废了？"不知是谁提出的问题。

"必是和尚不虔，所以菩萨不灵。"甲和尚说。

"必是和尚不勤，所以庙产不修。"乙和尚说。

"必是和尚不敬，所以香客不多。"丙和尚说。

三人争执不休，最后决定留下来各尽其能，看看谁能最后获得成功。

于是，甲和尚礼佛念经，乙和尚整理庙务，丙和尚化缘讲经。果然香火渐盛，原来的寺院恢复了往日的壮观。

"都是因为我礼佛念经，所以菩萨显灵。"甲和尚说。

"都是因为我勤加管理，所以寺务周全。"乙和尚说。

"都是因为我劝世奔走，所以香客众多。"丙和尚说。

三个和尚争执不休、不事正务，渐渐的，寺院里的盛况又逐渐消失了，三个人最后也各奔东西。

其实，寺院的荒废，既不是和尚不虔，也不是和尚不勤，更不是和尚不敬，而是三个和尚都只看到了自己的价值，而忽略了团体合作的力量和意义。

华盛集团的老总在一次会议上说了一段非常精辟的话："我们每个人都是社会的人，有合群的需要。我们同是华盛人，从加入华盛的那一刻起，我们就是华盛这个团体的一分子。每个华盛人的一言一行代表的是华盛这个团体，也影响着华盛这个团体。如果一位下属缺少团结协作的精神，即使能在短时间内不会给集团造成危害，也不可能为集团带来长远利益。如果一位下属脱离团队，不能采取合作的态度做一件工作，那么团队工作就会受到影响，团队效率就会降低。只有以团队目标为个人目标，以团队利益为个人利益，维护团队荣誉，这样的个体才能受到大家的尊重。集团希望每一个华盛人都能以优秀的协作精神和良好的道德形象来提升公司的凝聚力及外在形象，与华盛同进退、共荣辱。"华盛集团老总把团队精神诠释得非常完美，正因为华盛集团重视和致力于培养下属的团队精神，所以华盛集团也发展得越来越快。

有鉴于此，做一个跟得上时代的卓越管理者，实在有必要花些时间和精力，做好建立团队和复苏团队的工作。

在此，我们给出以下几点建议：

（1）管理者要以身作则。管理者是整个团队的一个成员，也是一个不可缺少的角色，其行为就是整个团队的旗帜，管理者的一言一行会直接影响团队中每个成员的思维，我们可以想象，一个自私自利、唯利是图的管理者去要求下属具有团队意识是很难奏效的。"正己"方能"正人"，所以，管理者在团队中要以身作则，严于律己，通过自身的系列言行对规章制度、纪律的执行，逐步建立起管理者的威信，从而保证管理中组织、指挥的有效性。下属也会自觉地按照企业的行为规范要求自己，形成团队良好的风气和氛围。

（2）制定有效的目标。目标是一面旗帜、一盏指明灯，它可以带领大家朝着共同的方向去努力、拼搏。打造团队精神，管理者必须建立一个明确的目标并对目标进行分解，通过组织讨论、学习，使每一个部门、每一个人都知道本部门或自己所应承担的责任、应该努力的方向，这是团队形成合力、劲往一处使的前提。有明确有效的目标，管理者方能带领团队朝着共同的方向前进。

（3）增强凝聚力。团队凝聚力是无形的精神力量，是将一个团队的成员紧密地联系在一起的看不见的纽带。团队的凝聚力来自团队成员自觉的内心动力，来自共同的价值观，是团队精神的最高体现。管理者要培养下属的群体意识，通过下属在长期的实践中形成的信仰、动机、兴趣等文化心理来沟通下属的思想，引导下属产生共同的使命感、归属感和认同感，强化团队精神，产生强大的凝聚力。

（4）建立有效的沟通机制。在日常工作中要保持团队精神与凝聚力，沟通是一个重要环节，比较畅通的沟通渠道、频繁的信息交流，使团队的每个成员间不会有压抑的感觉，工作就容易出成效，目标就能顺利实现。

团结合作是企业繁荣的根本

随着市场竞争的日益激烈，企业更加强调团队精神，建立群体共识，以达到更高的工作效率。特别是有遇到大型项目时，管理者想凭借一己之力去取得卓越的成果，可能非常困难。管理者应该意识到，单打独斗的时代已经结束了，取而代之的真是团队合作。管理者虽然位高权重，拥有领导统御的大权，但是如果缺少了一批心手相连、智勇双全的跟随者，还是很难成就大事的。

当今，很多企业在招聘人才时，都会把"团队精神"作为一项最基本的要求，从这里不难看出团队协作对企业的重要性。

有一家跨国大公司对外招聘三名高层管理人员，九名优秀应聘者经过初试、复试，从上百人中脱颖而出，闯进了由公司董事长亲自把关的面试。

董事长看过这九个人的详细资料和初试、复试成绩后，相当满意，但他又一时不能确定聘用哪三个人。于是，董事长给他们九个人出了最后一道题。董事长把这九个人随机分成A、B、C三组，指定A组的三个人去调查男性服装市场，B组的三个人去调查女性服装市场，C组的三个人去调查老年服装市场。董事长解释说："我们录取的人是用来开发市场的，所以，你们必须对市场有敏锐的观察力。让你们调查这些行业，是想看看大家对一个新行业的适应能力。每个小组的成员务必全力以赴。"临走的时候，董事长又补充道："为避免大家盲目展开调查，我已经叫秘书准备了一份相关行业的资料，走的时候自己到秘书那里去取。"

两天以后，每个人都把自己的市场分析报告递到了董事长那里。董事长看完后，站起身来，走向 C 组的三个人，分别与之一一握手，并祝贺道："恭喜三位，你们已经被录取了！"随后，董事长看看大家疑惑的表情，哈哈一笑说："请大家找出我叫秘书给你们的资料，互相看看。"

原来，每个人得到的资料都不一样，A 组的三个人得到的分别是本市男性服装市场过去、现在和将来的分析，其他两组的也类似。董事长说："C 组的人很聪明，互相借用了对方的资料，补齐了自己的分析报告。而 A、B 两组的人却分别行事，抛开队友，自己做自己的，形成的市场分析报告自然不够全面。其实我出这样一个题目，主要目的是考察一下大家的团队合作意识，看看大家是否善于在工作中合作。要知道，团队合作才是现代企业成功的保障！"

无论做什么事，都离不开团结协作。毕竟，单个人的力量是有限的。在当今社会生产和生活中，合作越来越显示出了重要的意义。面对社会分工的日益细化、技术和管理日益复杂化，个人的力量和智慧显得十分微不足道，即使是天才，也需要他人的协助。

比尔·盖茨曾说："团队合作是一家企业成功的保证。不重视团队合作的企业是无法取得成功的。"管理大师德鲁克曾说过："组织（团队）的目的，在于促使平凡的人，可以作出不平凡的事。"团队概念强调整体的利益和目标，强调组织的凝聚力。

日本秩父水泥公司原来只是一家家庭小厂，利润不高，知名度较低。员工也没有积极性，工作随随便便，拖拖拉拉，公司的生产率极低。新任总经理决心振兴企业，让秩父水泥公司来个天翻地覆的大变化。新任总经理认为，企业振兴的关键在于员工积极肯干。由于人才一般不愿到这家利润不高、吸引力不大的公司工作，所以，总经理决心设法让现有员工铆足干劲，与他们齐心协力，让秩父水泥公司以崭新的面貌引起世人的关注。

总经理和员工一起共同制定未来的发展计划和现在的整顿措施。对新到员工采取了特殊办法，让他们住上 4～5 天的集体宿舍，并让指导员和他们生活在一起，共同就餐。这有利于新员工了解公司的各种情况和存在的问题，从而使新员工坚定了信心，决心和老员工一道为振兴公司而共同奋斗。

总经理的做法使普通员工产生了伙伴感和团结感，大家开始有了共同目标：为振兴秩父而奋斗。秩父水泥公司也依靠自己员工的力量走上了振兴之路。两年之后，该公司就以质优价廉的产品占领了市场。现在，它的产品远销世界各地，深受用户欢迎。

一个企业的荣辱成败，绝大部分取决于团队合作的程度。通过团队合作，能提高下属在企业中的地位，因为下属参与决策的程度越来越高，对企业的责任感和归属感也越来越强。每个人都积极主动地参与团队工作，自觉地分担压力和困难，工作效率与效益才会大大提高。

在企业内部，离不开团队精神。它强调团队内部各个成员为了团队的共同利益而紧密协作，从而形成强大的凝聚力和整体战斗力，最终实现团队的目标。

诺基亚可以说是把个人的能力和团队的优势结合的最完美的成功企业之一。为了适应移动通信行业发展快速的特点，诺基亚在中国的 5000 多名员工的平均年龄只有 29 岁。诺基亚希望他们能跟上快节奏的变化，采取"投资于人"的发展战略，让公司获得成功的同时，个人也可以得到成长的机会。在诺基亚，一个经理就是一个教练，他要知道怎样培训员工来帮助他们做得更好，不是"叫"他们做事情，而是"教"他们做事情。经理人在建立团队并教他的队员做事情时，要力求设计合理的团队结构，让每个人的能力得到发挥。

唯有建立健全的团队，企业才能立于不败之地。诺基亚是移动电话市场的旗舰厂商，在移动通信市场竞争日益激烈的情况下，诺基亚的移动电话增长率持续高于市场增长率，从 1998 年起它就位居全球手机销售龙头，目前占有全球 1/3 的市场份额，几乎是位居第二的竞争对手市场份额的两倍。诺基亚在中国的投资超过 17 亿美元，建立 8 个合资企业、20 多家办事处和 2 个研发中心，拥有员工超过 5500 人。诺基亚公司的成功得益于他们的团队精神。

同心山成玉，协力土变金。成功，需要克难攻坚的精神，更需要团结协作的合力。团队精神能使企业将潜能发挥至极处，所以它对企业的作用是任何东西都取代不了的。正如西南航空公司的总裁赫伯·凯勒赫所说的那样："无形资产是竞争对手最难剽窃的东西，因此我最关心的就是员工的团队精神、企业的文化与价值，因为一旦丧失了这些无形资产，也就断送了可贵的竞争优势。"

严明的纪律是团队胜利的保障

纪律是一个团队生存和作战的保障，没有了纪律，这个团队就会像一盘散沙，各自为战，没有前进的方向。管理一个团队，最重要的就是纪律，与纪律相比，其他的一切都是第二位的。

据《左传》记载：孙武带着自己的著作去见吴王阖闾，与他谈论带兵打仗之事，说得头头是道。吴王认为，纸上谈兵不管什么用。于是便出了个难题考验他，让孙武替他操练姬妃宫女。孙武挑选了一百个宫女，让吴王的两个宠姬担任队长。

孙武将列队操练的要领讲得清清楚楚，但正式喊口令时，这些女人笑作一堆，乱作一团，谁也不听他的。孙武再次讲解了要领，并要两个队长以身作则。但他一喊口令，宫女们还是满不在乎，两个当队长的宠姬更是笑弯了腰。孙武严厉地说道："这里是演武场，不是王宫；你们现在是军人，不是宫女；我的口令就是军令，不是玩笑。你们不按口令操练，两个队长带头不听指挥，这就是公然违反军法，理当斩首！"说完，便叫武士将两个宠姬杀了。

场上顿时肃静，宫女们吓得谁也不敢出声，当孙武再喊口令时，她们步调整齐，动作划一，真正成了训练有素的军人。孙武派人请吴王来检阅，吴王正为失去两个宠姬而惋惜，没有心思来看宫女操练，只是派人告诉孙武："先生的带兵之道我已领教，由你指挥的军队一定纪律严明，能打胜仗。"孙武没有说什么废话，而是从立信出发，换得了军纪森严、令出必行的效果。

可见，纪律是胜利的保证，没有严明的纪律，小而言之，军队打仗不可能取得胜利，大而言之，一个国家就会乱得一塌糊涂，毫无秩序。对一个企业而言，铁的纪律是企业之根本，如果没有了纪律的约束，那么就会人心涣散，企业毫无生命力可言。

纪律是一切行为的基本依据，也是优秀团队得以发挥战斗力的根本力量源泉。

世界著名的英特尔公司认为，纪律是增强企业运转效率的重要保证。英特尔的总裁葛洛夫从早期企业文化中就领悟出企业提倡纪律的重要性。

从创立初期，葛洛夫认为制造部门必须加强管理，重视清洁，才能有效率的生产。他将这种观念扩充到企业的其他部门，如要求所有的办公桌、档案柜都要整整齐齐，各部门都必须按部作业，无论制造、工程、行销或财务部门，都必须遵守公司的纪律，针对公司的卫生，特别设立"清洁大使"的检查制度，由主要负责人巡视各办公区域，就其清洁程度予以评分。如果哪个人评分成绩不太理想，就得立即清理，并在下周获得较高分数以洗刷前耻。葛洛夫认为：只有这样，才能表现出公司的"纪律之美"，才能让机器运转最顺畅，产量也才能最高。

　　一个企业要想保持可持续发展必须有严格的纪律作保证。毛主席曾经说过："加强纪律性，革命无不胜"。一个组织，一个企业，没有纪律，便没有了发展的基础。企业，就像一部高速运转的机器，每个岗位都是机器上不可或缺的零件。要保证机器的正常运转，每个零件都必须尽心尽责地保持良好的状态。而要让每个零件忠于职守，就得按照机器规定的程序和轨迹来运行。这个规定的程序和轨迹就是机器严密的组织纪律。同样，要保持企业的健康发展，也必须让每个下属按照企业的规章制度工作，严格遵守企业的纪律。

　　20世纪70年代，伊藤洋货行的董事长伊藤雅俊突然解雇了战功赫赫的岸信一雄，在日本商界引起了一次震动，这连舆论界都用轻蔑尖刻的口吻批评伊藤。人们都为岸信一雄打抱不平，指责伊藤过河拆桥，将三顾茅庐请来的岸信一雄给解雇，是因为他的东西已被全部榨光了，已没有利用价值。

　　在舆论的猛烈攻击下，伊藤雅俊却理直气壮地反驳道："纪律和秩序是我的企业的生命，不守纪律的人一定要处以重罚，即使会因此减低战斗力也在所不惜。"

　　事情的起因是这样的：岸信一雄是由"东食公司"跳槽到伊藤洋货行的。伊藤洋货行以从事衣料买卖起家，所以食品部门比较弱，因此才会从"东食公司"挖来岸信一雄。他来到伊藤洋货行后，表现相当好，贡献也很大，10年间将公司的业绩提升数十倍，使得伊藤洋货行的食品部门呈现一片蓬勃的景象。

　　伊藤洋货行一向是以顾客为先，董事长伊藤雅俊对员工的要求十分严格，要他们彻底发挥他们的能力，以严密的组织，作为经营的基础。

　　但随着公司业绩的增长，岸信一雄却对公司制定的规章制度一律不予遵守，他经常支用交际费，对部下也放任自流，这和伊藤雅俊的管理方式迥然不同。因此，伊藤雅俊要求岸信一雄改善工作态度，按照伊藤洋货行的经营方法去做。但是，岸信一雄根本不加以理会，依然按照自己的做法去做。

尽管岸信一雄是个经营奇才，但他却居功自傲，不守纪律，屡教不改，伊藤雅俊最终只得下决心将其解雇，杀一儆百，维护企业的秩序和纪律。

纪律是企业经营和发展的基本前提。无论何行何业，都应将纪律、规章制度放在首要位置，纪律面前，人人平等。一个企业只有纪律严明，管理严格，才能保证生产的正常进行。

纪律性的高低决定执行力水平的高低。一个企业如果没有一个严谨的纪律约束，人心就会涣散，组织就会瘫痪，就像爆发瘟疫一样相互传染，有令不行，该做的不做；更谈不上什么战斗力。一个纪律涣散的团队，再好的生产设备也达不到一流的生产成效，再好的营销方案也不能取得好的经营业绩，再好的决策也会遭遇到失败的结局。没有纪律性就没有执行力，没有执行力就没有一切。企业要取得优异的业绩就必须是一个组织纪律严明，极具执行力的团队。

建立考核机制，提升团队整体合力

作为管理者，在公司中你可能有很多的下属或者同时管理几个不同部门，如果你只是通过与他们进行表面的交流，了解他们的工作情况，那么你不仅得到的信息可能会不真实，你本身的工作量也会加重。这时候你就要建立一个多角度、多渠道的绩效考核机制。

　　绩效考核是每一个公司都存在并且是不可缺少的一部分，通过考核，管理者可以通过一系列的数据了解下属在一段时期内工作的进度、效率等，从而对工作进行相应的调整。考核还可以从不同的侧面了解员工的近期情况。一个考核制度的建立会使下属有危机意识，在遵守各项规定的同时做得更好，形成每个人都积极做到最好的良好机制。对优秀下属的表扬可以起到激励的作用，对落后下属的批评可以起到鞭策的作用。

　　当然，考核的标准每个公司都会有所不同，有的侧重于工作进度，有的侧重于工作质量。无论是侧重于什么，都不应该是片面的。

　　比如，你只是对他们进行日常的考勤管理，看看他们有没有按时上下班；在日常的工作中对他们偶尔检查；通过询问的方式和下属们沟通工作的进度等。这些考核都是片面的，可能会起到一定的效果，但是不会对下属们形成一种约束的作用，达不到你预期的效果，还很可能会出现"报喜不报忧"的现象。

　　或许在你的工作中你已经遇到过这样的情况。当你问下属们某件事情做得怎么样的时候，他们会说，快了，不久就做完了。其实他们的工作才刚刚开始，面对着他们的管理者，他们了解你希望得到好的答案，所以你经常得不到真实的回答。当你问他们工作的质量好不好的时候，他们会说：好，绝对没问题！可是当工作结束的时候，你是不是对工作成果满意呢，当你问其中一个下属其他人的表现怎么样的时候，你得到的答案总是：他很好，很努力。

　　看来，考核应该是全面性的，不能只听片面之词！只有从不同的角度、不同的渠道才会得到比较准确的答案，这样的考核对下属也会更公平。现在一些公司会采取360度的考核机制。这里我们不妨参考一下柳桥集团绩效考核的经验。

　　柳桥集团在供应羽绒羽毛的行业中排名第一，这与他们的努力分不开，他们制定的360度考核机制同样是功不可没的。柳桥集团在考核员工的时候采取在同级、下级、相关部门（员工代表）和客户中分别抽取人员，对其进行考核。抽取的人员匿名填写《工作表现考核表》，进行打分，过程非常公平。评审人员是随机抽签产生的，审查过程也是保密的，有绩效专员公证，在进行分数核算的时候，去掉最高分和最低分，评选出 A 等员工。在数据统计完毕之后，及时反馈到各个经理，对 A 等员工进行通报表扬，并且将考核结果运用到年终奖中。

柳桥集团的 360 度考核机制取得了预期的效果，不仅区分了优秀和平庸的员工，让他们有了危机感，同时，管理者也更加深入地了解了员工的工作质量等问题。

俗语说："没有规矩不成方圆。"有了这种多角度的考核，不论是管理者还是下属都会对自己的要求更为严格，对下属的全面快速成长、能力的全面提高起到促进作用。这就给工作的顺利开展提供了有力的保证。

360 度考核中，考核表格的填写都是保密和匿名的，这样就避免了因为同事的关系，碍于情面而不敢给出很低的评价，也不用担心你写的内容会被其他人知道，造成不良的影响。

考核中，管理者还可以让下属们做自我考核，这种考核可以让下属清楚地认识到自己在公司的工作范围，自己为公司的发展做出了哪些努力，然后，把下属们做的自我考核与对他们进行考核的人员做出的评价进行对比分析，找出相似和相异的地方，提高考核的公平程度。

当你拥有了一个强大的团队的之后，建立起一个多角度、多渠道的考核机制会让你如虎添翼，既会激发下属的潜力，又会使团队的运作更有规律，使团队达到理想的状态。

第十课

别输在不会用人上，用人的简单道理

管理的本质在于用人。在很大程度上，管理的科学性就在于用人的科学性，管理的艺术性就在于用人的艺术性，管理的简单就在于用人的简单。用人是一个成功的管理者最重要的能力之一。一个优秀的管理者不一定自己本身能力有多强，只要他懂得培养人才、使用人才，他的身边就会很快的集聚一批优秀人才。相反的是，如果他事事要求完美，事必躬亲，这样的管理者没有能力管理好一个企业，因为管理好一个企业并非一个人的工作。

唯才是举，不要以貌取人

在识人用人方面，管理者常常会陷入一个误区：以貌取人。我们不可否认，像秘书、公关等专业除了以其真才实学作为主要的选人依据外，还讲究漂亮的外表和优雅的风度，但无论如何，我们总应该牢记"人不可貌相"的深刻道理。晋代学者葛洪在《抱朴子外篇》中深有感触地说：看一个人的外表，是无法识察其本质的，凭一个人的相貌是不可衡量其能力的。有的人其貌不扬，甚至丑陋，但却是千古奇才：有的人虽堂堂仪表，却是"金玉其外、败絮其中"的草包，倘以貌取人，就会造成取者非才或才者非取的后果。

其实，通过外貌来了解人，只是识人的一种辅助手段。如果管理者把它绝对化，把识人变成以貌取人，就会错识人才，乃至失去人才。

三国时期，继承了父兄基业的孙权在江东经营数年，一直标榜自己举贤任能，然而，当才智不亚于诸葛亮的庞统被鲁肃举荐给孙权时，却不为孙权所用。要知道，在当时，民间有"卧龙凤雏得一可安天下"的说法，卧龙是指诸葛亮，而凤雏就是庞统，这样一位可以定国安邦的人才到东吴去面试时，面试结果竟然不及格。

面试前，鲁肃向孙权举荐说："此人上通天文，下晓地理；谋略不减于管、乐，枢机可并于孙、吴。往日周公瑾（周瑜）多用其言，孔明（诸葛亮）亦深服其智。"

可孙权一见庞统浓眉掀鼻，黑面短髯，形容古怪，便心中不喜。于是，孙权就问庞统："公平生所学，以何为主？"庞统答曰："不必拘执，随机应变。"孙权又问："公之才学，比公瑾（周瑜）如何？"庞统笑道："某之所学，与公瑾大不相同。"

面试进行到这里，孙权已经不打算再问下去了，因为他平生最喜欢周瑜，听庞统话里的意思：周瑜不过如此。于是就让庞统回去等候通知，其实这和如今的面试一样，说让应聘者回去等候通知，其实就是对面试不及格或不录用应聘者的一种委婉说法。

庞统长叹一声而出。鲁肃问孙权："主公何不用庞士元（庞统）？"孙权回答说："狂士也，用之何益！"鲁肃说："赤壁鏖兵之时，此人曾献连环策，成第一功，主公想必知之。"孙权答："此乃曹操自欲钉船，未必此人之功也，吾誓不用之。"

从上述故事中，我们可以看出孙权之所以不用庞统，是因为他以貌取人。可怜庞统空有经天纬地之才，却因为相貌丑陋而得不到重用。其实，一个人的容貌与工作能力并无直接的关联，管理者如果一味地坚持以貌取人，可能会失去真正的人才。

作为管理者，如果你想要真正择用贤才，就需要对一个人进行全方位的审查，看其是否具有相当的能力、是否有发展前途。如果不注重一个人的学识、智慧、能力等方面的培养与使用；不注意其专长的发挥；不通过其对某些问题的看法来衡量他的判断能力、表达能力、驾驭语言的能力，只是仅凭一个人的相貌如何来判断其能力的大小，甚至由此来决定人才的取舍，那么，必将导致人才的埋没。

美国最大的轮胎公司之一的燧石轮胎橡胶公司，在创业之初仅有几个工人和一间旧厂房。它之所以能发迹，靠的就是该公司创始人菲利斯顿敢于选用酗酒成性的发明家洛特纳之所长。

菲利斯顿第一次看到洛特纳时，是在酒吧间。当时洛特纳衣冠不整，满脸尘垢，他把裤子当围巾披在肩上，走路东倒西歪，滑稽不堪。人们常常取笑他，不叫他的名字，而称他为"醉罗汉"。当菲利斯顿得知洛特纳是个发明家时，并没有因为洛特纳有酗酒恶习歧视他，而是三番五次去走访他，碰了钉子也不灰心，这使洛特纳深为感动。他下决心帮菲利斯顿打天下，研制成了一种不易脱落而且储气量大的轮胎。这种轮胎后来被福特汽车公司采用，使菲利斯顿的事业有了很大的转机。

古人云：士别三日当刮目相待。不能把别人看得永远都是一无是处，人是发展变化的，我们不能停留在过去，用老眼光看人。因此，管理者要相信人，尊重人，提高人，学欣赏和赞美，从而让其发挥更大的潜力。

作为管理者，在识人用人方面，应该做客观分析，不能主观武断。也就是说对待人或事，应从理性出发，不能仅靠感性认识。否则，对于人或事就不能做出正确的判断或估计。

打破常规，灵活用人

"我劝天公重抖擞，不拘一格降人才。"每当谈到对人才的重视时，清代著名文学家龚自珍《己亥杂诗》中这句耳熟能详的诗句总会被提到。

我们强调选人用人"不拘一格"，它反对的是"拘泥于一种规格或格局"，反对的是"千篇一律、千人一面"，强调的是多格局、多渠道、多元化。长期以来在人才选拔、任用问题上仍存在一种保守观念：高学历作为人才选拔的前提，资历深作为人才选拔的砝码，年龄大作为衡量人才的标尺……这些观念在很大程度上限制了人才的发展。学历、资历、年龄固然重要，但并不是衡量人才的唯一标准。所以，优秀的管理者选人用人，要解放思想，唯才是举，真正做到人尽其才，才尽其用，不拘一格选人才、排除干扰用人才。

王嘉廉是美籍华人，大学毕业后，与人共创国际电脑公司（简称CA公司）。经多年发展，这家公司已成为美国最有价值的100家公司之一，王嘉廉还被誉为"华人中唯一能与比尔·盖茨抗衡的人"。王嘉廉用人，有独到的眼光，最欣赏有创新精神、勇于挑战并能随机应变的人。他说："我的人才观与一般人很不同，只要有一技之长的人，在我的眼中就是人才。"他还说："拥有高学位或名校出身者，并不就是最适合在CA工作的人。"他手下最年轻的总裁古玛，就是一个没有大学文凭的人。

古玛是斯里兰卡人，读高中时便对电脑产生了浓厚兴趣，但受父母之命，却考进医科大学。他对医学毫无兴趣，利用课余时间钻研电脑，并在一家软件公司当程序员。后来，这家公司被王嘉廉兼并了。古玛估计自己不会被留用，就打点行装，准备继续他的医科学业。这时，王嘉廉主动找到古玛，劝他说："我知道你在电脑方面有专长，留下来吧，年轻人！"古玛说："但是，我还在读大学，读的是医学专业。"

王嘉廉呵呵笑道："这并不重要，我不需要医生。我需要的是电脑人才。"于是，古玛决定加盟CA。日后，他以自己的才干而受到重用，成为一位出类拔萃的主管。

不拘一格用人才是一种胆识、一种责任。在选人用人，管理者要有一种宽广的视野。把品德、知识、能力和业绩作为衡量人才的主要标准，不唯学历，不唯职称，不唯资历，不唯身份。坚决破除有学历的是人才，没有文凭自学成才的就不是人才的观念；破除有职称的是人才，有一技之长而没有职称的就不是人才的观念；破除有工作经验的是人才，没有工作经验或工作经验尚浅的就不是人才的观念；破除在城镇生活工作的是人才，生活工作在农村的就不是人才的观念。在科技进步日新月异、国际竞争更趋激烈的今天，管理者必须牢固树立人才资源是第一资源的理念，切实转变落后的、保守的、陈旧的、片面的人才观念。选人用人的目的是为了做大事业，理当从需要出发，从观念上打破条条框框的束缚。

在挑选人才的过程中，管理者眼光不可太高，且要容忍人才的缺点。如果一味地求全责备，"眼光太高"，到头来，则会"无人可用"。"千军易得，一将难求"，"金无足赤，人无完人"，录用人才的关键在于不拘一格，而论事评人的关键在于不求苛细。如果管理者降低取才的标准，获取的人才将会越来越多。

中国为了加入 WTO，曾奋斗了十多年。原中国对外经济贸易合作部部长龙永图在中国入世谈判时曾选拔过一位秘书。

当龙永图选这个人当秘书时，全场哗然，议论纷纷，因为这个人绝对不适合当秘书。为什么呢？

原来，在许多人眼中，对秘书定型是：文质彬彬、勤勤恳恳，讲话很少，做事谨慎，对管理者体贴入微。但是龙永图所选的秘书，处事风格却完全不一样。他是一个大大咧咧的人，从来不会细致照顾人。每次龙永图带他出国，在宾馆休息，第二天总是龙永图走到秘书房间里，说："请你起来，到点了。"对于日程安排，秘书有时甚至不如龙永图清楚，原本 9 点的活动，他却说 9：30，经过核查，十有九次是他记错了。

这样的人也能当秘书吗？另外，为什么龙永图会选他当秘书呢？

龙永图是在加入关贸总协定谈判最困难的时候选这个人当秘书的。当时由于谈判的压力大，龙永图性格刚强，脾气也很大，有时候和外国人据理力争，甚至拍起桌子，回来后一句话也不说。然而就在龙永图每次不愉快地到房间后，当其他人都不愿自讨没趣到他房间里来，唯有龙永图的秘书，不敲门就大大咧咧走进来，坐到沙发上，把二郎腿一翘，说他今天听到什么了，还直言龙永图在谈判桌上某句话讲得不一定对等等。而且，他从来不叫龙永图为龙部长，而是喊"老龙"，或者喊"永图"。他还经常出一些馊主意，被龙永图骂得一塌糊涂，但他最大的优点就是经受得住骂。无论龙永图怎么骂他，他 5 分钟以后又回来了，说："哎呀，永图，你刚才那个说法不太对呀。"

这位秘书是个学者型的人物，他对很多事情不敏感，人家批评他也不敏感、不计较，但是他是世贸专家，他对世贸问题简直像着迷一样，有自己的思考和看法。所以，在龙永图脾气非常暴躁的情况下，在龙永图当时难以听到不同声音的情况下，有这位"经受得住骂"的秘书陪伴着，对龙永图来说就显得分外重要了。

一个出色的管理者，必须要能量才用人，使人尽其才，物尽其用。古语有云："因其材以取之，审其能以任之，用其所长，掩其所短。"因此，要求管理者要有敏锐的洞察力，进行缜密的分析和判断，善于发现每一位下属的个性特点，做到量才而用，将人才放在最合适的位置上，把下属的优势应用到最适合的工作中，不但可以各安其职、扬长避短，更能事半功倍！做到"贤者在位，能者在职，各安其职，各尽其才"。

总之，正确使用人才、善用人才、用当其才，是管理者的用人智慧，是管理者的王牌，知人善用，用人得法，进而群策群力，是管理者缔造丰功伟绩的根基。

用人唯才，抛弃个人成见

在当今社会中，有些管理者容易犯以感情上的偏好来识别人才、选拔人才的弊病：与自己感情好的人，"说你行，你就行，不行也行"，与自己感情、关系一般的，"说你不行，你就不行，行也不行"。这样做的结果，只能是让那些有才干的人伤透了心，以致离企业而去。企业的凝聚力是靠人心换来的，人心散了，企业岂能有所发展。事实上，以自己的偏好为标准来识别人才时，这种管理者大多心态不正，最根本的在于其为人做事没有原则，以感情用事，随心所欲。这样的管理者自觉不自觉地以志趣、爱好、脾气相投作为唯一的识才尺度，实际上，是一种把个人感情置于企业利益甚至社会利益之上的错误做法。

《史记》中，曾记载刘邦重用陈平的故事。陈平年轻时，曾经在魏王门下当差，但没有获得重用，后来又到项羽手下做事，也因为和项羽闹翻不得不连夜逃亡。最后，他投效刘邦，担任护军中尉的官职，成为刘邦座驾的陪乘。

当时，陈平可说是声名狼藉，有一个重臣就向刘邦进谏说："陈平是一个无行小人，在家时曾和兄嫂私通过，不得已才离开家乡；在魏、楚的军营中也是穷困潦倒，不得不前来投奔；到了我们的军营，受封官职，却又居然接受某些官员的贿赂。"刘邦听后却哈哈大笑，对这位臣子说："你有所不知，你刚才说的是有关陈平个人品德的事，但是，现在天下纷争，我所需要的却是有才能的人，单是品德高尚的人，对我军是没有用处的。"

刘邦没有计较陈平品德上的过失，反而不断晋升他的职位。最后陈平官至丞相，对于巩固汉朝江山有相当重大的贡献。作为一个组织的管理者，应该在组织内部倾力打造一个良好而又公平的用人平台，为真正的人才提供施展才能的舞台。在这个舞台上，管理者应该给予每个人以公平的机会，下属能否被委以重任的因素取决于其才能及能否胜任，而非个人成见。

管理者选贤用能，必须把个人的感情置之度外，抛开自己的好恶，以整体利益为重，以事实为根据，以实践为标准加以检验，如此才能选到真正的人才。心公则平，其心如称，不偏轻重，则能公平衡德量才，实事求是地评估人，为用人提供正确的根据。如此则以用其人，有利于其人，有利于事业。如心私则偏，就会颠倒贤佞，以贤为佞，以佞为贤，不可能正确评估人，将为用人提供错误的根据，结党营私者往往如此而已，胡用不得其人，有害于事业。因此，管理者要想做到知人善任，就必须摆脱个人好恶，大胆起用与自己不同的人，这样的人也许正是公司所需要的。

在日本，依照资历升迁是不成文惯例，破格提拔人才阻力很大。因此，在真正需要破格提拔人才时必须特别慎重。首先，松下幸之助会和年长的员工进行沟通，使他们同意和支持提升新人的职位。松下幸之助说："当你把某人提升为课长时，等于忽视了该课内曾经照顾过这个人的许多前辈。我觉得，如果只是把派令交给新课长并予以宣布，是不够的。我主持公司时，总是交代得很清楚，那就是让课内资格最老的人，代表全体课员向新任课长宣誓。"

松下公司的做法颇具意义，当某人接受课长的派令后，他致辞道："我现在奉命接任课长，请大家以后多多指导及协助。"然后，由课内资格最老的成员，代表全体员工致贺词："我们发誓服从新课长的命令，勤奋地工作。"这么做，旨在提高新任课长的威信。

或许有人认为，这种做法未免故意为难别人。如果年长的员工对新上任的课长不满意，采取强制宣誓的办法，不仅不能达到目的，反而会带来许多麻烦。因此，在提拔新课长时，要先广泛地征求课内人员的意见。

松下幸之助特别强调，提拔人才时，最重要的一点是绝不可以有私心，必须完全以这个人是否适合那份工作为依据。只要是有才能的人，为了工作而加以提拔，其他的下属也是会理解和支持的。因此，唯才是举是管理者必须具有的胸怀和品德，哪怕你曾经讨厌过他，也不能因为个人的恩怨而影响公司的发展。

在选人用人方面，管理者要做到公平公正无私心。虽然每个人都有自己独特的认识、观念和思想，但是不能万事万物都按自己的心态来判断一切，观感一切，即不能抱有成见或者成心。因为抱着成见的人是无法对事物作出准确而客观的评判的。管理者要能抛弃个人成见，客观地对他人做出评价，即使情感上不喜欢，也决不以私害公、以私误公，而应看中对方的能力加以重用。只有无私心才能一切以事业为重，不以个人好恶为标准，不徇私情，真正做到唯才是举、量才而用，选好人才，用好人才。

把合适的人放在合适的位置

管理学上有一句名言："垃圾是放错了位置的人才。"企业用人的关键在于了解人、洞察人，对人才进行准确的判断；把人才放在最合适的位置上，使他们充分发挥自己的特长、施展才干。

管理者用人，用的就是人之长处，并在用人过程中要避其短处，这样才能做到扬长避短。精明的管理者懂得让合适的人去做合适的事，这样就让企业上下、下属之间形成人才间的相互配合，以此形成最佳的人才管理模式。

在一次工商界的聚会中，有几个老板在谈论自己的经营心得和公司现状。其中有一位满是抱怨地说："我有三个不成材的员工，我准备找机会把他们裁掉。"这时有人问道："为什么？他们怎么了？"这位老板愤愤地说："一个整天嫌这嫌那，吹毛求疵；一个杞人忧天，老是害怕公司出事；还有一个更可恶，总是浑水摸鱼不上班，整天在外面闲逛。"另一个老板听他说完，想了想说："既然这样，你就把他们三个让给我吧！"这位老板很是费解，但是还是同意了他的建议。

这三个人到新公司报到以后，新的老板开始给他们分配工作：喜欢吹毛求疵的人负责产品质量；杞人忧天的人负责安全保卫以及保安系统的管理；喜欢闲逛的人负责产品宣传。三个人一听职务的分配和自己的个性相符，高高兴兴地去工作了。仅仅半年的时间，因为这三个人卖力工作，表现突出，居然使工厂的运营业绩直线上升。

英国管理学家德尼摩说："凡事都应有一个可安置的所在，一切都应在它该在的地方。"每个人都有其长处和短处，将每个人安排到他应该在的地方，才能更好地发挥他的聪明才智。所以说，管理者要知人，会用人，把适合的人放在适当的职位上，才能成就事业。

古人说得好："骏马能历险，犁田不如牛。坚车能载物，渡河不如舟。"每个人都不可能是全才，总是有所能，有所不能。管理者只有把岗位的需要和人才的实际才能结合起来考虑，用人所长、避人所短，才能人尽其才，达到人事相宜的效果。

让合适的人做合适的事，说起来简单做起来并不是一件容易的事情。首先，企业管理者要对团队内部每一个职位的工作内容有所了解，这样他才能够知道需要什么样的人才加入团队。其次，团队管理者还需要对每一个团队成员的能力有所了解，既要知道他们的优势所在，又要了解他们的劣势、缺点。只有这样，才能把他们安排到合适的职位，充分发挥他们的优势，避免他们的劣势。

一个叫亨利·福特的年轻人进入了爱迪生电灯公司工作后，致力于制造"电动马车"。1886 年，他的梦想实现了，亨利成功制造了三辆汽车。但是公司还是散伙了。1903 年 6 月，亨利又重新创建了福特汽车公司，他设计的"A 型车"销售极佳，在一年以内销售了一千多辆。再后来，亨利又设计了 N 型车、R 型车，S 型车，都十分的畅销。1908 年，具有现代意义的 T 型车诞生了，这种类型的车一共销售出了 1545878 辆，为普及小轿车做出了贡献。到了 1925 年，福特公司的工厂里每一天都能够制造出 9109 辆车，平均每十秒钟都出一辆，创造了世界汽车史上的奇迹。

之所以能够取得这样的成就，一个原因在于亨利·福特决定聘用管理专家沃尔·弗兰德斯进厂，协助进行生产方式改革。在他的努力之下，福特公司实现了一年生产 1 万辆车的指标，福特公司因此而茁壮地成长起来。与此同时，亨利在 1913 年还决定任用技术员 W·艾夫利和威廉·克朗，将他们在发动机、主轴、磁电机组装三条线上使用的"运动组装法"

推广到总装配线上，获得了巨大成功。从此，大批量的流水线生产开始了。于是，一时间亨利·福特成为了美国人心中的"民族英雄"。而福特坚持认为，这一切的成功，来自自己的成功用人，来自企业内部人才的奉献。

福特成功的诀窍就在于能够用好人才，让下属的才能真正能发挥出来。要将下属的才能激发出来，就应该给下属合适的岗位，给下属一个表现自我的舞台，给下属一个展示自我的空间。

把适当的人安排在适当的位置上是用人的最高准则。正如管理理论不论先进只论适用一样，适才比优秀的人才更重要。把一个能力不足的人安排在一个他不能胜任的职位上，那是强人所难，被用人也不必受宠若惊，这绝不是件好事，经受了不适应的折磨，才知道那滋味的确不好受。而把一个能力非凡之士安排在一个平凡的职位上，那是对人力资源的浪费，没有哪个公司可以经得起这种浪费，杰出人才最终也只会弃你而去。因此，给人才一个最佳位置，让每个人都能充分发挥自己的聪明才干，是每一位管理者需要解决的关键问题。

兵圣孙子说，"故善战者，求之于势，不责于人，故能择人而任势。""人为先，策为后"与"择人任势"有着异曲同工之妙。没有合适的人，再好的策略也没有意义。所以说，只有在适当的位置上，配置适当的人才，才能发挥人才的最大价值。

包容为上，敢用比自己强的人

企业的生存、发展离不开人才，一个成功的企业管理者要善于寻找比自己更强的人才来为自己服务。

美国钢铁大王卡耐基说过这样的话："你可以把我的工厂、设备、资金全部夺去，只要保留我的组织和人员，几年后我仍将是钢铁大王。"卡耐基死后，人们在他的墓碑上刻着这样一段文字："这里安葬着一个人，他最擅长把那些强过自己的人，组织到为他服务的管理机构之中。"卡耐基的成功在于善用比自己强的人。在知识经济时代，管理者更需要有敢于和善于使用强者的胆量和能力。

意大利首屈一指的菲亚特汽车公司是菲亚特集团的一个组成部分，也是世界大汽车公司之一。但是谁也没有料到这家赫赫有名的汽车公司，在1979年以前的10年里，竟然是一个面临倒闭的公司。它连年亏损，无法进行再投资，被迫将13％的股票卖给了对外银行。面对这种困境，菲亚特集团的老板艾格龙尼家族大胆选用强过他们的基德拉，任命他为汽车公司的总经理，将公司交给他独立经营。

基德拉管理才能出众，平易近人，具有不屈不挠而又吃苦耐劳、脚踏实地的性格，老板正是看中了他的这些优点而邀请他来汽车公司任职的。基德拉上任后，果然出手不凡，大刀阔斧地进行了一系列行之有效的改革。在基德拉的整治下，公司很快地摆脱了困境，提高了劳动生产效率，到1984年终于使汽车的销售量达到了一百多万辆，跃居欧洲第一位，基德拉本人也因为经营有方而闻名，被人们称为欧洲汽车市场的"霸王"。

若想使公司充满生机活力，必须选贤任能，雇请一流人才，而不能武大郎开店，害怕对方超过自己。用一流的人才才能造就一流的公司。

作为一个企业的管理，最擅长的能力应该是把那些强过自己的人组织到他管理的机构中，把行家用起来。在企业内部，人才是最宝贵的财富。管理者要敢于用强过自己的人，才能最终走上事业的快速健康发展轨道。

阿东和阿广是某高校人力资源专业的同班同学，三年前，两人同时去一家公司应聘人事经理的职位。因为两人在各个方面的水平都相差无几，公司老总也难以迅速决断，于是便决定让两人各自到人才市场招聘一名人事主管，然后根据他们的实际表现来决定取舍。

招聘那天，应聘的人多得让人喘不过气来。但经过和应聘者短暂的交谈之后，阿东觉得这些应聘者不是理论知识匮乏，就是实际经验不足。抱着宁缺毋滥的心态，阿东一个也没看中，一天下来无功而返。但回到公司后，阿东发现阿广已经录用了一个。令阿东吃惊的是，被录用者竟是被他淘汰的。

阿东觉得有些疑惑，觉得阿广的眼光不至于如此之差，便问阿广为什么作出这样的选择。阿广笑了笑，故作深沉地说出了自己的"高论"："你想，如果你的下属处处比你强，你还能有好日子过吗？早晚还不得被他顶下来？但若录用一个比我差的人，我就可以稳坐现职而无后顾之忧了……"

阿东简直对阿广佩服得五体投地，心里一个劲儿地责怪自己怎么连这么简单的"人事之道"都想不明白呢！心想这个职位已非阿广莫属了！回到公司，阿广得意地将他招来的人介绍给了老总，等待着老总的好消息；而阿东则一脸愧疚地对老总说，因为没有合适人选所以只好空手而归。

但出人意料的是，老总当众宣布阿东被录取了！而阿广只好和他那个"可靠"的下属另谋出路了。

就职那天，老总将阿东叫到自己的办公室，递给阿东一个特制的布娃娃，说："请你将它打开。"阿东有些摸不着头脑，疑惑地将布娃娃打开，惊奇地发现里面竟是一个更小的布娃娃，再打开，里面又是一个小的，如此重复了三四次，直到在最小的一个里面看到一张纸条，上面写着："这个职位关系着公司的发展，如果你总是招聘比你差的职员，那么公司就会像这个布娃娃一样越来越小，最后成了'侏儒'企业，甚至会消失。只有敢于录用能人，我们的公司才能迅速发展壮大……"

阿东顿时明白了"精明"的阿广为什么会落选……

在企业的发展过程中，管理者敢不敢用能人、用强过自己的人，这是管理者在用人上对自己的最大考验。能否做到这一点，取决于管理者的心胸、态度、胆识和魄力。若能大胆起用比自己能力强的人，被起用者得到的是机会，是锻炼，是信任，他们就会努力工作，追求卓越，他们就会有"两肋插刀"的情怀与奉献，管理者的才干也就能得到体现，组织、团队更能很好地发展。

摩根的成就举世公认，他的成功秘诀之一就是以开放的心态容纳他人。

摩根手下的人才可谓多矣。例如萨缪尔·斯宾塞和查里斯·柯士达。在摩根集团中，他们为摩根东奔西跑，立下了汗马功劳。萨缪尔·斯宾塞是个土生土长的美国南方人，比摩根小 10 岁，显得十分精明干练。他出身于佐治亚州，在南北战争时是南军的骑兵之一。战后，他在佐治亚大学攻读工程学。在当时情况下，学习工程学简直是件很稀罕的事。

毕业后，他进入巴尔的摩俄亥俄铁路。由于他非凡的才能，立即担任了总裁室的特别助理，此后便平步青云，不久即被提升为副总裁。恰巧此时，这条铁路由于赤字濒临破产，终于落入财产管理人手中。真是"受命于危难之际"，他的上任，使这条铁路起死回生。他的卓越管理才能在这里得到了最充分的发挥，人们对他都十分尊敬。

而斯宾塞之所以成为摩根的左臂右膀之一，是在当债务人依赖摩根救济时，摩根从他的经营与管理中很快就发现了他的过人之处，他觉得斯宾塞在某些方面甚至已超过自己。对于求才若渴的摩根来说，发现人才，任用人才是他的最大爱好，他绝不会放过任何一个人才。当他发现斯宾塞的过人之能时，他知道，他要的人才就在眼前，他要把他纳于自己的麾下。

摩根很是欣赏斯宾塞的才华，将他提升为总裁。而斯宾塞也不辜负主人的一番美意，负责偿还了 800 万美元的债务。因此，更加博得摩根的青睐。

另一位亲信参谋——查理斯·柯士达年纪更轻，甚至比斯宾塞还小 5

岁，正是大展雄风的好时光。他是属于德雷克歇·摩根商行的职员。

独立战争前，柯士达的祖先就以纽约为生意据点。经营西印度群岛的砂糖、咖啡及兰姆酒的贸易行业。他的血脉里继承着祖先的一切优良传统。他为摩根所赏识并重用，是在华普利与摩根共组辛迪加投资银行的时候，被摩根用挖墙脚的方式挖过来的。

他的肤色较一般人白，长在白色皮肤上的银色细毛，显示出他神经的纤弱。他是个就就业业的人，属于典型的勤勉型，每天早晨6点左右就出门上班，一直工作到深夜，甚至还将文件带回家看。

当他接到摩根发出的"铁路摩根化"的命令时，就得花上一个月的时间，调查这条铁路。为了全面彻底地进行调查，他简直要披肝沥胆，呕心沥血了。

他不仅乘火车观察，甚至走下月台，静坐在飞驰而来的列车旁，彻底察看枕木与铁轨的状态。当然，他也会开动火车头一试。他能够花最少的钱，赚回最大的利润。他这位股肱参谋，摩根是倚重有加。他把工人当作自己的手腕一样灵活运用，使得铁路的"摩根化"彻底成功。

管理者若想使企业充满生机活力，就必须选贤任能，雇请一流人才。是否敢用比自己强的能人，是一个管理者的度量问题。作为真正成功的管理者，应该有容人之长的勇气，给予强者充分展示才华的能力，让其更好地为企业、为自己服务。

知人善用，人尽其才

知人善任，是管理者用人艺术的最高境界。知人，就要求客观地，全面仔细地了解别人的长处、短处、优点、缺点。善任，就是能够科学地、合理化地任用人才，授以权力，以做到人尽其才，才尽其用，从而有效地发挥人才的作用。作为一个管理者，必须学会知人善用的用人艺术，这是顺利实现组织目标的一条捷径。

去过庙的人都知道，一进庙门，首先是弥勒佛，笑脸迎客，而在他的背后，则是黑口黑脸的韦陀。

但相传在很久以前，他们并不在同一个庙里，而是分别掌管不同的庙。

弥勒佛热情快乐，所以来的人非常多，但他什么都不在乎，丢三落四，没有好好地管理财务，所以依然入不敷出。

而韦陀虽然管账是一把好手，但成天阴着个脸，太过严肃，搞得人越来越少，最后香火断绝。

佛祖在查香火的时候发现了这个问题，就将他们俩放在同一个庙里，由弥勒佛负责攻关，笑迎八方客，于是香火大旺；而韦陀铁面无私，锱铢必较，则让他负责财务，严格把关。

在两个人的分工合作中，庙里一派欣欣向荣景象。

对于管理者来说，无论一个人具有怎样的才能，都有其发挥作用的地方，关键就在于管理者能否做到知人善任。

俗话说："人无弃才。"关键在于"知人善任"。只有知人善任，才能人尽其才。不知人，谈不上善任；不善任，知人也就没有意义了。知人善任就是为工作安排最适当的人，或为人安排最适当的工作，从而产生最高的效能。

在这个人才竞争的时代，企业的发展靠人才。作为一个企业的管理者，在人才的选择和使用上如果不能做到知人善用，那么企业恐怕将难以发展。

　　1993 年，在乐清财税战线上工作了 39 年的吴纪侠刚刚退休回家，求贤若渴的南存辉便三顾茅庐请他"出山"。南存辉开诚布公地告诉他，正泰多么需要像他这样的人才，希望他能加盟正泰，帮助正泰发展。吴纪侠爽朗一笑："人才？我可算不上什么人才。不过，我可以向你推荐一个人，他是一个真正的人才。"南存辉急问是谁，吴纪侠说是他的顶头上司、当时的财税局长周敬东。他向南存辉透露了周局长即将退休的消息。南存辉喜出望外，对吴纪侠说："周局长我要，你，我也要！"在南存辉的诚心感召下，周敬东、吴纪侠二人先后来到正泰，一个任副总经理兼财务中心总经理，另一个先任财务部经理，后任销售中心市场部经理。现在二人都成了公司的总裁顾问。

　　吴纪侠加盟正泰后，主张建立自己的营销队伍，在全国甚至全世界铺设营销网络。这一想法与南存辉不谋而合。迄今为止，正泰已在全国各地设立销售公司和特约经销处近 2000 家，初步形成了一个以省城和主要工业城市为中心、地级城市为重点、县级城市为辐射点的三级分销体系。并在国外设立了 30 多个销售机构。若说吴纪侠没有过担心和顾虑，那不是事实。重要的是，有了南存辉的知人善任，有了他的鼓励，这种顾虑很快就被打消了。比如，随着营销网点的扩大，周转资金的数额也越来越大，吴纪侠有些害怕。"万一这垫出去的资金收不回来怎么办？"他向南存辉说出了自己的顾虑。南存辉当即明确表示："钱能否收回来是我的事，不是你的事，你只管把网点铺大就可以！"吴纪侠后来常对人说，有了董事长的这句话，自己对开展工作充满了信心。

　　古人云：善用人者能成事，能成事者善用人。管理真经就是要知人善用，方能成就大事。一个出色的管理者，必须要能量才用人，使人尽其才，物尽其用。古语有云："因其材以取之，审其能以任之，用其所长，掩其所短。"因此，要求管理者要有敏锐的洞察力，进行缜密的分析和判断，善于发现每一个人的个性特点，做到量才而用，将人才放在最合适的位置上，把人才的优势应用到最适合的工作中，不但可以各安其职、扬长避短，更能事半功倍！做到"贤者在位，能者在职，各安其职，各尽其才"。

总之，正确使用人才、善用人才、用当其才，是管理者的用人智慧，知人善用，用人得法，进而群策群力，是管理者缔造丰功伟绩的根基。

容人之短，用人之长

"用人之短，天下无可用之人；用人之长，天下无可弃之人"。用人不在如何减少人的短处，而在于如何发挥人的长处。

人无完人，金无足赤，一个人的优点和缺点总是相伴而生的。古人云："不知人之短，不知人之长；不知人长中之短，不知人短中之长，则不可以用。"一个开明的管理者应摒弃求全责备的思想，要对人才的长处和短处进行全面分析，做到集中精力发挥其特长，尝试用其长补其短，使每个人都能发挥专长，做到适才适用。

子发是楚国的一位将领，他特别注意选拔人才。楚国有一位擅长偷窃的人听说了这件事，便去投靠子发。小偷对子发说："听说您愿意使用有技艺的人，我是个小偷，以前不务正业，如果您能收留我，我愿意为您当差，以我的技艺为您服务。"

子发听小偷这么说，又见他满脸诚意，很是高兴，连忙从座位上起身，对小偷以礼相待，竟连腰带也顾不上系紧、帽子也来不及戴端正，小偷见子发果然是真心，简直是受宠若惊了。

子发手下的官员、侍从们都劝诫说："小偷是天下的盗贼，为人们所不齿，您怎么对他如此尊重？"

子发摆摆手说："你们难以理解，以后就会明白的，我自有道理。"

适逢齐国兴兵攻打楚国，楚王派子发率领军队前去迎战齐兵，结果，连续交锋33次，楚军都败下阵来。

军帐内，子发召集大小将领商议退兵的策略，将领们想了好多计谋，个个忠诚无比，可是对击退齐兵却一筹莫展，而齐兵反而愈战愈勇。

面对紧张的形势，那个小偷来到帐前求见，主动请缨。小偷说："我有个办法，让我去试试吧。"子发见没有什么好办法，也就点头同意了。

于是，夜间小偷溜进齐军军营内，神不知鬼不觉地将齐将首领的帷帐偷了出来，回到楚营交给了子发。子发便派了一个使者将帷帐送还齐营对齐军说："我们有一个士兵出去砍柴，得到了将军的帷帐，现前来送还。"齐兵面面相觑，目瞪口呆。

第二天，小偷又潜进齐营，取回来齐军首领的枪头。子发派人送还。

第三天，小偷第三次进了齐营，取回来齐军首领的头发簪子。子发第三次派人将簪子送还，这一回，齐军首领惊恐万分，不知所措。齐军军营中议论纷纷，各级将领大为惊骇。于是，齐军首领召集军中将士们商议对策，首领对大家说："今天再不退兵，楚军只怕要取到我的人头了！"将士们无言以对，首领立即下令撤军。

齐军终于退兵而走，楚营内大大嘉奖了那个立功的小偷，众将士无不佩服子发的用人之道。

尺有所短，寸有所长。每一个人才都有自己的优点和缺点，对于企业管理者来说，对待人才要辩证地看待。不要紧盯着人才的短处，而要善于利用人才的长处。同时，更要有大度的心态，善于容人之短。如果你能够宽容待人，收获必将更多。

每个人都有自己的长处，也有自己的短处，而且每个人的长处短处有时候是相对的，从这个角度看是长处，从那个角度看可能就成了短处。所以，管理者要尽可能去了解每个下属的长处与短处，并尽量使之长的一面用于工作。只有这样，才能充分发挥每个下属的主观能动性，既利于他们个人的成长进步，更能使他们竭尽全力为企业建设作贡献。

中尾原来是由松下公司下属的一个承包厂雇用来的。一次，承包厂的老板对前去视察的松下幸之助说："这个家伙没用，尽发牢骚，我们这儿的工作，他一样也看不上眼，而且尽讲些怪话。"松下觉得像中尾这样的人，只要给他换个合适的环境，采取适当的使用方式，爱发牢骚爱挑剔的毛病有可能变成敢于坚持原则、勇于创新的优点，于是他当场就向这位老板表示，愿让中尾进松下公司。中尾进入松下公司后，在松下幸之助的任用下，果然弱点变成了优点，短处转化为长处，表现出旺盛的创造力，成为松下公司中出类拔萃的人才。

俗话说："用人如器，各取所长。"世上只有偏才，而没有全才，有所长必有所短，即使天才，也不可能七十二行，行行当状元。正确的用人之道，在于求其人之长，而不在于求其人为"完人"。你用他的长处，他就是"能人"；反之用其"短处"，则他就是"笨人"了。从心理学的角度而言，你用他的长处而忽略他的短处，会让他产生知遇之感，从而竭尽全力的工作；反之，则不然。

一位专门从事人力资本研究的学者说过这样的话："发现并运用一个人的优点，你只能得 60 分；如果你想得 80 分的话，就必须容忍一个人的缺点，发现并合理利用这个人的缺点和不足。"这话既有新意，又富哲理。一个开明的企业管理者应学会容忍下属的缺点，同时积极发掘他们的优点，尝试用长处弥补短处，使每个人都能发挥专长。

美国南北战争时期，南方统帅李将军手下的一个将领，因为不按命令行事，全盘破坏了李将军的计划。这个将领已经不是第一次这么干了。李将军并非暴躁之人，这一次也忍不住大发雷霆。一个助手等他平静下来，恭敬地问："您为什么不解除他的职务呢？"李将军转过头来，满脸惊讶地看着助手，说："多愚蠢的问题——他能带兵打仗啊。"

　　在一个人的身上，有长处也有短处，用人就要用其长而不责备其短处。人都有优点和缺点，在用人时必须坚持扬长避短的原则。用人，贵在善于发展、发挥人才之长，对其缺点的帮助教育，固然必要，但与前者相比应居于次。而且帮助教育的目的，也是使其短处变为长处。如果只看短处，则无一人可用；反之，若只看人长处，则无不可用之人。因此，用人之道，一定要用人之长，避人之短，这样才可以充分发挥人才的优势，促进企业的发展。

　　鲁迅曾尖锐地指出："倘要完全的书，天下可读的书怕要绝灭；倘要完全的人，天下配活的人也就有限。"有高峰必须有深谷，谁也不可能全能全才。管理者在任何时候都不能因为一个人有缺点，就埋没他的才能。

　　用人，用其长就是人才，用其短就是庸才。俗话说："巨匠手中无废料"，熟练的工匠可以让每一块不论大小的材料发挥作用，高明的管理者也应该可以发现每个人身上可用的地方，明白每个人的才能，用其所长避其所短，让每个人充分发挥他的效用。是金子就要让他发光，是人才就要发挥其才，这是一条最起码的用人原则。如果管理者能做到这一点，遇到不同的事，用不同的人，自然能收到最大的效用。

第十一课

关键时刻作出正确的判断，让决策简单快捷

　　决策是管理工作的核心内容，贯穿于管理工作的各个方面，关系着事业的兴衰成败。诺贝尔奖得主赫伯特西蒙曾对管理下过这样的定义：管理就是决策。当其面对复杂的问题或多种选择时，能够系统地进行思考并作出一系列的准确判断，能够更迅速地做出重大的正确决策，这是一个管理者最优秀也是最重要的品质。所以，管理者要有决策之智，灵活运用个人经验和综合能力，实施科学正确的决策，向管理要效益。

管理的成功在于决策的成功

古语云："将之道，谋为首。"这句话的意思是说，将军的首要任务在于谋略，用今天的话来说，就是管理者的主要职责在于决策。

所谓决策，就是迅速作出选择，下定决心，形成方案的能力，也就是实际决策能力。决策是行使权力的主要表现形式，决策权是所有权力的核心。一个成功的管理者往往能做到多听、善听、集思广益与敢拿主意、大胆决策的统一。管理者的价值在于能凝聚集体智慧"做正确的事"，同时能带领组织成员"把事情做正确"，把决策落实。

大至治国安邦，小到经营管理，凡是管理者总要作出种种决策。决策正确与否直接关系到管理活动的效能和成败，而能否作出正确的决策又与管理者的决策艺术水平有着密切的关系。所以，历来的管理者都十分注重提高自己的或群体的决策艺术水平。

决策是人们的一种社会行为，任何个人、企业、事业单位和政府机构都离不开决策。个人决策关系到个人的成败得失，组织决策关系到组织的生死存亡。作决策从来就是一件风险极大的事情，在很多的企业中，企业管理者个人的所作所为往往对企业的命运具有决定性的影响。

杰克·韦尔奇曾说："决断是一个完整的程序、完整的系统。"管理活动实际上就是管理者决策和组织员工落实决策的过程，决策是最实质的管理，一切管理活动都围绕着它而发生发展。对很多企业管理者来说，在使其企业走向失败之前，都曾创造过辉煌的业绩。在很大的程度上，也许就是因为过去的成功导致了其在后来的失败。因为成功太容易了，管理者就对自己持有绝对的信心，不愿意认真面对新的事实，改变自己以适应新的变化。殊不知，他们的很多成功在很大程度上是靠投机实现的。很多企业管理者在创业之初，因为胆大，敢于豪赌，竟能收到意想不到的效果。这种短暂的成功是在特定的环境下实现的，具有不可重复性，当外部条件变化时，过去成功的经验反而成为企业失败的因子。

据调查，世界上 1000 家破产倒闭的企业中，有 850 家是因为决策失误造成的。这一现象在中国也同样存在，飞龙集团总裁姜伟在反思失败时，认为主要原因是"在错误的时机做出了错误的决策"。他总结出的"20 大失误"中，头三条赫然在目的是："决策的浪漫化、决策的模糊性、决策的急躁化。"可见决策失误给姜伟带来的切肤之痛。而国内其他企业管理者在反思失败时，也无一例外地检讨自己的决策错误。三株集团总裁吴炳新自述"15 大失误"中，第 7 条就是"决策的民主化、科学化有待于进一步加强"。

可见，决策失败已经成为影响企业发展的头号失败原因，成为企业管理者经营管理中的最大陷阱。也证明了，决策是一个组织的核心工作，决策工作做好了，组织的发展才会有可靠的保证。

日本丰田公司是世界汽车工业的骄子。然而，在 20 世纪 50 年代准备打入美国市场时，却做出了错误的决策。当时，他们选择了一位社会名流做汽车经销的总代理，原以为凭借他个人的社会地位与名气，可以迅速打开销路。遗憾的是事与愿违，这位名流对经销汽车丝毫不感兴趣，其结果是只"代"不"销"。丰田公司焦急万分，但又毫无办法。因为他们之间有一纸协议，是不能轻易毁约的。丰田公司只好睁着眼睛打了一场"滑铁卢战役"，付出昂贵的学费来换取教训。

决策的正确与否，决定着事业的成败。所谓一步踏错，全盘皆输。即使是十分成功的企业一旦决策失误，也会给企业带来巨大损失，使事业遭受挫折，甚至使企业陷入万劫不复的深渊。

作为管理者，只有时刻保持清醒、冷静，能够做出正确的决策，才能够保证企业或组织的发展与壮大。在决策时，管理者应该通观全局，在思考问题、处理问题时应考虑周全，不能有偏颇，更不能以偏概全。

西方决策理论学派的代表人物赫伯特·西蒙认为：管理就是决策，决策是管理的核心。它对企业管理者的能力要求是快速判断、快速反应、快速决策、快速行动及快速修正。决策能力是管理者为维持企业生存必须具备的、最起码素质。科学决策是管理者知识素质的综合体现，也是他们的主要工作。决策水平的高低对企业的成败影响十分巨大，据美国兰德公司估计，世界上破产倒闭的大企业，85％是因管理者决策失误所造成的。

曾被称为"空中大力士"的洛克希德公司，在起航不久，便迷航而坠。事后分析，原因不难得出，由于做出生产"三星"喷气飞机的错误决策，致使公司13年共亏损25亿美元，从而不仅使公司失去大批的军火订单，进而又卷入"洛克希德贿赂案"。洛克希德公司由此名声扫地，一蹶不振，处境难上加难。究其根源，在于决策错误。

洛克希德公司在美国和世界航天史上，曾创下了无数个"第一"。

1933年，它生产的"织女星"号飞机进行了人类历史上第一次环球飞行；

1944年，它生产出美国第一架喷气式战斗机F—80；

1956年，第一架双倍音速飞机F—104诞生；

1959年，第一艘宇宙飞船进入圆形极地轨道时，它生产的氧化硅热保护材料对发射成功起了决定性作用；

它生产出世界上第一架大型喷气式"空中公共汽车"，为世界上一些著名民航公司所采用，飞行在14条国际航线上；它是一家参加了阿波罗飞船的研制，到飞往火星、土星、木星等其他宇航计划的制订，直至各国使用的DIALOG情报检索系统的设计的美国航空公司。

自从70年代中期以后，洛克希德公司开始失去原来的辉煌，陷入困境。长期以来，洛克希德公司是依靠美国政府的军火合同而生存的。1970年，洛克希德公司与政府签订的军火合同，占这一年政府军火定货合同的

5.9%，名列各公司之首，但到了1980年，只占2.7%，在排名榜上，已落到第6位。这时的"空中大力士"，已没有任何的竞争力了。

"空中大力士"迷航最主要的原因之一，是做出生产"三星"喷气飞机这一错误决策。

"三星"喷气飞机是1971年洛克希德公司投产的大型宽体喷气飞机。由于这种飞机造价成本高，再加上天文数字般的售价，使"三星"喷气机上市后无人敢问津，公司接到的订单很少，投产13年来，一共只生产了240架。"三星"喷气机的投产，不仅没有给洛克希德公司带来预期的丰厚收益，反而使公司年年亏损，如同背上长了一颗毒瘤。洛克希德公司为了支撑下去，不得不举债2500万美元，以维持生产。"三星"喷气机生产了13年，洛克希德公司共亏损25亿美元。

针对这种情况，洛克希德公司的管理者们并没有当机立断，悬崖勒马，转向开拓有市场前景的新产品。公司大部分人力、物力、财力都耗费在"三星"喷气飞机上，没有余力开发新产品，以致接连失去大批军火订单，其中包括巨额的美国海军军部订造的P－3C反潜艇飞机的合同。

洛克希德公司的成败很典型地反映了企业的管理者对企业命运的决定性影响。管理者的级别越高，做的决策越重大。决策越重大，其影响就越深远。如果重大决策出现失误，那无疑会使下属的努力付之东流，使企业的财力、物力都遭到损失。管理学上有一句名言：100个行动也无法挽救1个错误的决策。所以，企业要想获得长远发展，必须做出正确的决策。

在市场竞争中，一个企业能否成功，主要管理者的决断起着至关重要的作用。一名合格的管理者，应善于适应角色的变化，善于运筹谋划，善于正确决断。提高管理者的适应、运筹、决断能力，对于做好管理工作有着重要的意义。

转危为安，及时处理危机事件

随着科学技术的进步、社会生产力发展的多元化、管理活动的时空跨度越来越大和个体中的参变量越来越多，管理对象的构成元素也越来越复杂。在管理活动中常常发生一些突发、危急和棘手的事件，并使组织陷入危机。因此，如何成功地处理突发事件和危机是每位管理者不能回避的问题，也是每位管理者必须正视的挑战。

危机是可怕的，但更可怕的是面对危机时，作出了不当的反应。其实灾难是自然的，对每个人都是公平的，灾难发生之后反应不同，就决定了你的生和死。当大家都遇到灾难的时候，怎么反应是一个很重要的问题，当机立断，方能转危为安。

英国航空公司曾遇到过一次危机。有一次，一架由伦敦经纽约、华盛顿的英航班因为机械故障，在纽约被迫降落后禁飞。乘客对此极为不满，对英国航空公司怨声载道。该公司立即调度班机，将 63 名旅客送到了目的地。当旅客下机时，英国航空公司职员向他们呈递了一份言辞恳切的致歉信，并为他们办理退款手续。尽管英国航空公司因此损失了一大笔钱，但却有力挽狂澜的功效，大大弱化了乘客的不满情绪。英国航空公司的这一举措被人们广为流传，这不仅未损害反而大大提高了英国航空公司的声誉。此后，英国航空公司的乘客一直源源不断。

当公司处于危机的边缘时，成功的管理者总能够妥当地处理，使公司迅速地恢复元气并走向更大的成功。

客观事物是复杂的，管理者的认识能力和预见能力再强，也不可能完全预见事物发展变化的所有可能性。偶然性总是存在的，突发事件也常常是难免的。这就要求管理者处变不惊、临危不惧，及时处理危机事件，挽回损失。

危机事件实质上是矛盾激化的产物，但危机事件只要处理得好，不仅可以"亡羊补牢"，而且可能"逢凶化吉"，因此，管理者处理危机事件时，必须采取机动灵活、超乎常规的程序和办法。首先要采取的措施是控制事态、缓解矛盾。控制事态使其不再扩大，不是事件的真正解决，只是危机处理的开端。重要的是利用控制事态后的有利时机，千方百计地掌握事件的各种情况，透过表面现象看本质，据此创造性地解决问题，化害为利。

法国矿泉水产量居世界第一位，碧绿液是其中的佼佼者，有"水中香槟"之美誉。碧绿液年产超过 10 亿瓶，60％销往国外，在美国、日本和西欧等国，碧绿液成了法国矿泉水的象征。1990 年 2 月初，美国食品及药物管理署宣布，经抽样调查，发现碧绿液中含有超过规定 2～3 倍的化学成分——苯，长期饮用可能致癌。

消息一传出，无疑是对碧绿液声誉的当头一棒！外界舆论纷纷猜测：法国这一块名牌要倒了！面对这种情况，怎么办？一般公司只是收回那些不合格产品，并向消费者致歉，以求息事宁人，大事化小，小事化了，但从此，消费者也就不再相信这种产品。要想再达到以前的声誉，真是难乎其难。

在此危急关头，董事长勒万非常镇静，经过慎重考虑，他决定采取一些措施，不仅要设法走出危境，而且还要将这件事倒成对碧绿液的宣传，变害为利，并要好好利用此机会大赚一把。

他在记者招待会上宣布：就地销毁已经销往世界各地的 1.6 亿瓶矿泉水，随后用新产品加以抵偿。

如果说，发现含苯量过高还算不上什么大新闻的话，但"回收和销毁全部产品"这件事到成了当天的头号轰动新闻。这是一种"疯狂"的行动，更是一场"信心战"。对这一举动，法国政府总理当即表示赞扬。果然，在公司股票跌价 16.5％ 之后，当决定全部回收的第二天，股票牌价就回升了 2.5％。

接着，公司公布了造成事故的原因是人为技术造成的，差错在于：在净水处理过程中由于滤水装置没有按期更换，而不是水源被污染，从而安定了人心。由于饮用习惯及对该公司的信任，在美国仍有 85％ 的消费者继续购买碧绿液。首战告捷，接下来的第二招便是一场恢复信誉、巩固市场的宣传攻势。

碧绿液重新上市的那天，巴黎几乎所有的报纸杂志都用整版刊登广告，画面是人们熟悉的碧绿液，唯一不同的是有几个鲜明的字样——"新产品"。

同一天，法国驻纽约总领事馆举行碧绿液新产品重新投放市场新闻发布会。翌日，碧绿液美国分公司总经理仰首痛饮碧经液的照片登在各大报刊的头版显著位置。

不久，碧绿液广告在电视屏幕出现。一只小绿瓶，一滴水从瓶口沿着瓶身流淌，犹如眼泪一般。画外音是，碧绿液像是一个受委屈的小姑娘在呜咽低泣，一个如同父亲般的声音娓娓地劝慰她不要哭："我们仍旧喜欢你。"

"碧绿液"的牌子顷刻间家喻户晓，甚至有些以前不知道它的人也都知道了。谁都期待着新的产品上市后去品尝一下，这就产生了间接的巨大广告作用。

通过这一连串奇特的宣传攻势，碧绿液矿泉水反而获得了消费者的青睐。

企业的发展不可避免地会出现短期或长期的危机及不可预测的突发事件，怎样才能最大限度地降低负面效应，减少危机对企业正常的生产经营的冲击，带领下属奋发图强，走出危机笼罩的阴影，是优秀管理者必备的素质之一。

当企业出现某方面的危机时，除了积极采取补救措施应对外，如何将坏的情形扭转过来，将危机转化为商机更是管理者应做的。因为危机往往不仅带来麻烦，同时也蕴藏着无限商机。通过负责、漂亮的危机战役，公众将会对企业有更深的了解，企业在危机过后也能树立更优秀的形象。

预测未来，正确地判断形势

管理者是引导和率领群众朝一定目标前进的人。作为管理者必须具有预测能力，善于深谋远虑，具有战略头脑和眼光，运筹帷幄，总揽全局，在复杂的情况下，能预测事物发展的趋势，判别事物的本质，分清问题的主次，这样，才能作出正确的决策，采取相应的措施，有效地解决问题。

领导学者福莱特强调："我们所要面对的是一个时刻处于变化之中的环境，所以决策必须对未来的发展作出预期。决策如果仅仅适用于当前环境，一般都是二流人物的标志，管理者的任务正是对由眼前到未来的过渡能够作出卓越超凡的理解。"可见，一个管理者要想成功，就必须有先见之明，这样才能使下属永远追随在你的鞍前马后。

星巴克的创始人霍华德·舒尔茨，凭着自己对人们文化生活发展趋势的深刻洞察与前瞻性的把握，在短短的 20 年间打造了一个遍布世界的咖啡王国。1983 年，当他还是老星巴克的经理时，他就看到了咖啡市场的巨大潜力——工薪阶层的兴起。然而，老星巴克的管理者们却不认同这个远景，不肯改变经营思路。于是，舒尔茨离开了，并于 1986 年开了自己的第一家咖啡店。随后，他又开了三家店，且销售额都达到了年均 50 多万美元。后来，舒尔茨以 400 万美元的价格买下了老星巴克。靠着他非凡的前瞻力，星巴克快速前进。时间步入 21 世纪，舒尔茨当年倡导的咖啡精神已成为了全球性文化。而星巴克咖啡店遍布世界每个角落，股价收益之高已超过了通用电气、百事可乐、可口可乐、微软、IBM 等大公司。

正确地判断形势，是做出正确决策的基础。古人说："识时务者为俊杰"，就是强调要认清形势，把握事物发展变化的趋势。只有这样，才会带领组织走向成功。相反，如果缺乏判断力，或者形势判断失误，都可能导致毁灭性的打击。

众所周知，任何事物都是处在不断地发展变化之中的，一个组织、企业的目标同样如此。目标不仅受企业内部因素的影响，也受来自外界大环境的影响。所以即便是已经确定了的目标也不是一成不变的，而是应该实事求是地及时调整。而调整的依据就是对周围环境动向和发展趋势的正确预测。

钢铁大王安德鲁·卡内基创业之初，正是美国南北战争时期。战争的发生，使铁路桥梁屡屡被毁，国家损失惨重，但仍然要及时地进行补修重建，在这方面的耗资是十分巨大的。具有远见的安德鲁·卡内基马上发现了赚钱的机会，他打算成立一个铁桥建设公司。但当时他手头的钱还不足以建立一个公司，好多人劝他说：现在的工作收入也不错，干吗要去冒险呢！但他一旦下定决心，就会立即付诸行动。他四处筹集资金，很快建立了铁桥建设公司，那时专门从事这一行业的公司还很少，且大多设备不全，不能担当所有项目的设计和施工。所以卡内基铁桥建设公司成立后，工程不断，大量的财源流入了安德鲁·卡内基的口袋。

正当他的事业十分红火之时，他却放弃了自己苦心创建的铁桥建设公司，这一做法让许多人不理解，他们认为卡内基太不自量力了，这么好的事业不去继续开拓，反而舍弃掉现有的胜利成果，改行做别的，让一切重新开始，一定是被成功冲昏了头脑。但卡内基不以为然，他的眼光比普通人看得远，他相信自己的判断。他认为："美洲大陆现在是铁路时代、钢铁时代！需要建造铁桥、火车头和铁轨，钢铁生意将是一本万利的。"铁路将成为美国最赚钱的行业，也是需要钢铁最多的地方。铁路造得越多，对生产和经营钢铁者就越有利。他决定在钢铁方面开拓自己的事业。

为了掌握钢铁技术和先进的经营方法，他毅然放下手头的一切，到欧洲作了长达 280 天的考察。在伦敦他参观了钢铁研究所，买下了工程师道兹兄弟的钢铁制造法的专利。同时，他还买下了焦炭洗涤还原法的专利。回国后，卡内基就像是重新上紧了发条的机器一样，迅速行动起来，全力向钢铁王国进军。

1868 年，安德鲁·卡内基建立了联合制铁厂，并建立起了一座高 22.5 米当时世界最大的熔铁炉。1872 年，他在匹兹堡的南面建起了一座钢铁厂，他的钢铁厂规模是当时美国最大的。卡内基的事业开始进入辉煌时期。在企业管理中，卡内基特别注意鼓励工人尤其是技术人员放远目光，努力学习当时最先进的生产技术，注重技术的革新，所以卡内基企业的生产力一直在美国甚至是整个欧洲都处于领先地位。

卡内基自己更是时时关注当时最新的市场变化，并注意分析整个市场的走向，适时采取最有效的经营策略，所以他永远都是走在时代最前列的企业家。1873 年，一场严重的经济危机席卷了整个美国，他投资的新兴钢铁业却独领风骚，正如他所预测的那样：铁路公司正在用钢轨调换铁轨，军火工业和其他工业对钢铁的需求也在迅速增加。没有多长时间，安德鲁·卡内基的资产就翻了好几番，他的公司几乎垄断了美国的钢铁市场，他也一下子成了美国最有钱的富豪之一，并被誉为美国"钢铁大王"。

作为管理者要拓展眼界，开阔视野，不要仅仅局限于鼻子尖上的一时一事。"欲穷千里目，更上一层楼。"放远眼光，立足现在，才能预测未来，才能作出科学的决策。很多成功企业的管理者都能够准确地洞察市场的变化，在研究其发展的规律上，准确地调整目标和发展方向，从而引领市场潮流并抢占先机，使自己的企业立于不败之地。

一个企业或者组织的目标是该企业或组织计划的一部分。但是已经确定的目标并不是一成不变的，当大的环境改变时，适时地调整目标，才是最为明智的选择；如果一味坚持已经不合时宜的目标，不实事求是地加以改变，那么等在前方的只有失败。所以作为管理者要放眼全局，要能够看到企业未来的发展方向，以及可能面临的各种挑战和机遇，并适时地调整企业的目标，这样才能保证企业顺利发展。

对未来和形势的判断力是管理者工作能力的重要体现，它是一个组织未来发展的方向标，是驱使下属激情工作、不断进取的原动力。"有几十年的眼光，可以建立几十年的事业；有千百年的眼光，可以建立千百年的事业。"这是成功者的格言，也是今天的管理者要谨记的管理之道。

凡事要做长远打算，切不可鼠目寸光。古人告诫：有备无患方可成功。看得远，才能走得远；走得远，才能做得远。事前要有所预见，遇事要深思熟虑再作定夺。做长远的打算，千万不能做事后诸葛亮。能看到别人看不到的，能考虑到别人考虑不到的，能计划到别人计划不到的，这才是管理者的前瞻魅力，才是管理者获得下属紧紧跟随、时时倾慕的远谋大略。

通达权变，灵活地作出决策

作为管理者，要能够根据不同的实际情况适时地、灵活地变通，这也就是古人所说的"通权达变"。通、达，就是通晓、懂得；权、变，就是权宜、变通。明朝《投笔肤谈·权达第三》中说道："达权者，通达权变也。家计既立，则凡军中之事，备之周察，已不败矣。然欲取胜，尤需见微知著，随即转移，以通权达变，而不可胶弦袭辙也。"

通权达变的基本特点是善于根据不同的情况作出不同的应对。一成不变则食古不化，有如坐以待毙，会逐渐被社会淘汰；世事物换星移，晓得变通，破旧立新，才能提升个人在社会上的竞争力。愚者一成不变，智者通权达变。

在世界汽车行业里，每80辆轿车中就有一辆是"本田"牌的。但使本田公司取得引人瞩目的成功而扬名天下的，却是本田摩托车。本田摩托不仅在日本国内是龙头老大，在世界上也是首屈一指。这一切首先归功于它的创始者本田宗一郎。

本田的发展历史并非一帆风顺，同样存在着目标的选择、决策的风险。以20世纪70年代初为例，当时本田摩托在美国市场正畅销走红，本田宗一郎却突然提出了"东南亚经营战略"，倡议开发东南亚市场。此时的东南亚因经济刚刚起步，生活水平较低，摩托车还是人们敬而远之的高档消费品，许多人对本田宗一郎的倡议迷惑不解。本田拿出一份详尽的调查报告，解释说："美国经济即将进入新一轮衰退，摩托车市场的低潮即将来临。假如只盯住美国市场，一有风吹草动便损失惨重；而东南亚经济已经开始腾飞。只有未雨绸缪，才能处乱不惊。"

一年半后，美国经济果然急转直下，许多企业的产品滞销，库存剧增。而在东南亚，摩托车开始走俏。本田公司因为已提前一年实行创品牌、提高知名度的经营战略，此时便如鱼得水。公司非但未遭损失，还创出了销售额的最高纪录。

本田公司的成功之处就在于其管理者具有敏锐的洞察力，他不仅看到了一年后美国经济的衰退，也看到了东南亚经济崛起是个绝好的机会。

一个管理者最重要的就是要有远见卓识。市场竞争十分激烈，千变万化的市场形势随时都会给企业的生存和发展带来机遇，也随时可能带来威胁，甚至灾难。这就决定了企业家必须有远见，具有敏锐的洞察力和先见之明，能够审时度势，超前地对市场变化的趋势、进程和结果作出正确的判断，从而趋利避害，抢抓商机。

时代转变，我们不可能墨守成规，一成不变。世界在变，人也在变，这个社会有很多变数。我们所面对的环境事物，不能事事尽如人意，很多事都是不在意料之内。所以我们必定要向风转舵，随机应变。

通权达变有的时候是由于客观条件的变化，如市场环境的突变；有的可能是因为错综复杂的多种因素，如外部压力和内部的不和谐；还有的则可能是原有的计划在现实中行不通，碰了壁，就不得不进行变更。无论是哪种情况，在解决时都要从具体的情况出发，灵活机动地处理问题，这样才能在关键的时刻化险为夷，取得成功。通权达变，要求管理者既要有胆识，又要有谋略，而权变之谋用得如何，关键在"巧"和"活"二字上。

相机而行、灵活应变，不仅仅是一种战略战术，有时候它也是管理者的一项重要的决策智谋。

1967年埃及—以色列战争爆发后，一位商船主打电话给英国的石油公司总部，询问公司是否租用他的商船，接电话的是英国石油公司总部董事长彼得·沃尔特。然而当时他不过是一位副总裁，按照惯例，沃尔特无权给对方答复。但是这位商船主只给他一个小时的时间考虑，若在一个小时内得不到肯定答复，他将出租全部商船。

于是，沃尔特当机立断，给了对方明确的答复，因为当时他找不到一位更高一级的决策人。埃及与以色列开战后，油船价格涨了数倍，就在沃尔特果断处理了这个电话的两天后，油船价格又上涨了一倍，这意味着沃尔特为公司节省了一笔巨额开支。

管理者所处的环境——无论是战场、商界还是政坛，都是瞬息万变，错综复杂，扑朔迷离。因此，管理者必须具备灵活应变的能力。成功的管理者都是灵活的人，不顽固，不僵化，能够根据不同情况而随机应变的人。

当今社会，各种事物都是飞速发展变化的，如果你跟不上变化的"节奏"，以变应变，寻找出路，你就会处于被动地位。所以，管理者必须能审时度势，顺应时势，善于变化，及时调整自己的行动方案，这是管理者适应现实的一种方法。

当机立断，迅速地作出决策

管理者与普通人的最大区别是管理者不得不经常作出各种决策。这就要求管理者有当机立断的魄力。在竞争激烈的今天，现代管理者面临着许多新问题，必然要应用他的知识和智慧，综观全局，把握时机，作出抉择，这就是当机立断的魄力。

在管理决策过程中，每作出一种选择，都必须与机会、风险、利害、压力、责任等问题相牵连。所以，管理者必须要有当机立断的魄力与胆略。果断的性格，可以使我们在形势突然变化的情况下，能够很快地分析形势，当机立断、不失时机地对计划、方法、策略等作出正确的改变，使其能迅速地适应变化了的情况。而优柔寡断者，一旦形势发生剧烈变化时就惊慌失措、无所适从。他们不能及时根据变化了的情况重新作出决策，而是左顾右盼、等待观望，以致坐失良机，常常被飞速发展的形势远远抛在后面。

当机立断是管理者胆量和见识的综合表现。关键时刻，管理者要用科学的眼光和科学的方法分析客观形势，审时度势，全局在胸，抓住酝酿成熟的时机，以其雄才胆略，排除各种干扰，拍板定案，切不可优柔寡断，举棋不定，贻误时机。

20世纪60年代初，日本日立公司为了扩大企业规模，发展生产，投入了大量资金，购买新建厂房建筑材料，新添置一些设备。这时，正赶上了整个日本经济萧条时期，现有产品滞销，卖不出去，扩大企业规模就可想而知了。面对这一严峻情况日立公司有两条路可供选择：一条路是继续投资，另一条路停止投资施工。日立公司经过大家认真讨论、分析、研究，最后，果断决定走后一条路，停止投资实行战略目标转移，把资金投放到其他效益方面，积蓄财力，待机发展。经过实践证明，日立公司的决策是正确的。从 1962 年开始，日本三大电器公司中的东芝和三菱的营业额都有明显下降，但是日立则一直到 1964 年仍在继续上升。进入 60 年代后半期，一个新的经营繁荣时期来到了，蓄势已久的日立不失时机地积极投资，1967 年投入了 102 亿日元，1968 年上升到 160 亿日元，1969 年上半年就突破了千亿大关，达 1220 亿日元。

从效益上看，1966 年—1970 年，5 年内销售额提高了 1.7 倍，利润提高了 1.8 倍。

在信息爆炸、社会急速发展变化的情况下，管理者必须要有决策能力。对错综复杂、紧迫突发的问题，管理者要反应敏捷，及时判明事物的本质，排除干扰，不为一时一事的得失所困扰，在可供选择的方案中及时作出抉择，采取果断措施，解决问题。

果断决策是管理者能力素质的体现。作为一个管理者要站得高、看得远。既要脚踏实地，又要高瞻远瞩预测未来。在重大问题上，在集体思想不尽统一的情况下，管理者要能依据事实而不是依据想象进行决策。

西武集团是日本拥有 170 家大规模企业，员工总数达 10 万人的企业，它与新日本钢铁公司、三菱重工企业集团同列为日本三大企业集团。该集团的总裁堤义明是日本企业界、财经界和公众中极具魅力和影响的人物。他被松下幸之助称誉为"西武集团的中兴之祖"、"日本服务业第一人"。

西武集团的第一代领导人也就是堤义明的父亲去世后，由堤义明接手西武事业。第二年，堤家产业的发展便面临一项重大选择。当时的日本，正值经济发达、工业繁荣的时期，整个日本仿佛一个巨大的工厂，夜以继日以致飞速成为世界上的经济强国。几乎每个人都认为在东京投资房地产肯定是一件一本万利的事情，许多著名的企业和企业家都先后云集于东京，将"触角"伸向越来越炙手可热的房地产业。

西武在房地产上有着巨大产业和经营经验，因此很多投资者都以为它必然会以更大的投资力度进入东京的房地产。但事实并非如此，年轻的堤义明作出了一个令所有投资者大吃一惊的决定——"西武集团将撤出东京的房地产业！"

这一决定令全日本的企业家都感到迷惑不解。在大多数人看来，炒地皮开发房地产是一项暴利行业，尤其在寸土寸金的东京，炒房地产则无异于自己印钞票，比投资任何事业都更有利可图。因此，他们无法理解堤义明何以作出这样的决定，有人开始怀疑堤义明有没有领导这家大企业集团的能力。一些想在房地产投机中获取暴利的人中伤堤义明，把他说成是一个不懂得经营之道的阿斗，他父亲是看走了眼才让他继承自己辛苦打拼的事业。

在集团内部，以宫内严、森田重光等人为首的八大金刚为首，大多数人也纷纷提出他们的反对意见，他们认为，集团不应该退出东京房地产业，不但不应该退出，还应该投入更大的资金。

接手西武之前，堤义明曾答应过父亲，守业十年，不作任何新的投资。但是，在守业之时，也不能任市场变化而一动不动，他必须使企业适应新的环境，以求得更长远的发展。在几乎是没有支持的情况下，堤义明依然具有坚定地撤出东京地产界的决心。最高决策会议上，堤义明面对年龄比他大、经验比他丰富的高层管理人员，是这样说的："我已经预测到，东京土地投资的好景已经过去了。供求要讲平衡，而大家猛炒地皮的结果，只会把正常的供求状态搞得不正常。因此，我认为东京的房产业很快就会出现失衡的大问题。对此，公司必须作出明智的决定。今天大家的意见有分歧，我认为这是正常的。如果全体一致同意，我反而认为事情不妙了——全体一致的主张，时常有毛病。现在大家不同意我的想法，但我知道我是正确的，尽管你们各位说的也不是没有道理。可你们没有看出东京地产业的暴风骤雨已经快到来了，危险得很。总之，这个问题我决定了，大家照我说的话去做准没错。"

接任集团领导才一年，堤义明就要公司从十分有利的东京地产投机市场上撤退，造成不满和猜疑是很正常的。然而，西武毕竟属于堤义明个人的产业，谁也不可能去更改他决定了的事，所以大家也只有保留意见，照样执行。

一年以后，西武集团的高层管理人员发现：年轻的堤义明的决定果然没错。这时候的东京地产业开始大规模地崩溃，无数土地投资者在炒卖的漩涡里无计可施，食之无味，弃之可惜，陷入了困境之中。而真正获得胜利的，正是堤义明这样极少数目光清晰、头脑灵活的管理者。因为论面积，西武集团的土地是日本第一。在东京地皮行情最好的时候，西武集团已稳稳当当地获取了已经得到的巨额利润。

对于管理者来说，凡是看准了的事情，就要当机立断，大胆地、果敢地去干。"当断不断，反受其乱。"一个遇事畏缩、犹豫、无法决断的管理者，是永远也不可能具备敏锐果断的魄力的。

现代社会是信息社会，是竞争的社会，它复杂多变、变幻不定、动荡激烈，任何犹豫不决都可能错过时机。优秀的管理者，一旦发现客观和主观的条件成熟，就要当机立断，果断决策，并立即付诸实施。

正视风险，勇于作出风险决策

管理者的重要职责，是作出正确的决策，以使整体有统一的行动目标。但在作决策的过程中，有的管理者过于谨慎、保守；在风险面前犹豫不前，往往错过很多难得的发展机会。这类管理者常说：不怕一万，就怕万一……思前想后，犹豫不决固然可以免去一些做错事的可能，但更大的可能是会失去更多成功的机遇。这种得不偿失的结果对我们来说是更大的损失。因此，我们必须有胆量，学会冒险，学会去尝试，因为生活中最大的危险就是不冒任何风险。只有敢于冒险，才会有更多的成功机会。

有这样一个寓言故事：

有人问一个农夫他是不是种了麦子。农夫回答："没有，我担心天不下雨。"那个人又问："那你种了棉花了吗？"农夫说："没有，我担心虫子吃了棉花。"于是再问："那你种了什么？"农夫说："什么也没种，我要确保安全。"

农夫确保了他的庄稼安全，可他的肚子一定不会安全。

在任何事业中，如果把所有的风险都消除掉的话，自然也把所有潜在的机会都丢掉了。一个不冒任何风险的人，只有什么也不做，就像那个农夫一样，到头来，什么也没有，什么也不是。风险中孕育着机会，敢于正视风险、敢于冒险，那无疑就更容易抓住成功的机会。

在不确定性的环境里，人的冒险精神是最稀有的资源。管理学理论认为：克服不确定、信息不完善性的最优方法，莫过于组织内拥有一位具有冒险性的战略家。

成功需要谨慎，但也需要冒险。谨慎固然可取，但要依时依地而行。在行动准备阶段，比如调查研究情况，制定初步方案，对比优选方案，要力求谨慎。但最后的决断和执行又要敢于冒险。因为决策者所面对的有一大批变化着的未知因素，同时主客观条件也只能是相对成熟而已。决策者不能无限期地等待。当成功的可能一旦闪现，就应该果断行动，敢于冒险。

管理者要有冒险的精神，是指管理者在经营管理及项目开发过程中敢于寻找未知领域的新项目和新的市场空间，找出前所未有的思路和对策，探索前无古人的管理思路和办法。在尝试中改善管理方式，修订市场营销、项目开发、人事管理等方面的政策，在科技开发上有所创新，在管理突破上不断推出新点子。

哈斯布罗公司是美国的一家玩具企业，从事玩具生产已有几十年历史。但进入 20 世纪 80 年代后，公司受到了强大的市场冲击，业务日趋萎缩，销售额大幅下降，企业入不敷出。

在危难之时，斯蒂芬·哈森菲尔德出任该公司的董事长兼总经理。在危机和困难面前，他不慌不忙，首先对本公司的情况进行了全面的了解和分析，然后对美国玩具市场和全球玩具的生产和发展情况进行深入调查研究。在掌握了大量信息和第一手资料后，研究出方案，进行了多项风险决策。

哈森菲尔德认为，玩具既是小孩的宠物，亦是成年人的欣赏品，它已成为时代万物的缩影。随着社会的发展，科学的进步，人类社会的物品日新月异，玩具也会跟着应运而生。他投资上千万美元设立新技术研究室，专门研究和开发新型玩具，甚至用巨资购进一些技术专利。公司有人反对，有人说哈森菲尔德发了疯，花那么多钱去研究科学技术没有必要。

但是，事实胜于雄辩。在哈森菲尔德敢于冒风险的决策下，哈斯布罗公司经过十多年时间经营，不但起死回生，而且业务迅速发展，现已成为跨国大企业。它现在生产经营的玩具包罗万象，既有传统的"美国大兵"品种，亦有超速自动玩具车、宇航船；既有儿童玩具，还有成人宠物。这家公司成为美国玩具行业成长最快的公司：在 1980 年该公司销售额不足 1 亿美元，1983 年为 1.37 亿美元，到 1988 年增加到 14 亿美元，1993 年为 27.47 亿美元，市值为 31.05 亿美元，是当年美国最大 500 家工业公司的第 169 位。

任何一项经营活动和决策无不存在风险。企业要在竞争中求得生存和发展，必须敢于正视风险，敢于进行风险决策。

冒险与收获常常是结伴而行的，风险和利润的大小也是成正比的，巨大的风险能带来巨大的效益。险中有夷，危中有利。要想有卓越的成果，就要敢冒风险。正如海尔总裁张瑞敏先生所说："如果有50％的把握就上马，会有暴利可图；如果有80％的把握才上马，最多只能得到平均利润；如果有100％的把握才上马，一上马就亏损。"

冒险精神是管理者必备的一种素质。一个成功的管理者，他经历最多的，也就是冒险的经历。美国著名的《商业月刊》评选出20世纪80年代最有影响的50名企业界巨头，他们所具备的基本素质的第一条就是具有过人的胆识，敢于冒风险，不怕摔筋斗，不怕失败。在现代社会，不敢冒险就是最大的冒险。没有超人的胆识，就没有超凡的成就。

鼓励冒险，但决不等于提倡蛮干，应该讲究科学规律，能够预测事情发展的未来，并能降低风险率，这样会减少损失，就是失败了，也不会有太大的失望。所以，我们要成功，就需要"理性的冒险"。它是建立在正确的思考与对事物的理性分析上的。只有通过智力的这样一种活动，即认识到冒险的必要而决心去冒险，才能获得成功。否则，所谓的冒险成了莽撞。

冒险不一定都能成功，但成功一定要冒险。如果你想取得骄人的业绩，那么冒险是必要的。在领导学的道理中，很重要的一点也是如此。如果你想做得更好，你就得向现状挑战，你就得努力改变现状，你就得尝试冒险。

兼听则明，集思广益出良策

俗话说：三个臭皮匠赛过诸葛亮。管理者即便再有能力，也会受到知识、经验、经历的束缚，所做的判断难免会有失误，所做的决策常常会产生偏差。要减少组织决策的失误，运用"集智"创意，是个好办法。

中国明清时代的学者方以智是较早意识到"集智"重要性的一位有识之士。他认为自己很幸运地生活在古人之后，因此可以把前人或众人的智慧集中起来，从中找到通向成功的途径。方以智的儿子方中通则更明确地把"集智"称之为"择善"、"取其精华"。方中通说："聚古今之议论，以生我之议论；取天下之聪明，以生我之聪明；此之为择善。"这里，一个"取"字，一个"生"字，非常形象地表达了"集智"创意的优势。同样的道理，企业在发展和追求成功的过程中，采取"集智"的方法也是非常有用的。一些欧美财团采用群体思考法提出的方案数量，比同样的单人提出的方案多70％。

正所谓："兼听则明，偏信则暗。"集思广益，广泛地听取别人的意见，对管理者来说是大有裨益的。积极听取下属的意见，不仅仅是可以广纳雅言，使自己思想畅通，更主要的是这种虚心听取下属意见的态度会使下属觉得你平易近人。开明纳谏，很容易使他们倾心于你，甘心情愿地为你出谋划策，尽心尽力地帮助你走向成功。

在现代社会活动高度群体化的今天，管理者不能只靠自己"多谋善断"，而要集思广益，依靠专家"智囊团"的参与，从群众中来，到群众中去。

麦克·米克是一家拥有近万名职员、年经营利润在 4 亿多英镑的跨国大公司。该公司的最大特点就是：善于听取属下意见，并以此闻名。该公司培养出一种民众决策的优良作风．那些重大的决策、未来的目标、政策或方案，甚至都有最基层的员工来参与。公司认为，那事实上是最有价值的讨论和对话营造这样一种环境，是对属下的意见寄予充分的重视。因为公司的发展是众人的合力，大家的共同意见，才是公司发展的正确道路方向。

虚心接受别人的意见，可以集思广益地得到很多解决问题的好办法、好主意，这样便能使自己保持清醒的头脑，克服因一个人思考、决策的种种局限和弊病，使决策民主化、科学化、合理化。因此，集思广益对管理者来说绝不是一件小事。

作为管理者在作出决策之前一定要能够集思广益，广开言路，不能只听一面之词，或者只按照自己的想法去行事。只有围绕需要解决的问题充分征求意见，才能得出多种解决的措施，在众多的方案中进行利益比较，选择最佳的方案加以实施，这样就能保证多选的方案是最优的，所作的决策是最正确的。

既然集体构想如此重大，那么管理者在日常决策中怎么才能做到集思广益呢？

1. 鼓励下属提出不同意见

作为管理者要让下属经常有提供意见的机会。要让下属清楚地知道，你不仅允许，而且鼓励他们提出自己的看法和批评意见。下属们经常不愿意表示出与管理者不同的意见，管理者要明确地向下属们说明，管理者欢迎不同的看法，而且会认真对待这些意见。如果管理者倾听并考虑了下属的想法，下属们会更加服从指挥，更加拥护决策。如果不鼓励下属思考，下属们就会懒得开动脑筋，而是按照管理者的旨意低效率地去执行一项工作。在工作中，须知倾听、留意下属转达的意见是管理者和下属之间沟通的最有效方法。也是获得正确行动方式的有效方法。

2. 不要给下属泼冷水

有时候，下属的意见不一定都那么全面、正确，甚至可能是偏激、逆耳之言，这对管理者是一个考验。须有虚怀若谷、从善如流的气度和胸怀，对下属的意见才能做到不求全责备，不闻过则怒，而以"有则改之，无则加勉"来自警，鼓励下属多提意见。

尽管下属的意见不可取，管理者也不能当头泼冷水，而应该诚恳地说："你的意见我很了解，但是，有些地方显然还需多加斟酌，所以目前还无法采用。但我还是很感谢你，今后如果有别的意见，希望你多多提供。"或者说："以目前的情形，这恐怕不是适当的时机，请你再考虑一下。"如果管理者的措辞这么客气的话，尽管意见不被采纳，下属心里也会觉得很舒坦。同时也会仔细检讨自己议案中所忽略的事，然后再提出更完整的构想。像这样激励，就是下属获得成长的原动力。

3. 对下属提出的意见表示感谢

在接受了一项意见，并按意见执行之后，一定要对提出这条意见的下属表示感谢。这样能让下属觉得自己和自己提出的意见被管理者所重视，进而以后会更加积极地提出宝贵的意见。

总之，一个人的智慧是有限的，群策群力集中大家的智慧，才是不可限量的。作为一名管理者，在环境错综复杂的今天，应该依靠集体的智慧，不能搞"一言堂"，自己说了算。同时，管理者作决策还要善于对不同的决策意见进行比较和融合，取长补短，开阔视野，深化思路，使大众的智慧最大限度地发挥出来，保证决策的成功。

第十二课

不断完善自身，以简单的方式立威

威信是一个人作风、品行、素质的综合反映。它包含着威望与信任，是管理者必须具有的素质与资本。失去了它，再有能力的管理者在众人眼中也显得一无是处、暗淡无光。立威，不一定要大张旗鼓，有时候从小事上也可以做出大权威来。管理者威信的获得，有来自职位权力的因素，但更多的却是通过是不断完善自身素质和去建立良好的个人形象。如何以简单有效的方式立威，这是值得管理者认真考虑的问题。

树立个人威信，提升影响力

古代有这样一则故事：

有一位新县官，上任 3 个月后问他的幕僚："你看我的威望比前任高吗？"那个幕僚难堪地摇摇头，没有说话，于是这个县官第二天就主动辞职了。

这个故事表明，管理者权威的核心是威望。当"官"没有威信，还不如不干。所以说，管理者只有树立威信才能够有所作为。那么，究竟什么是管理者的威信呢？

威信是指管理者在被管理者心目中的威望和信誉，它是使被管理者信任和服从管理者的一种精神感召力。作为一个管理者，他的威信如何，对事业的成败至关重要。

俗话说得好，"不怕群众意见大，就怕管理形象差"。在一个组织中，管理者的威望和影响力非常重要。管理者要树立威信，是因为管理者不同于众人。普通大众只要干好自己的事就可以，不用借助威信去带领别人做什么。而管理者不然，管理者不树立威信，就无法起到"领头羊"的作用，无法依靠众人取得成功。

威信既不是自封的，也不是别人捧起来的，而是靠自己一言一行、一点一滴的业绩浇铸起来的。威信是实践的产物，它既不能从上级的任命中产生，也不是管理者职权本身固有的，而是经过长期的实践在人的心目中形成的一种力量。大凡有威信的管理者，都是在长期的管理实践中，靠着自己的品德和业绩逐渐形成的。

1870年3月17日夜晚，法国最漂亮的邮轮之一"诺曼底"号，载着船员和乘客在从南安普敦到格恩西岛的航线上行驶。凌晨4点，它被全速行驶的重载大轮船"玛丽"号在侧舷上撞了个大窟窿，迅速下沉。顿时，人们惊慌失措地涌向甲板。这时，船长哈尔威镇静地站在指挥台上说："全体安静，注意听命令！把救生艇放下去，妇女先走，其他乘客跟上，船员断后，必须把至少60人救出去！"船长威严的声音，稳定了人们的情绪，当大副报告"再有20分钟船将沉没海底"时，他说："够了！"并再一次命令："哪个男人敢排在女人的前面，就开枪打死他！"于是，没有一个男人抢在女人前面，更没有一个人"趁火打劫"，一切都进行得井然有序。在生死关头，人们很可能不大会服从船长的命令的，而正是船长的威信使局面得以控制。在他要抢救的60人中，竟把他自己排除在外！他自己一个手势没做，一句话没说，随船沉入了大海。这就是权力所无法比拟的威信的力量。

作为管理者，在工作中最希望看到的事情就是下属承认自己的地位，乐于接受自己的指令，并遵照执行。在这样的过程中，所体现出来的就是管理者的权威。

有人用"管理＝实力＋威信"来概括单位或部门管理的特征，突出了实力与威信是构成管理能力的要素。成功的管理者，是因为他具有99%的个人威信和1%的权力行使。在这种管理者的感召下，一批人不计任何报酬地愿意为组织或部门辛勤付出；为设定的目标冲锋陷阵，毫不保留地奉献他所有的才智，甚至心甘情愿，不顾性命，赴汤蹈火。这样的管理者其实就是把威信发挥到极致。一个人之所以为他的组织卖力工作，绝大多数的原因，是这个组织的管理者拥有个人威信，像磁铁般征服了大家的心，激励大家勇往直前。

威信，包含着威望与信誉，是无价之宝，是管理者必须具有的素质与资本。《辞海》说，"有威则可畏，有信则乐从，凡欲服人者，必兼具威信"。威信是一种大品格、是一种大诚信、是一种大能力、是一种大智慧、是一种大勇气。在企业内主要由专业专长、从业经历、工作绩效及人格魅力构成。他不是靠权力去管理，而是通过人格魅力的影响来构筑个人威信。那么管理者又如何获得真正的威信呢？

1. 以德立威。俗话说："德高而望重。"优秀品德和高风亮节，是管理者建立威信的第一要素。管理者想树立权威必须要明白，威信的底蕴来自道德和才能。即是用自己的高尚宽厚的人格感化对方，使其心甘情愿地服从自己。中国有古语云："服人者，以德服为上，才服为中，力服为下。"如果说"力服"靠的是权势的力量，"才服"靠的是智慧的力量，那么"德服"靠的就是人格的力量。如果说以力服人者证明自己有权威，以才服人者证明自己更高明的话，那么以德服人者，则证明他的高尚宽厚是值得信赖的。这就是"以德立威"的真谛。

2. 以才立威。如果说管理者的品德是决定管理者威信的根本性因素，那么管理者的"才"可以影响威信的大小。这里的"才"包括管理者广博的知识与卓越的领导能力。知识是人类实践经验的概括和总结，是智慧和力量的象征，是衡量一个合格管理者的必备条件和起码要求，它直接关系着管理效果的优劣。如果一个管理者，精通业务知识，又有丰富的管理知识以及其他相关知识，就能赢得人们的敬佩，产生巨大的感召力。

3. 以情取威。管理者的威信作为一种影响下属的感召力、吸引力，是通过与下属感情传递发生的，这就是管理者形成与巩固自己威信的情感原则。一个成功管理者的威信80％来自情感方面，20％来自智慧方面。如果管理者与被管理者之间建立起亲密的关系，被管理者就会产生亲切感。亲切感不仅能更好地使下属接受管理者的影响，而且可以成为促使下属不断上进的动力。

4. 以信立威。"信"即信用。古人云，言必信，行必果。言必信，就是说话一定要讲信用，不食言，不说空话、大话。一个管理者只有始终坚持"言必信，行必果"才能取得群众的信任。最损害管理者威信的，莫过于被人发现他在欺骗、吹牛、搞鬼、不信守诺言。管理者一定要严格要求自己，如果做了错事、说了错话，应该坦率承认、及时改正，而不能欺上瞒下。只有这样，才能获得人们的信赖，形成自己的权威。

5. 以公立威。这里所说的"公"，是指在管理实践活动中，一定要敢讲真话，不讲假话，做到公开、公平、公正、公道。管理工作的实践表明：如果管理者能够公道处事，就能增强威信，凝聚人心；相反，管理者如果办事不公，就会导致威信丧失，队伍涣散。

6. 以"廉"生威。廉洁是管理者在下属面前的立身之本。也是下属十分关心的一个问题。在我国历史上，几乎各个朝代的"为官之道"都有"廉"的要求。虽然真正做到者不多，但凡是为民敬仰的好官，无一不是廉洁自律的。古人云："廉能生威。"管理者能够做到清正廉洁，下属便会肃然起敬。

放下官架子，把自己当成一个普通人

作为一个团队或企业的管理者，很容易产生高高在上的感觉，通俗说就是"拿架子"。这是管理者的大忌，也是管理者最常犯的毛病之一。有一些管理者总把自己摆在"高人一等"的位置上，耍派头、逞威风，结果导致管理者盛气凌人，被管理者怨声载道，这是最差劲的管理。管理者不但把自己的人品降了一格，同时也会使管理者与下属之间永远隔着一条无法逾越的"天河"。

有一位公安局的局长在平时进餐馆、逛市场的时候，认出他的人对他都毕恭毕敬，他对此也习以为常。一次，他去医院看病，由于病人较多，他排了一个小时的队才走进医生的诊疗室。医生头也没有抬，指着桌前的一张椅子说："坐下"，公安局长从未受到这种冷落，觉得非常恼火，便站着提醒医生道："我是公安局的局长。"医生抬头看了他一会儿，若有所悟地点点头，说道："噢，那么，请你坐两把椅子。"

这是一个幽默故事，很显然，坐两把椅子并不比坐一把椅子更舒服，或者显得更加有威严。所以，作为管理者，你没必要时时刻刻追求所谓的威严。如果你肯放下身段，把自己看作一个普通人，就不会遭受不必要的心理失落，同时反而能赢得他人的尊重。

其实，对于地位比较高的人，一般人都会敬而远之，如果你再摆官架子，就会把别人从你身边赶走，这样一来，由于你已经被自己的行为孤立起来，你会发现工作难以开展，事业受挫，同时你会发现你的生活也不快乐，因为你已经没有什么朋友了。所以说，管理者要勇于放下"官架子"，与下属打成一片，建立朋友式的伙伴关系，这样，下属才敢把心里话告诉你。

日本有家丰华公司，做电子商务的，做得非常成功。而这个公司老总叫坂田里茨，以前是在别的公司干主管。

在原先公司干主管时，坂田不懂得和下属搞好关系，总高高在上，仗着自己是公司高薪聘请来的主管，他说的话应该最有威慑力，并不需要和下属搞好关系。所以，平日里，坂田挑三拣四，总是埋怨下属这样不好那样不好，弄得下属怨声载道。

坂田看着团队没有创造力，心里很是纳闷，别的团队，每年都有新产品的研发。可是，坂田这个团队，除了完成他交代下来的任务之外，似乎并没有什么很有创造力的东西。难道是自己团队里的成员没有创造力？想来想去，坂田恍然大悟：原因肯定是出在自己身上。

所以，从第二天开始，坂田就一改板脸的态度。对下属也放松了，还买回了一大堆日用品，让下属在疲劳的时候，可以小小休息一下。他态度的转变，让下属很吃惊。不仅如此，坂田还主动拜访下属的家，和下属拉家常。

很快，坂田就从下属那里挖掘到了不少优点，彼此都很信赖。坂田就好像与他们融为一体，下属有什么技术难题，总会来跟他请教。坂田还鼓励他们多创新，不到一年时间，他们团队创造出了50多种类型的新产品，顿时受到了老板的信赖。才过一年多，坂田就被提升为了公司的副总裁。

从上面这个事例中可以看出，管理者放下官架子，看似少了些官威，实则提升了自己的人品和威信。所以，管理者不要老想着自己是官而不肯放下架子，要知道，高高在上的神态总是令人讨厌的，更不会受到别人的尊敬，它只会为管理者的工作平添无数障碍。而放下官架子，在工作和交往中，以平等的态度与下属交流，则会使人有受到尊重的感觉。如果管理者可以将这样的交往与管理活动巧妙地糅合在一起，下属便会乐于接受你的管理，并且乐于与你交朋友。这样，你的"权力范围"就会变成良好的"关系范围"，这才是一种最佳状态。

据一些报道反映，西方国家的一些大公司已经取消了经理、董事和其他高级管理人员的什么专用洗手间、专用餐厅，他们在工厂与工人们交谈、争论，有时也跪在地上和工人们一道摆弄有故障的机器。日本的企业更甚之，公司经理、董事长在工作时间同工人穿一样的工作服，一起干活。下班之后一起到酒吧喝酒聊天，到舞厅娱乐……总之他们都取消了自己的特权，放下了高高在上的指挥者的架子，破除了他们身上保留的"神秘"和"神"的幻想，以平等的身份感，以"人"的形象走入"人间"，走向下属，与下属们亲密相处。从而激发了下属的工作热情，打消他们长期对下压式的管理的逆反心理，有了归属感、安全感、认同感，以轻松的心情投入工作，发挥出最大的积极性和创造力。

有着"全球第一CEO"之称的杰克·韦尔奇先生，在执掌美国通用电气公司（GE）的近20年时间里创造了大量的商业典故，一直引领着全球商业和企业管理领域的发展。他是 20 世纪最伟大、最成功的企业家，同时也是一位善于放下"官架子"的老板，他经常与员工们"混"在一起，并乐在其中。他从一名技术员升到董事长，几乎在公司的任何一个部门都待过，但总能和员工保持非常融洽的关系。

有一次，杰克·韦尔奇在家里举办一个小型派对，不但邀请公司的高层领导，还有几名基层的员工也一起参加。为了带动派对气氛，他还让妻子准备卡拉 OK，要每个参加聚会的人都献上一首歌曲，很快的让大家沉浸在香槟与音乐的欢乐之中。

正当大家玩得非常高兴的时候，几名基层员工提出要先回去公司，韦尔奇感到很纳闷。原来，公司正在准备一批产品，按照正常工作时间根本无法完成，即使加班也未必能够按时交货。工人怕耽误交货的时间，只好利用周末的时间加班。

做事一向果断的韦尔奇，第二天立即召开会议，研究产品的生产计划安排。经过研究才发现，实际上确如员工所说，不可能在这么短时间内就将产品生产出来。他决定重新制订生产计划，并要求考虑工人的实际情况尽快提出一个解决方案。此外，他还特地去感谢几名基层员工的合理建议。

工作中，那些平易近人的管理者，总能和下属打成一片，创造出和谐友好的氛围，从而赢得他人由衷的尊敬，形成上下一条心、工作有声有色的局面。这也是树立威信，提升魅力，增强领导力的重要所在。

管理者要切实做到放下"官架子"，就要不以权压人，走出办公室，把自己置身于下属中；要做下属的知心朋友，从内心深处，视下属高于自己；要时刻把下属装在心窝里，下属有病，要用慈母般的爱关心呵护；下属有难事，要用满腔热情为他们排忧解难；下属有思想问题，要用挚友的真诚开导帮助。俗话说：只有送不到的暖，没有焐不热的心，只有想不到的事，没有讲不清的理。只要管理者对下属付出真爱，下属就会把你当作避风的港湾，他们的心自然就会在你那里靠岸，你也就赢得了他们的信赖。这样，管理者与下属之间的距离就近了，关系就顺了，你的工作也就容易展开了。

总之，作为一名管理者，必须放下架子，走近下属，体察下属的心意，这样才能了解工作真实的情况，洞察秋毫、胸有成竹、运筹帷幄，成为优秀的管理者。

以身作则，用无声的语言教育他人

作为管理者，你要想很好地履行其管理职能，不仅要靠正确使用手中的权力，更要靠自身的榜样和示范作用，靠自己人格的力量。这就是古人所说的，"其身正，不令而行；其身不正，虽令而不从"。管理者只有从严要求自己，以身作则，率先垂范，要求别人做到的，自己首先做到，要求别人不做的，自己首先不做，这样才能使下属从心理信服，产生巨大的号召力。

海尔的张瑞敏曾经说过："管理者要是坐下，部下就躺下了。"只有管理好自己的人，才能管理好别人。现在的企业管理要求它的管理者都能以身作则，用自己的实际行动影响下属，带头变成下属的表率。

香港富豪李嘉诚曾说："在我看来，一个好的管理者，首要任务就是自我管理。"他还经常告诉员工："自己没有做好，怎么可能要求别人做到呢？"在公司里，李嘉诚虽然贵为董事会主席，但也跟普通员工一样遵守公司的规定，从来不敢冒犯。为了节省时间，提高开会效率，李嘉诚要求高层主管开会时一定要注意时间，每次会议不能超过45分钟，如果超过规定时间就要立即终止会议，没有说完的事情就要自己找时间处理。很多人一开始都无法适应，会议的时间常常超过限制。

有一次，李嘉诚和公司的几名董事开会，大家都忘记了时间的要求，一眨眼就过了一个小时。李嘉诚发现后，马上决定散会，但几名董事就提醒李嘉诚事情非常紧急，希望破一次例。只见李嘉诚语重心长地告诉这些经理："大家都是公司的高层人员，公司上下数千双眼睛都盯着我们看，我们要给员工作出一个好的榜样。"

英国有句谚语："好人的榜样是看得见的哲理。"在一个组织或团队中，管理者的身体力行都将直接影响其成员的行为。在团队流传着这样一句话："别人不看你怎么说，而看你怎么做。"如果团队管理者对所有的团队成员说："你们每天都要到房间来学习，快速的提升能力。"结果团队成员发现，团队的管理者自己却没有参加学习，他们自然也不会照他说的去做，他们都会因为看到团队管理者的夸夸其谈而夸夸其谈，最后就是整个团队既难增员，也很难作出想要的业绩。

如何才能避免这种情况呢？唯有管理者以身作则地遵守制度，身先士卒地努力工作。管理者的表率作用能够带动下属的工作热情和精神，这样就容易在团队中形成一种积极向上、团结进取的工作氛围。

成功的管理者，在于99%的管理者个人所展现的威信和魅力和1%的权力行使。而这种威信与魅力，正是来自管理者自身的行为。古语说："己欲立而立人，己欲达而达人"，这句话的意思是说，只有自己愿意去做的事，才能要求别人去做，只有自己能够做到的事，才能要求别人也做到。作为现代管理者必须以身作则，用无声的语言说服下属，这样才能具有亲和力，才能形成高度的凝聚力。

台湾第一大民营制造企业鸿海集团执行官郭台铭，从做黑白电视机配件起家，短短5年内征战全球各大洲，营业额从新台币318亿直冲到2450亿，被美国《商业周刊》评为"亚洲之星"中的最佳企业家。

郭台铭成功的一个秘诀就是身先士卒、以身作则，亲自带领下属去执行。他性格十万火急，随身带着小闹钟。他看不得年轻人不上进，看不得事情没效率。为赶出货，他可以三天三夜不睡觉，可以直接冲到生产线，连续 6 个月守在机器旁，硬是盯着磨出技术！他曾说："管理哪有什么诀窍？主管带头做，底下照着做，就是如此。"

由此可见，管理者的榜样作用是具有强大的感染力和影响力的，是一种无声的命令，是最好的示范，对下属的行动是一种极大的激励。管理者与其天天为下属不努力工作而发愁、发怒、伤脑筋，倒不如自己一心一意地工作，为下属做个表率；与其要求下属去为企业拼命，不如自己率先士卒，拿出你的激情。只要管理者尽全力专注地工作，带头遵守相应的规章制度，用这种工作的激情和模范去带动下属，那么，管理者认真的态度必能感动周围的人，使他们积极地工作。

身教重于言教，榜样的力量是无穷的。行为有时比语言更重要，管理者的力量，很多往往不是由语言，而是由行为动作体现出来的。在一个组织里，管理者是众人的榜样，一言一行都被众人看在眼里，只要懂得以身作则来影响他人，管理起来就会得心应手。

世界上任何一个不断发展、不断进取的组织，都不会忽视、漠视榜样的力量。榜样是一种向上的力量，是一面镜子，是一面旗帜。管理者只有以身作则，为下属树立好榜样，才会影响和激励下属。

完善个人魅力，让自己更具吸引力

一个优秀的企业管理者往往是一个具有人格魅力的个体。比如海尔集团的张瑞敏、联想集团的柳传志、蒙牛集团的牛根生、华为集团的任正非，都以其独特的人格魅力吸引并领导着他们的下属。虽然这几个人性格各异，思维方式相去甚远，行事风格也迥然不同，但在他们下属的眼里，他们都是具有魅力的企业领袖。那么，管理者的人格魅力究竟为何物？

管理者的人格魅力，是指管理者的品德、才学、能力、性格、感情、经验等个人综合素质吸引人和感召人的影响力，它是居于管理者权力影响之外的、能让下属和群众敬佩、信服的一种自然征服力。

管理者人格魅力的大小，在具体的工作实践中表现是十分明显的。美国成功心理学大师拿破仑·希尔博士说："真正的领导能力来自让人钦佩的人格。"人格魅力强的管理者，在下属中的号召力大，他所作出的决策、计划获得下属认可的程度高，比较有把握吸引和带领下属去为完成既定的工作目标和任务而奋斗。而人格魅力缺乏的管理者，对下属毫无吸引力，与下属缺乏交流和理解，难以组织和动员大家为了工作而努力奋斗。

宋朝太尉王旦曾经专门在皇帝面前夸赞寇准的长处，推荐他为宰相，但寇准却多次在皇帝面前痛斥王旦的缺点。

有一天皇帝忍不住对王旦说："你虽然夸赞寇准的优点，可他经常说你的坏话。"王旦却说："本来应该这样。我在宰相的位子上时间很久，在处理政事时失误一定很多。寇准对陛下不隐瞒我的缺点，越发显示出他的忠诚，这就是我看重他的原因。"

有一次，王旦主持的中书省送寇准主持的枢密院一份文件，违反了规格。寇准马上将此事向皇帝汇报，使王旦因此受到责备。然而事隔不到一个月，枢密院有文件送到中书省，结果也违反了规格，办事人员兴奋地把文件送交王旦，以为王旦会报复寇准，可他没有这么做，而是把文件退还给枢密院，希望他们修正。对此，寇准十分惭愧，见到王旦时便恭维他度量大，后来，寇准升任武胜军节度使同中书门下半章事，寇准感谢皇帝对他的了解。不料皇帝却说："此乃王旦推荐。"寇准更加敬服王旦。

王旦做宰相十二年，推荐的大臣十几个，大多很有成就。王旦身上体现出来的，就是现代人所说的个人魅力，足以对周围的人形成吸引力和影响力。

　　高尚的人格魅力，产生权威。香港著名企业家李嘉诚在总结他多年的管理经验时说：如果你想做团队的老板，简单得多，你的权力主要来自地位，这可来自上天的缘分或凭仗你的努力和专业知识；如果你想做团队的领袖，则较为复杂，你的力量源自人格的魅力和号召力。由此可见，管理者只有把自己具备的素质、品格、作风、工作方式等个性化特征与领导活动有机地结合起来，才能较好地完成工作任务，体现管理能力；没有人格魅力，管理者的工作能力难以得到完美体现，其权力再大，工作也只能是被动的。

　　1994 年 6 月，进入华为的金森林正赶上 C&C08 数字机问世，经过了紧张而有序的短期技术培训以后，他被分到总测车间。7 月的一个晚上，由于用户板厚膜电路来料不良，测试进度非常缓慢。吃夜宵的时间过了很久，所有的测试人员都还沉浸在测试中，没有一个人去用餐。将近午夜12 点，车间的门开了，一位五十来岁食堂大师傅模样的人领着几个食堂工作人员推着餐车进来了，他一边给盛饭，热情地招呼大家喝点鸡汤，一边要大家注意休息不要太熬夜。也许是吃了夜宵的缘故，后面的测试居然比较顺利，在不到 1 点钟的时候就全部测完了。

　　8 月的一天快下班时，部门领导通知金森林晚上 7 点去参加新员工座谈会。会议主持人宣布座谈会开始，并兴奋地告诉大家，今天有幸请到了公司总裁参加新员工座谈会。在掌声中，金森林诧异地发现那个他一直以为是食堂"大师傅"的人站了起来，对着与会人员深深地鞠了一躬，说："欢迎大家来到华为公司，我叫任正非，希望大家喜欢华为公司。"他边说边走到大家面前，从口袋里拿出一大沓名片，一个个将名片递过去，并与新员工们一一握手致意。

　　名片发毕，任正非开始给新员工讲话，精彩的发言赢得了阵阵掌声，其中一段话让金森林记忆尤为深刻："我希望大家在十年以后还保留我的名片，把华为当成自己的家，尽管目前大家的岗位不一样，但我希望你们踏踏实实地干好它，就如法国的焊接工人一样，一辈子做焊接，直到做成世界一流的焊接专家，我期待着大家的成功。"

现在金森林仍然保留着那张名片，每当看到它，他的眼前便浮现出那段紧张而又令人难忘的日子。

众所皆知的一流管理者，无一例外地都具有一种罕见的人格特质，他们处处展现出魅力领袖的风范。他们不但能激发下属的工作意愿，而且具有高超的沟通能力，能够动之以情，晓之以理，浑身散发出热情洋溢的力量，尤其重要的是，他带领团队屡创佳绩，拥有一连串骄人的辉煌成就。运用奖赏力与强制力来领导，也许有效，但是如果你要提高自己的领导魅力，赢得众人的尊重和喜爱，管理者还要尽最大的努力来影响和争取下属的心。假如你能做到这点，就能成为一位成功的管理者，而且也可能完成许多不可能完成的任务。

诚信做人，说话办事言出必行

言而有信是管理者最大的资本，失信于人的管理者将会非常孤立和无助。约翰·巴尔多尼在《管理者诚信是金》一文中指出，"诚信对于一位管理者来说至高无上。有了它，他才能够领导人们到达'承诺之地'；没有它，他就会在期望失落的荒漠上徘徊不前。诚信一旦失去，也许就无法重新获得。因此，对于任何一位希望有所建树的经理，一大教益就是要保护好你的诚信，照顾好它，永远不要把它丢失。"

对于管理者而言，有许诺，则必须按时做到你说过要做的事情，恪守承诺是维护领导权威的要诀。在作出任何承诺之前都要深思熟虑。如果不能完全肯定自己能够兑现，那就不要轻易许诺，既然已经许诺，则必是全心全意，保证它能不折不扣地兑现。当你对下属说："干完这件事，我一定会给你加薪。"你心里就要确保这个承诺是可以兑现的。

下属得到上司的承诺，会紧紧记在心头，届时就期望能成为现实。得到了满足，就激发干劲，否则就会非常失望，甚至会走人。所以，管理者按时兑现自己的承诺是至关重要的。

威轮集团是我国一家生产发动机的大型民营企业。2000年，集团成立了一个项目部，开始了舷外机的仿制开发。

当时，舷外机在民用和军工市场上都有巨大的潜力，利润空间比通用发动机大得多。为了加快研发进度，抢占市场空间，威轮集团主管领导对舷外机研发组许下承诺：如果在规定的时间内开发出达到满足特定技术指标的产品，集团将给予研发组10万元的奖励。

在两位老专家的指导下，研发组的年轻工程师们开始了紧张的工作。经过大家的不懈努力，产品在规定期限内开发出来，并达到了特定的技术指标。之后，威轮集团为产品上市开展了各种推介活动。然而，市场对其推介活动反应平平，潜在客户多数处于观望之中。

市场的冷淡反应浇灭了集团管理层的热情，集团领导放出话来："项目没有达到预期效果，市场没订单别提奖励的事。"听到这个消息，长时间负重冲刺的研发人员们感到心灰意冷。在不到半年的时间内，大多数研发人员都离开威轮，各奔前程了。5年之后，舷外机市场热闹起来。威轮集团准备重启舷外机项目的时候，却发现当年的研发人员已经全部离开，要想重启这个项目，企业必须再招一批人马，另打锣鼓重开张。

威轮集团的事例给管理者以深刻的启示：在企业困难时期，有些管理者给下属以种种诱人的许诺和保证，这样做也许一时激励了下属的创造性和积极性，侥幸渡过了难关。但这不是长久之计，时间久了，企业将无法存活下去。所以，一个企业要想长期的发展和生存，管理者首先就要做到言而有信，讲诚信、如实兑现诺言。

不论什么情况下，管理者对下属出尔反尔都是一件非常严重的事情，它会极大地损伤下属的积极性，还会损害管理者的声誉和信用。所以，管理者一定要在取得下属的信任之后，才能分派下属去工作，否则下属就会认为管理者是欺负他，就是要让他受累。

《商君书》记载：商鞅准备在秦国变法，制定新的法律。为了使百姓相信新法是能够坚决执行的，他在京城南城门口立了一根木头，对围观者说："谁要能将这根木头从南门搬到北门，就赏他五十金。"大多数人都不相信有这等好事，怕商鞅的许诺不能兑现。就在大家犹豫不决时，有一个人扛起木头，从南门一直走到北门。商鞅当场兑现诺言，赏给他五十金。这样一来，人们都开始相信商鞅说的话了。自此以后，在他推行新法时，人们都容易遵守了。

这个故事告诉我们，作为一个管理者，只有言而有信才能服众。要取得其他人的信任，就必须作出让其他人信任的事情来，以证明你拥有这样的能力、品格或承诺——信任不是说出来的，一定是作出来的。

日本著名企业家松下幸之助说过"想要使部下相信自己，并非一朝一夕所能做到的。必须经过一段漫长的时间，兑现所承诺的每一件事，诚心诚意地做事，让人无可挑剔，才能慢慢地培养出信用。"所以，如果管理者想赢得下属的信服，就应从自己的每一句话开始，从自己的每一个行动开始，做到言行一致。只有这样，才能使下属感受到管理者是能让人信赖的，才能引发他们更强的责任感。

古人云："人先信而后求能。"对一个想做成功管理者的人来说，必须做到的就是诚实守信。要知道，对他来说信用名誉就是一切。在组织或企业中，对下属的诚信就是对下属最大的尊重，是"以人为本"理念的起码体现，每个管理者都应该深刻领会"一诺千金"的丰富内涵，切实做到

"一言九鼎"，赢得下属的信任，带领下属一道为组织或企业的发展而努力。

出于公心，把一碗水端平

有位企业家曾说："管理就是一碗水要端平。"简单的一句话，却向我们展示了一种管理的智慧：即一碗水要端平，对所有的下属一视同仁。这就要求管理者在管理公司的时候要怀有一颗平等之心。只有这样，下属才会尊重和信任你，才会更积极地投入到工作中，为公司的持续发展尽心尽力。

然而现实中不难发现，总有那么一些企业管理者，对待下属不能一碗水端平。他们热衷于拉拢一些人，排挤一些人；亲近一些人，疏远一些人；重用一些人，冷落一些人；偏袒一些人，压制一些人……同事之间的平等关系变成了一种人身依附关系，管理者与下属之间的工作关系变成了江湖上的哥儿们关系。

某公司接到了客户赠送的两张旅游券，可是公司却有三个人，怎么办？公司经理自己拿了一张，给了平时和自己关系比较好的员工一张，很显然，另外一人倍感打击，对经理产生了憎恨的心理。在留守上班的日子里，他就故意把几笔生意给推了。我们且不说这位员工的做法对不对，而那位经理却犯了错误，他应该去补一张券，或者自己不去旅游，或者对留下的员工进行解释，让他下次优先享受"好处"。

管理者要想赢得下属的信任，就要公正公平，一视同仁。但故事中的那位经理就没有一碗水端平，他本可以用很多恰到好处的办法处理那件事，但他没有那样去做，以为自己是经理，有权分配利益，结果给公司带来了不必要的损失。

其实在每个人心中都有一架天平，衡量自己的付出和所得。下属不仅关心自己的付出和所得，更关心他和同事之间的比较。如果哪一天发现管理者不能做到一视同仁，他们会感到自尊心受到极大伤害，直接影响他们的工作热情和积极性的发挥，所以，管理者对待下级要一视同仁，不偏不倚，公平合理地待人处事，就是我们通常所说的"一碗水端平"。这是管理者协调与下级关系的基本原则之一，是管理者职业道德的核心。只有客观公正，才能得到下级的信赖和拥护。如果管理者对下级做不到一碗水端平，对某人某事有明显的倾向性，下级之间就会因此形成隔阂和矛盾，造成人际关系紧张。受到特殊优待的下级，因为自恃有上级的宠爱而不思进取，而受到不公正待遇的下级，更是感到没有奔头，因而心灰意冷，沉沦消极。

美国人民为纪念他们的开国元勋乔治·华盛顿，在波托马克河畔建立了一座城市命名为华盛顿，并作为美国的首都。可见华盛顿在美国人民心目中的地位是多么的崇高。美国人民尊重、敬仰华盛顿，不仅仅是因为他是美利坚合众国的伟大领袖，还因为他公正无私的崇高人格。

1789年，华盛顿组建第一届政府时，任命杰斐逊和汉密尔顿为自己的助手。汉密尔顿主持内政，杰斐逊负责外交，而华盛顿则从总体上把握内政外交之大计。由此组成的领导班子被称为"三驾马车"，而三权分立的内阁构架是相当合理和理想的。

在华盛顿执政的头两年，"三驾马车"配合默契。尽管美国刚刚摆脱了英国的殖民统治，前进路上险象环生，荆棘密布，但三人彼此间能同心协力，克服困难和障碍。新生的美国就这样在"三驾马车"的牵引下，走上了正规的发展道路。但好景不长，刚刚度过蜜月期的"三驾马车"慢慢地出现了裂痕。于是，三人间的平衡开始打破，重心出现倾斜。裂痕源自于杰斐逊和汉密尔顿两人的思想矛盾及认识分歧。

从历史的角度来看，杰斐逊和汉密尔顿都是杰出的人才。他俩都是美国的开国元勋，是美国建国史上一流的领袖人物。但两人无论是从思想到气度，还是从价值观念到施政理念，都是自成一体，截然不同。杰斐逊是中小资产阶级及种植园主的代表，而汉密尔顿背后站着的是北方大工商业资本家，他们分别代表着占统治地位两翼的美国资产阶级和种植园主。这两翼之间的相互斗争和妥协犹如车之两轮，推动着美国共和政体向前发展。

1792 年到 1793 年，杰斐逊和汉密尔顿之间的争斗终于从思想上发展到组织上，从理智转化为情感，且愈演愈烈。在这种时刻，谁能调解这场争端呢？当然是华盛顿。华盛顿是美国的最高首脑，是"三驾马车"的牵头人，他同杰斐逊和汉密尔顿之间保持了等距离的均衡关系，不偏不倚，不亲不疏，绝不偏袒任何一方。

争执双方各执己见，是非难断，但华盛顿面对这种情况却显得很从容。早在 1790 年，华盛顿就说过："构成争端，必有双方。要想充分了解，必须充分听取双方的意见，并了解一切有关情况；消除分歧，则需要耐心和忍让。"再往前追溯，1787 年制宪会议召开时，华盛顿就明确地告诫民众，"宪法乃是理解与互相尊重忍让精神的结果，而忍让精神，实为我国独特之政治形势所不可或缺者。"基于这种指导思想，华盛顿希望站在公正的立场上解决杰斐逊和汉密尔顿之间的纠纷和矛盾。

而杰斐逊和汉密尔顿所代表的集团都想争取华盛顿的支持，都希望自己的代言人能够成为下一届总统，但华盛顿拒绝偏袒任何一方，威严而不偏不倚地保持中立。不仅如此，更为重要的是，华盛顿还积极寻找"和解之路"，试图在杰斐逊和汉密尔顿之间找出一条双方都能接受的解决途径。他一方面告诫两人，分歧如果继续发展下去，将会危及联邦政府的地位，同时又劝慰他们，尽管双方的手段和方式是不同的，但目标都是一样的，都是为了国家的强大和繁荣。

1793 年，华盛顿给杰斐逊写了一封私函，热切希望双方抛弃各自的猜疑，而代之以胸怀宽大的忍让、克制和妥协。"要不然，政府的车轮将阻滞不前，我们的敌人将取得胜利，美好的美利坚大厦将被毁掉。"三天后，华盛顿又给汉密尔顿写信，衷心希望彼此间能够容忍对方的政见，进而指出："要是由于他们的政见分歧或内部纠纷造成美利坚的脏腑遭受摧残，甚至达到使国家濒于四分五裂的地步，那将是多么的不幸。"同一天，他又给伦道夫写信说："要是报纸上的这些攻击、谩骂继续下去，必将使联邦土崩瓦解，进而使大西洋彼岸的敌人笑逐颜开。"

尽管华盛顿没有也不可能彻底解决杰斐逊和汉密尔顿之间的巨大分歧，使他们握手言和，但他致力于将两人之间的冲突"关在内阁里面"，使其不致撼动整个联邦政府大厦，而且亲自加以裁决，不偏不倚，取两人之长，避两人之短，使之服务于美利坚合众国。

而这种公正，正是华盛顿伟大之所在。正是由于他的不偏袒，公正相待才保全了联邦政府的稳定。

在对待下属，管理者要做一把"公平秤"，一碗水端平。对待下属只有以公平、公正为前提，才能不至于降低人格魅力，才能够笼络下属，树立自己的威信。

实践证明，管理者能否得到下属的拥护和爱戴，很大程度上取决于工作是否公平公正公开。如何在工作中公正无私，是对管理者综合素质的全面考验，更是其综合能力的体现。一个优秀的管理者必须公正地对待组织中的每一个下属，让他们树立这样一个信念："在组织里，一切可信赖，一切都是公平的。"那么，你就是一个成功的管理者。

坦然承认自己的错误，赢得下属的拥护

在现实生活工作中，人不可避免地要犯错误，管理者也如此。可是对很多管理者来说，承认错误却是件非常不容易的事情。他们总是用各种方式去掩饰自己的错误，给自己找托词，或者在掩盖不住自己的错误、实在没有办法的时候才被迫承认错误，这些都是非常可悲、毫无意义、还会让人看扁的行为。

承认错误是件痛苦的事情，承认错误意味着自己有过失，影响一个人的素质，但是承认错误最终还是会赢得谅解。如果不承认错误的话，一旦被人发现了错误，就会授人以柄，成为受制于人的因素。对此，唯一正确的做法就是承认错误，改正错误，并及时超越错误。错误所造成的不良影响，只有在公开承认错误，自觉改正之后才能消除。承认了改正了，下属也就谅解了。

台湾的著名管理培训大师余世维，曾经在多家大型企业担任领导职务，有着丰富的实务经验。在他任职的每个公司，都能赢得员工的尊重。很多人之所以心甘情愿地跟随他，就是因为余世维会在上司面前一肩挑起全部的责任，从来不会归咎于员工的失职。

有一次，公司和中东的客户签订协议，进口对方50辆豪华轿车，再转口销往大陆市场。余世维已经和对方谈妥条件，最后剩余的细节就安排自己的一个属下去办理，临行之前特别交代了车门插销的生产方法。

等到快要交货的时候，部下慌慌张张地跑进余世维的办公室，告诉他发生大事情了，原来他忘记余世维当初交代的插销的事情。当时余世维也吓出一身冷汗。"这可怎么办，50辆轿车可不是小数目，如果卖不出砸在手里，有可能将公司都赔进去。"

余世维并没有在部下面前表现出惊慌失措的样子，如果连他自己都沉不住气，又怎么能领导公司呢？他立刻向董事长汇报这个情况，董事长听了以后非常生气："到底哪个员工做的，赶快把他给我找来。"余世维并没有"出卖"自己的部下："都是我的错，是我一时疏忽而导致发生这样的事情，我愿意承担全部的责任，并希望尽快得到圆满的解决。"他在董事长面前立下军令状，如果不能将50辆车卖出去，任凭公司处置。

凭着一股不服输的勇气，余世维挨家挨户推销50部车子，硬是将这批货全部卖出去，而没有让部下承担责任，更没有因为犯下这么大的错误而让他丢掉工作。部下除了感动，只有更加努力工作，用优异的工作业绩报答他的恩情。

任何人都可能会犯错，是否能够正视错误、改正错误，是衡量一个人的重要标准。只有敢于承认自己错误的人才能获得别人的信赖。管理者在决策中难免会有失误。有了失误不可怕，只要敢于负责，及时解决失误就是了。实践证明，只要承认错误，改正错误，管理者的威信不仅不会降低，反而会增强气场能力，更有威信。若在失误面前躲躲闪闪，推三推四，甚至埋怨下属，那么，他的威信就要扫地了。

英特尔前总裁安迪·格鲁夫就曾说过："我们所有处于管理岗位的人，无论男女老少，都担心一旦承认错误，就会毁掉自己千辛万苦赢来的尊敬。但事实上，承认错误的确是力量、成熟和正直的标志。"作为团队或企业的管理者，难免会犯错。但没有人愿意犯错误，犯错并不可怕，关键在于犯错后的态度。承认错误，是明智的做法。如果你想成为一个优秀的管理者，你就得这么做。如果你做到了这一点，就会赢得下属的信任，他们乐于追随勇于承认错误、勇于承担责任的人。

松下幸之助是一位勇于认错的管理者。有一次，一位员工因经验欠缺而使一笔货款难以收回。松下幸之助勃然大怒，在大会上狠狠地批评了这位员工。气消之后，他为自己的过激行为深感不安。因为那笔货款发放单上自己也签了字，该员工只是没把好审核关而已。既然自己也应负一定的责任，那么，就不应该这么严厉地批评该员工了。想通之后，他马上打电话给那位员工，诚恳地道歉。恰巧那天这位员工乔迁新居，松下幸之助便登门祝贺，还亲自为该员工搬家具，忙得满头大汗，令员工深受感动。然而，事情并未就此结束。一年后的这一天，这位员工又收到了松下幸之助的一张明信片，并在上面留下了一行亲笔字：让我们忘掉这可恶的一天吧，重新迎接新一天的到来。看了松下幸之助的亲笔信，该员工感动得热泪盈眶。从此以后，他再也未犯过错，对公司也忠心耿耿。松下幸之助向员工真诚认错成为整个日本企业界的一段佳话，确实难能可贵。

可见，管理者勇于承认错误、承担责任，是树立良好形象，与下属建立良好关系的捷径。管理者不是神，是人，而且管理工作本来就避免不了有失误或错误。现实中，很多问题和矛盾恰恰就是管理者的一句得体的、正面的承认错误，温暖了大家的心，得到了人们的谅解进而使问题得到化解。不但树立了自己良好的形象，还与下属建立了亲密的关系。

事实上，任何人都会犯错，从失败中记取教训，才是成功的垫脚石。面对错误的态度，会决定你是否适合担任管理者，也攸关整个企业文化的形塑以及竞争力的建立。